国家社科基金
后期资助项目

现代思想与古典哲学：
列奥·施特劳斯欧洲时期思想研究

Modern Thought and Classical Philosophy:
A Study of Leo Strauss in Europe

刘振 著

华东师范大学出版社
·上海·

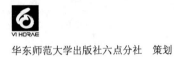

华东师范大学出版社六点分社　策划

国家社科基金后期资助项目"施特劳斯早期思想研究"（20FZXB007）

国家社科基金后期资助项目
出版说明

　　后期资助项目是国家社科基金设立的一类重要项目,旨在鼓励广大社科研究者潜心治学,支持基础研究多出优秀成果。它是经过严格评审,从接近完成的科研成果中遴选立项的。为扩大后期资助项目的影响,更好地推动学术发展,促进成果转化,全国哲学社会科学工作办公室按照"统一设计、统一标识、统一版式、形成系列"的总体要求,组织出版国家社科基金后期资助项目成果。

全国哲学社会科学工作办公室

献给芳和建峰

法拉比不是用"系统化"著作，而是以历史化论述为掩饰来传达最宝贵的知识。法拉比表达了他关于哲学的"原创性"或"个人性"的观点：人们所看到的一个哲人的"原创的"或"个人的""贡献"，重要性无限低于他对于必然匿名的真理的私人的且真正原创和个人的理解。

——施特劳斯《法拉比的"柏拉图"》

今天需要历史的反思，我们在这一点上是一致的，只是我坚持认为，这既非进步，也不是无可奈何地承受的命运，而是克服现代性的一种不可避免的手段。要克服现代性，不可用现代手段，只能在我们还具有自然理智的自然本质的情况之下；但是，在我们身上，自然理智的思维手段已经丧失，像我和我这类人一样的寻常人，不可能凭借自己的手段重新得到它：我们尝试向古人学习。

——施特劳斯 1946 年 8 月 15 日致洛维特的信

目　　录

引论 ··· 1

第一章　雅可比问题 ··· 15
　一、从雅可比到"雅可比问题" ····································· 18
　二、"雅可比"的知识论学说 ··· 21
　三、施特劳斯与雅可比的思想关系 ······························ 28

第二章　犹太传统的现代困境 ····································· 37
　一、神学-政治困境 ·· 37
　二、"新思想"与"欧洲的批判" ···································· 46

第三章　斯宾诺莎与启蒙问题 ····································· 55
　一、施特劳斯与现代斯宾诺莎批判 ······························ 57
　二、斯宾诺莎的宗教批判 ··· 60
　三、伊壁鸠鲁主义与现代启蒙 ····································· 69

第四章　霍布斯与现代世界的根基 ···························· 76
　一、霍布斯政治哲学的基础 ··· 80
　二、霍布斯思想的根基 ··· 96
　三、启蒙、启示与"第二洞穴" ·································· 107

第五章　犹太哲学的古今之争 ··································· 117
　一、古特曼与柯亨 ·· 119
　二、批判文化哲学 ·· 122
　三、中世纪的柏拉图派 ·· 126

第六章　回归中世纪柏拉图传统 …… 133
一、迈蒙尼德的"托马斯主义" …… 134
二、传统与启蒙的"隐秘前提" …… 136
三、"柏拉图的学生" …… 149
四、"彻底的理性主义" …… 156

第七章　苏格拉底问题与古典政治哲学 …… 162
一、苏格拉底转向的意义 …… 164
二、返回自然的哲思 …… 168
三、生存的真理 …… 172
四、苏格拉底问题 …… 178

参考文献 …… 184
后记 …… 191

引　论

列奥·施特劳斯(Leo Strauss)是20世纪最重要的思想家之一,1899年生于德国小镇基尔希海恩(Kirchhain)。1921年,施特劳斯在汉堡大学获得博士学位,正式开始著述生涯。1932年至1937年,施特劳斯先后在法国和英国从事研究。1937年,施特劳斯从欧洲移居美国,短暂任职于哥伦比亚大学。1938年至1948年,施特劳斯任教于纽约社会研究新学院(New School for Social Research),1949年至1968年,他在芝加哥大学政治科学系任教授。此后,施特劳斯短暂任职于克莱蒙特男校,并于1969年任职于圣约翰学院,直到1973年离世。[①]

本书的论题是施特劳斯1921年至1937年在欧洲时期的思想。笔者尝试以施特劳斯这一时期的所有专著为支点,结合其文章、评论、书信、学术报告等文稿,探讨这位思想者在青年时期的思想内核。[②]

[①] 关于施特劳斯的生平情况,见Steven B. Smith, "Leo Strauss: The Outlines of a Life," in *The Cambridge Companion to Leo Strauss*, edited by Steven B. Smith, New York: Cambridge University Press, 2009。关于施特劳斯在欧洲时期的生平情况,参谢帕德,《施特劳斯与流亡政治学:一个政治哲人的锻成》,高山奎译,北京:华夏出版社,2013年。

[②] 关于施特劳斯著述的情况,德国学者迈尔在1996年出版了一份编目,见Heinrich Meier, "Leo Strauss, 1899~1973: Eine Bibliographie," in *Die Denkbewegung von Leo Strauss. Die Geschichte der Philosophie und die Intention des Philosophen*, Stuttgart and Weimar: Metzler, 1996, ss. 45~63。芝加哥大学"施特劳斯中心"(Leo Strauss Center)网站发表了一份迈尔整理的迄至2008年的编目,"Leo Strauss, 1899~1973: A Bibliography",此编目更新了迈尔在1996年出版的版本,亦见施特劳斯,《古典政治理性主义的重生:施特劳斯思想入门》,潘戈编,郭振华等译,北京:华夏出版社,2017年,页348~359。一份附有中译本状况的编目见叶然编,《施特劳斯文献分类编年》,见中国比较古典学学会编,《施特劳斯与古典研究》,北京:生活·读书·新知三联书店,2014年,页357~396。

施特劳斯在欧洲时期公开出版的三部专著,分别是《斯宾诺莎的宗教批判作为其〈圣经〉科学的基础:斯宾诺莎〈神学政治论〉研究》(Leo Strauss, *Die Religionskritik Spinozas als Grundlage seiner Bibelwissenschaft: Untersuchungen zu Spinozas Theologisch-Politischem Traktat*, Berlin: Academie Verlag, 1930)、《哲学与律法:论迈蒙尼德及其先驱》(Leo Strauss, *Philosophie und Gesetz: Beiträge zum Verständnis Maimunis und seiner Vorläufer*, Berlin: Schcken Verlag, 1935)和《霍布斯的政治哲学:起源与基础》(Leo Strauss, *The Political Philosophy of Hobbes: Its Basis and Its Genesis*, translated by E. M. Sinclair, Oxford: Oxford University Press, 1936)。(转下页注)

1965年，施特劳斯在30年代①所写的《霍布斯政治科学的形成》德文书稿在德国出版，施特劳斯在序言中说，他的整个学术思想的"唯一主题"（Das Thema）是"神学-政治问题"（das theologisch-politische Problem）。②

(接上页注)本书将它们简称为《斯宾诺莎的宗教批判》《哲学与律法》《霍布斯的政治哲学》。

除《霍布斯的政治哲学》外，施特劳斯公开出版的两部德文专著均有英译本和中译本，见 Leo Strauss, *Spinoza's Critique of Religion*, translated by E. M. Sinclair, New York: Schocken Books, 1965; Leo Strauss, *Philosophy and Law: Contributions to the Understanding of Maimonides and His Predecessors*, New York: State University of New York Press, 1995. 施特劳斯，《斯宾诺莎的宗教批判》，李永晶译，北京：华夏出版社，2013年。施特劳斯，《哲学与律法：论迈蒙尼德及其先驱》，黄瑞成译，北京：华夏出版社，2012年。

《斯宾诺莎的宗教批判》和《哲学与律法》分别收于迈尔所编《施特劳斯作品集》（*Gesammelte Schriften*）第一卷和第二卷。见 Leo Strauss, *Gesammelte Schriften*, I: *Die Religionskritik Spinozas und zugehörige Schriften*, Dritte Auflage, Hrsg. von Heinrich Meier, Stuttgart&Weimar: Metzler, 2008. Leo Strauss, *Gesammelte Schriften*, II: *Philosophie und Gesetz - Frühe Schriften*, Zweite Auflage, Hrsg. von Heinrich Meier, Stuttgart&Weimar: Metzler, 2013. 第三卷同样收录早期作品，见 Leo Strauss, *Gesammelte Schriften*, III: *Hobbes' politische Wissenschaft und zugehörige Schriften-Briefe*, Zweite Auflage, Hrsg. von Heinrich Meier, Stuttgart&Weimar: Metzler, 2008.

学界通常用 GS 简称迈尔所编《施特劳斯作品集》，各卷简称 GS-1、GS-2、GS-3 等等。同时，GS 收录了当时可见的全部早期文章、评论、学术报告和书信等文献。

施特劳斯早期另有三部未公开出版的专著，分别是《雅可比哲学学说中的知识论问题》（*Das Erkenntnisproblem in der philosophischen Lehre Fr. H. Jacobis*，收于 GS-2）、《霍布斯的宗教批判：论理解启蒙》（*Die Religionskritik des Hobbes: Ein Beitrag zum Versändnis der Aufklärung*，收于 GS-3）、《霍布斯政治科学的形成》（*Hobbes' politische Wissenschaft in ihrer Genesis*，收于 GS-3）。

未公开出版的专著中，《霍布斯的宗教批判》有英译本和中译本，见 Leo Strauss, *Hobbes's Critique of Religion and Related Writings*, translated by Gabriel Bartlett and Svetozar Minkov, Chicago: The University of Chicago Press, 2011. 施特劳斯，《霍布斯的宗教批判：论理解启蒙》，杨丽等译，黄瑞成校，北京：华夏出版社，2012年。《雅可比哲学学说中的知识论问题》中译本收于施特劳斯，《哲学与律法：论迈蒙尼德及其先驱》，前揭。

关于专著以外的文献，重要的英文编译本包括：Leo Strauss, *The Early Writings (1921~1932)*, translated and edited by Michael Zank, Albany: State University of New York Press, 2002; Leo Strauss, *Jewish Philosophy and the Crisis of Modernity: Essays and Lectures in Modern Jewish Thought*, edited by Kenneth H. Green, New York: State University of New York Press, 1997; Leo Strauss, *Leo Strauss on Maimonides: The Complete Writings*, edited with an introduction by Kenneth Hart Green, Chicago and London: The University of Chicago Press, 2013; Leo Strauss, *Leo Strauss on Moses Mendelssohn*, translated and edited with an interpretive essay by Martin D. Yaffe, Chicago: The University of Chicago Press, 2012. 《解释》（*Interpretation: A Journal of Political Philosophy*）杂志也持续刊布新发现的施特劳斯未刊文稿，但多属后期文稿。在汉语学界，刘小枫组织翻译了目前可见的全部施特劳斯早期文稿，除著作中译本外，两部最重要的文集见施特劳斯，《犹太哲人与启蒙：施特劳斯讲演与论文集（卷一）》，增订本，刘小枫编，张缨译，北京：华夏出版社，2019年；施特劳斯，《苏格拉底问题与现代性：施特劳斯讲演与论文集（卷二）》，第三版，刘小枫编，刘振、叶然等译，北京：华夏出版社，2022年。

① 此处"30年代"指20世纪30年代。为使行文简洁，本书提及"20年代""30年代"等类似表述均表示20世纪的年代。

② GS-3, 8.

根据这个说法,"神学-政治问题"是贯穿施特劳斯整个思想的核心。可是,所谓"神学-政治问题"是什么意思?神学和政治在何种意义上对施特劳斯构成问题,施特劳斯究竟基于何种关切将神学和政治理解为何种问题?

实际上,"神学-政治问题"并非施特劳斯对其学术思想内核的唯一表达。《斯宾诺莎的宗教批判》成书以后,施特劳斯在1930年1月7日致克吕格的信中说,他的思考的"真正核心"(den eigentlichen Kern)是"启蒙怎么可能胜利了"。① 倘若青年施特劳斯学术思想的内核是理解启蒙,这件事情与"神学-政治问题"是什么关系,施特劳斯针对启蒙的思考究竟指向什么思想问题?

同年冬天,施特劳斯在柏林附近的布理塞朗(Brieselang)做了一次报告,题为"当代的宗教状况",报告中说:

> 我们最重要的且应该是最重要的**那个问题**(die Frage)是什么,这点应该是毋庸置疑的。这个问题便是:什么是**正确的生活**?我应**该怎样生活**?这取决于什么?什么是必需的?这样,我们这个现代的题目"宗教现状"就归结为那个古老而永恒的问题,那个原初之问。②

这个段落表达了施特劳斯整个学术思想的基本问题:人应该如何生活。在施特劳斯看来,哲学与启示构成了回答这一问题的两种根本方式,人要么凭借彻底的知识真正理解何为正确的生活,要么依靠神的启示领受正确的生活,没有任何方式比这两者更根本。哲学是人获得彻底知识的尝试,哲学与

---

① 施特劳斯等,《回归古典政治哲学:施特劳斯通信集》,迈尔夫妇编,朱雁冰、何鸿藻译,北京:华夏出版社,2017年,页6,据GS-3,379略有改动。本书所引施特劳斯通信均出自这个译本,有时据GS-3对译文略有改动。[特别说明:凡有中译本的施特劳斯作品,本书在引用之时一般采用中译本,译文有时据施特劳斯原作略有改动,改动之处不再一一注明。]GS-3辑录了施特劳斯与克吕格、克莱因(Jacob Klein)、洛维特(Karl Löwith)、索勒姆(Gershom Scholem)、伽达默尔等人近半个世纪的通信,总计320封。迈尔相信,"它们有如一道明亮的光束,以出人意料的强烈的光照折射出施特劳斯的思想之路,堪称20世纪最重要的哲学通信"。见迈尔,《隐匿的对话:施米特与施特劳斯》,朱雁冰、汪庆华译,北京:华夏出版社,2002年,页150。

② "当代的宗教状况"("Religiöse Lage der Gegenwart")是施特劳斯为1930年冬天的一次学术报告准备的文稿,施特劳斯生前未刊出这份重要文稿。原文见GS-2,377~392。中译本见施特劳斯,《犹太哲人与启蒙:施特劳斯讲演与论文集(卷一)》,前揭,页140~155,此处引文见页143。英译本见 Leo Strauss, "Religious Situation of the Present", in M. D. Yaffe and R. S. Ruderman ed., *Reorientation: Leo Strauss in the 1930s*, Palgrave Macmillan, 2014, pp. 306~320。顺带一提,*Reorientation: Leo Strauss in the 1930s* 是一部关于施特劳斯30年代思想的出色文集。

启示构成了摆在人面前的最根本抉择。① 在 1 月 7 日致克吕格的那封信中，施特劳斯非常直白地说：

> 我只清楚一点：我不可能相信上帝。我为此拟出如下设想：存在着一种 idea Dei innata, omnibus hominibus communis[人人所共有的、与生俱来的上帝[观念]；对这种 idea[观念]，我可以给予或者拒绝给予我的 assensus[同意]；我认为，我不得不拒绝给予我的同意；因为我必须弄明白：为什么？②

施特劳斯是哲人，不是信仰者。③ 不仅如此，在 1932 年 12 月给克吕格（Gerhard Krüger）的一封信的第一稿中，施特劳斯写道：

> "第二洞穴"——我们产生分歧的原因在于，我不可能信仰，我必须寻求一个在无信仰的情况下生活的可能性。这类可能性有两个：古代的，即苏格拉底-柏拉图式的；现代的，即启蒙的（霍布斯和康德提供的可能性，别的不说）。因而必须问：谁正确，古代人还是现代人？必须恢复古今之争。④

施特劳斯随后就说，"我倾向于相信古代人的优先地位"。⑤ 毋庸赘言，所谓古代人的优先地位特指柏拉图或者柏拉图笔下的苏格拉底的优先地位。施

---

① 施特劳斯晚年在圣约翰学院与老友克莱因有一次谈话，二人分别回忆了 20 年代在德国的思想经历，克莱因说："施特劳斯先生主要对两个问题感兴趣：一个是上帝问题，另一个是政治问题。这些都不是我在意的问题。"耐人寻味的是，在讲到自己 1922 年到弗莱堡（Freiberg）听胡塞尔课之时，施特劳斯则说："我的首要兴趣是神学。"见施特劳斯，《苏格拉底问题与现代性：施特劳斯讲演与论文集（卷二）》，前揭，页 681。

② 施特劳斯等，《回归古典政治哲学：施特劳斯通信集》，前揭，页 8。亦参《苏格拉底的申辩》21e 中苏格拉底对神谕的态度。

③ 施特劳斯在 1935 年对洛维特说："我并不是正统犹太教徒。"见施特劳斯等，《回归古典政治哲学：施特劳斯通信集》，前揭，页 246。另见施特劳斯在 1946 年 8 月 15 日对洛维特的说法：
> 对柏拉图-亚里士多德只有一条异议：这就是启示或者"身位的"上帝这个 factum brutum[困难的事实]。我说：factum brutum，因为真正哲人品格的标志是对信仰的 ἄγνοια θεοῦ [上帝的不知]。[见同上，页 326。]

关于施特劳斯与犹太教以及一般意义上的神学的关系，参陈建洪，《耶路撒冷抑或雅典：施特劳斯四论》，北京：华夏出版社，2005 年，页 1~87；陈建洪，《论施特劳斯》，上海：华东师范大学出版社，2015 年，页 26~40。对施特劳斯思想犹太根源的认定和批评，参墨哲兰，《古典学：扣两端而执其中》，见中国比较古典学学会编，《施特劳斯与古典研究》，前揭，页 1~23。

④ 施特劳斯等，《回归古典政治哲学：施特劳斯通信集》，前揭，页 60。

⑤ 同上。

特劳斯之所以倾向于柏拉图,是因为柏拉图或者柏拉图的苏格拉底是自然哲思的典范,换言之,柏拉图的自然的哲思方式是施特劳斯倾向于柏拉图或者柏拉图的苏格拉底的根本理由。① 1932 年 11 月 17 日,施特劳斯对克吕格说:

> 您看到,我的矛盾在于,既相信"自然的"基础又将古代视为准则。在证明我的对立看法以前,我倾向于认定,古代——精确地讲:苏格拉底-柏拉图之所以堪为准则,正是因为他们自然地作哲学思辨,这就是说,从原初探究对于人纯属自然的秩序。这一条可能途径是在希腊开辟的,而且仅仅在希腊。但这并不重要,如果苏格拉底-柏拉图的问题和回答是自然的问题和自然的回答这一情况始终不变的话;因为,苏格拉底在哲学思辨,这时他已经不再是希腊人,而是人。哲学得以产生的历史条件是 Νομος[礼法]在民主制中的衰亡,但这一历史的条件最初犹如所有的条件一样无关紧要;所以,苏格拉底所完成的事恰恰是:他从一种特定的历史处境——πόλις[城邦]的衰落、智术——里产生的问题(Fragen)因其为彻底的问题而变得普遍,这问题原则上既针对吕库戈(Lykurg)和米诺斯(Minos),同样也指向普罗泰戈拉(Protagoras))和卡里克勒斯(Kallikles)。这是自然的问题,因为其目的并非雅典人或斯巴达人,而是人。从这个意义上讲,哲学总是且始终是非历史的。我们今天没有历史便不可能成事,这是外在于哲学思辨的事实。②

倘若柏拉图是自然哲思的典范,又该如何理解现代哲学的性质呢? 1932 年这封信的第一稿以这样的段落收尾:

> 总之,我觉得,被推到其终点的现代哲学似乎到达的是苏格拉底开始的起点。所以,现代哲学证明自己是巨大的"对传统的破坏",而非

---

① 施特劳斯等,《回归古典政治哲学:施特劳斯通信集》,前揭,页 42。正如唐格维(Daniel Tanguay)所言:
  为了理解施特劳斯之回归古代,就必须首先考虑一下施特劳斯所理解的古代立场。回归古代并不是回归亚里士多德主义,也不是回归斯多亚主义或者伊壁鸠鲁主义,甚至也更不是回归所谓的前苏格拉底各派,以及种种不同版本的亚里士多德式托马斯主义。施特劳斯尝试回归古代时,他内心所记取的传统乃是苏格拉底-柏拉图的传统。[见唐格维,《列奥·施特劳斯:思想传记》,林国荣译,长春:吉林出版集团有限公司,2011 年,页 80。]
② 施特劳斯等,《回归古典政治哲学:施特劳斯通信集》,前揭,页 42。

"进步"。它当然曾自称是进步的，由此产生"第二洞穴"这个词所要指出的不可救药的错综复杂性、暧昧性和不彻底性（unradikalität）。①

施特劳斯将"第二洞穴"作为现代哲学之不彻底性的标签，②在他看来，现代哲学因其不自然或不彻底而未能堪称真正的理性主义。现代哲学何以不是真正的理性主义，笛卡尔、霍布斯在彻底怀疑主义的地基上重建的理性主义难道仍然不够彻底？

事实上，施特劳斯并不否认现代哲学抱有恢复自然哲思的原初意图，问题在于现代哲学未能实现这一意图。在布理塞朗报告中，施特劳斯对现代哲学的状况有一段纲领性描述：

> 迈蒙尼德的看法在某种程度上勾勒、概括了过去整整三个世纪的斗争，启蒙的斗争：为了使哲思能够在它自然的困境中成为可能，就必须把哲思的人为障碍清扫出去；必须与各种偏见进行斗争。在这点上，现代哲学在根本上不同于古希腊哲学。古希腊哲学只是与表象和意见作斗争，而现代哲学在此之前先要与偏见斗争。就这点而言，启蒙运动就是想要恢复古希腊的自由。它取得了什么呢？它取得了：回答问题的自由，而不是提问的自由，只得到说"不"的自由而不囿于传统之"是"（必死性对不朽，偶然对神意，无神论对有神论，激情对理智）。然而，从传统的"是"中解脱出来的过程却是经由更深地卷入传统之中而启动。③

所谓"迈蒙尼德的看法"指的是，迈蒙尼德认为，"一个建立在启示之上的传统进入了哲学的世界"，启示传统构成了哲思的历史性困难。④ 对于现代哲人而言，哲学已经失去了其自然地基，现代哲人必须经过努力才能达到柏拉图曾经站立的自然地基。启蒙正是现代哲人致力于恢复哲思自然地基的思

---

① 施特劳斯等，《回归古典政治哲学：施特劳斯通信集》，前揭，页61。
② 施特劳斯在1931年10月15日致克吕格的信中说："我现在发现了第四个就当今时代作为第二洞穴（zweiter Höhle）跟我们意见一致的人：埃宾豪斯（Julius Ebbinghaus）。"见同上，页23。在随后关于埃宾豪斯的一篇书评中，施特劳斯首次公开使用"第二洞穴"这一概念。见 Leo Strauss, "Besprechung von Julius Ebbinghaus," in GS-2, 439. 不过，施特劳斯实际上在1930年的学术报告文稿《当代的宗教状况》中已经表达了同样的观点。见施特劳斯，《犹太哲人与启蒙：施特劳斯讲演与论文集（卷一）》，前揭，页149以下。
③ 施特劳斯，《犹太哲人与启蒙：施特劳斯讲演与论文集（卷一）》，前揭，页150～151。
④ 施特劳斯几乎使用同样的表述在《当代的宗教状况》《当代的精神状况》（"Die geistige Lage der Gegenwart"）以及《哲学与律法》第一章中表达了这一观点。这三篇文稿分别写于1930年、1932年和1933年。

想行动。

相比于先于启示传统的柏拉图，后于启示传统的现代哲人所处的历史处境具有重大差异，施特劳斯发现，由于启蒙的运思仍然受制于启示传统，启蒙未能真正恢复哲思的自然性——施特劳斯提醒人们注意，对启示传统的激进批判并不必然意味着摆脱启示，相反，对一种思想对手的激进批判完全可能导致人们受制于此对手。在《哲学与律法》的一个关键注释中，施特劳斯勾勒了启蒙受制于启示的核心逻辑：

> 启蒙运动——就其远非对更为古老的立场的恢复而言——从根本上把传统的极端（或抨击传统的极端），变成了一种与传统完全不相容的立场的基础。启蒙运动的意图是通过否定（或限制）超自然以复原自然；但结果却发现了一个新的"自然"基础，这个基础完全缺乏自然性，反倒像是"超自然"之残余。①

在这个段落中，我们看到了施特劳斯审视启蒙的核心视角：哲思的自然性。哲人施特劳斯以哲学之眼审视哲人们的哲思，这种审视的内核是哲学性的。

由于启蒙未能恢复自然的哲思，现代哲学面临陷入"第二洞穴"的危险，只有重新审视并超越启蒙，才能避免这种危险。施特劳斯认为，现代思想并未完成这种根本性的思想突破："一般而言，启蒙以降，总体说来，每一辈都对上一辈做出回应，而不去质疑根基的东西。"②如此一来，"第二洞穴"这一概念所标示的"错综复杂性、暧昧性和不彻底性"就深植于现代思想。我们可以从三个层面描述这一事实带来的思想史结果。第一，启蒙与启示传统的纠缠深刻制约了现代哲学的自然性和彻底性。第二，正如施特劳斯在《哲学与律法》中所说，启蒙是当代所特有的全部现象的源头，现代神学陷入了与启蒙和现代哲学的纠缠，未能恢复启示传统的原初主张。现代神学深刻受制于启蒙和现代哲学，用施特劳斯的话说：

> 启蒙的每个阶段都兴起它的反对者，这些反对者都会接纳启蒙的成果，并以此来改变自己的立场。（例子：启示被理解为人的作品，理解为社会道德和形式，而非律法；创世并不被理解为创造世界，而是作为预先约束［Vorher-verbindlich］支配着人类。）③

---

① 施特劳斯，《哲学与律法》，前揭，页7。
② 施特劳斯，《犹太哲人与启蒙：施特劳斯讲演与论文集（卷一）》，前揭，页151。
③ 同上，页151。

在施特劳斯看来,当代犹太教的处境也是由启蒙所决定的,形式多样的现代犹太教复兴运动也未能突破启蒙的视域。

第三,归结起来,施特劳斯对现代思想史的批判性研究揭示了这样的情形:自启蒙与启示传统的纠缠以来,现代哲学与现代神学以种种或简单粗暴或曲折复杂的方式相互斗争、相互制约、相互接受,这种错综复杂的彼此缠绕形成了层层累积的思想史岩层,或者说,现代人在哲学的自然洞穴之下制造了更深的"第二洞穴"。

如此一来,一个现代思想者必须突破现代思想传统层层累积的思想史岩层,才能上升到哲思的自然地基。在这个意义上,一个现代思想者需要研究思想史,也是因为这个原因,青年施特劳斯的哲思才成为思想史研究,这也意味着,这种思想史研究不是无所用心的思想史研究,它必须是一种特定的、哲学的思想史研究,一种沿着思想史向原初视域上升的研究:

> 启蒙运动所主张却又被它所抛弃的自然基础,只有以下述方式才有可能达成:启蒙反对"偏见"的斗争,尤其是由经验论和现代历史学所推进的斗争,按照其原意达成了下述目的,对传统的启蒙式批判,如尼采之所为,极端化为对传统(希腊的和圣经的)诸原则的批判,从而使得对这些原则的一种原初理解重新成为可能。因此,也只因为如此,对哲学的"历史化"才是合理的,也才有其必要:只有哲学史能使攀升出第二个"非自然"洞穴成为可能,我们陷入这个洞穴,较少因为传统本身,而是因为抨击传统的传统;我们陷入那第一个洞穴,即柏拉图用比喻描述的"自然"洞穴,以及攀升出这个洞穴而进入阳光下,则是哲学研究之本意。①

倘若现代思想的"第二洞穴"性质源于启蒙与启示的纠缠,倘若哲学理应面对作为其根本对手的启示,那么,至关重要的事情就是在哲学上对启示做出自然理解。直到《斯宾诺莎的宗教批判》成书之时,施特劳斯仍然未能发现这种自然理解。大约在1929年或者1930年,受阿维森纳(Avicenna)的《论科学诸部分》启发,施特劳斯找到了理解迈蒙尼德先知学的关键。1931年5月,施特劳斯在柏林的犹太科学高等学校(Hochschule für die Wissenschaft des Judentums)作了题为"柯亨与迈蒙尼德"的报告,在这个报告中,施特劳斯第一次发表了他"关于伊斯兰-犹太经院学"(die islamisch-jüdische Scho-

---

① 施特劳斯,《哲学与律法》,前揭,页8。

lastik)的如下命题：它是凭借柏拉图政治学的框架来理解启示的。①

"柯亨与迈蒙尼德"试图说明，"迈蒙尼德从根本上看是柏拉图的追随者"。② 从此时开始，施特劳斯正式迈出了回归柏拉图式思想方式的步伐，而伊斯兰-犹太中世纪哲学则是这一回归运动的通道。施特劳斯发现，迈蒙尼德和法拉比（Al-Farabi）理解启示宗教的最高视角是柏拉图的视角，亦即整全的人类生活的最佳秩序。根据迈蒙尼德和法拉比对柏拉图理想国家（der ideale Staat）的理解，完善的国家是着眼于灵魂完善特别是理智完善的国家，就此而言，哲人无法获得实现完善的国家所需的法，哲人缺乏先知因启示而获得的立法能力。这就意味着，哲人对先知的承认或接受并非出于理论原因，而是出于实践原因，出于"原初的、古典的、作为统一而又整全的人类生活秩序的律法观念"。③在1935年，施特劳斯将这种律法观念称为启蒙所错失的"传统的隐秘前提"，并且将柏拉图的视角看作理性主义者看待启示宗教的自然视角。值得一提的是，施特劳斯此时仍然认为，迈蒙尼德相信先知在理智上高于哲人，随后两年，施特劳斯笔下的迈蒙尼德迅速向法拉比靠拢，从而逐渐将迈蒙尼德呈现为柏拉图-法拉比意义上的"政治哲人"，到了1937年，借助对迈蒙尼德主义者阿布拉法内尔（Abravanel）的解释，④施特劳斯也取消了启示对于迈蒙尼德的理论意义，仅仅保留了启示作为律法对于迈蒙尼德的政治意义。沿着法拉比的"柏拉图主义"，施特劳斯在两年间将针对启示的政治化理解推向了激进，正如施特劳斯后来所言，1937年的立场已经近乎"彻底的理性主义"。不过，当施特劳斯踏上离开欧洲的旅程之时，他很可能已经转向了更激进的立场。可以肯定的是，这种更激进的立场最早在1938年初已经形成——施特劳斯此时写信对克莱因说，"只有法拉比和迈蒙尼德是天才"，对于这些中世纪哲人，理想的立法者不必是先知。⑤

施特劳斯在30年代初发现，中世纪哲人理解启示宗教的最高视角是柏拉图的政治学，或者说是整全的人类生活的完美秩序，这一视角意味着，中世纪哲人将启示宗教的挑战理解为完美的共同体生活对哲人生活的挑战，这种挑战究其根本是一种政治的挑战，它要求哲人在政治共同体面前审视

---

① 施特劳斯等，《回归古典政治哲学：施特劳斯通信集》，前揭，页12。对"柯亨与迈蒙尼德"的细致解释，见刘小枫，《施特劳斯的路标》，北京：华夏出版社，2011年，页184～239。

② 施特劳斯等，《回归古典政治哲学：施特劳斯通信集》，前揭，页12。

③ 施特劳斯，《哲学与律法》，前揭，页54。

④ Leo Strauss, "On Abravanel's Philosophical Tendency and Political Teaching," in *Leo Strauss on Maimonides: The Complete Writings*, pp. 579～613.

⑤ 施特劳斯等，《回归古典政治哲学：施特劳斯通信集》，前揭，页54。

自身的正当性，它要求哲人依据完美的共同生活所需要的秩序确立自己在城邦中的地位。

一旦先知律法不再是完美国家的法，启示宗教对哲人的挑战就不再是完美的共同秩序对哲人生活的挑战。很有可能，在施特劳斯离开欧洲之际，他已经将启示宗教的挑战理解为不完美的社会秩序对哲人的挑战，用柏拉图的话说，对于此时的激进理性主义者施特劳斯来说，哲学与启示的关系现在变成了哲学与意见或者哲学与社会的关系。① 在这一变化中，施特劳斯并未改变启示的挑战的政治性质，不同之处在于，这种政治挑战不再是完美的整全秩序对哲人的挑战，而是一种关于共同生活的意见对哲人的挑战，用人们后来熟悉的施特劳斯的表达方式来说，这种挑战要求哲人顾及城邦的意见，哲学因此应该成为政治的哲学（political philosophy）。

倘若中世纪哲人凭借柏拉图的视域看待启示，那么，启蒙又凭借何种视域面对启示呢？施特劳斯逐渐发现，回答这一问题要求人们从斯宾诺莎上溯到霍布斯，因为，斯宾诺莎思想站立在霍布斯已经奠定的现代地基上。关于施特劳斯在欧洲时期长达十余年的霍布斯研究的问题意识，施特劳斯1935年10月2日对索勒姆所说的话值得注意：

> 如果我有时间和精力，我想花十年工夫写一本关于《迷途指津》的书。目前我正在撰写一篇关于《迷途指津》的引论，题目是：Hobbes's political science in its development[《霍布斯政治科学的发展过程》]，它将于明年在牛津[大学]出版社出版。②

此处提到的书就是次年出版的《霍布斯的政治哲学：起源与基础》。施特劳斯的说法表明，《霍布斯的政治哲学》与《霍布斯的宗教批判：论理解启蒙》在根本上具有同样的问题意识：彻底理解霍布斯在面对启示之时所站立的地基，亦即霍布斯全部哲学的根基，③ 审视这一地基与柏拉图的地基之间的争执。

施特劳斯发现，霍布斯思想是哲学与启示彼此纠缠的典型。霍布斯对

---

① 哲学与社会的关系成为了《迫害与写作艺术》的主题，施特劳斯关于这一主题的基本观点在30年代已经形成，最早写成的《〈迷途指津〉的文学性质》实际上成文于1938年。Leo Strauss, *Persecution and the Art of Writing*, Chicago: The University of Chicago Press, 1952. 中译本见施特劳斯，《迫害与写作艺术》，刘锋译，北京：华夏出版社，2012年。

② 施特劳斯等，《回归古典政治哲学：施特劳斯通信集》，前揭，页256。

③ GS-3, 274～275.

启示的不满特别针对启示的"神学-政治性质"——霍布斯面对一种基于神学的政治建制，彻底扫除这种政治建制的意图影响了霍布斯对古典哲学的态度。同时，启示的神学观念也影响了霍布斯的知识论。可是，在面对启示的挑战之时，霍布斯所凭借的视域已经受到了启示传统的影响，可以说，霍布斯对启示的批判在某些重要方面正是源于启示的影响。

无论是"神学-政治问题"或对启蒙的反思，还是古今之争或回归柏拉图式思想方式，表达的事实上都是施特劳斯思想的内核：以自然的哲思思考人的正确生活，同时，哲思生活必须考虑神学和政治——共同生活——的挑战和意义。如果说启蒙在面对神学-政治问题之时的抉择决定了整个现代思想的复杂运动，那么，回归柏拉图式思想方式的返回运动意味着回到苏格拉底问题，从原初问题重新开始，这种对于政治、历史现实来说不可能的努力对于思想的事情完全可能。对于施特劳斯来说，随时准备从基本问题重新开始，始终是哲学的基本品质……

关于施特劳斯在欧洲时期的思考，有两个彼此关联的问题仍然值得在此详述。移居美国以后，施特劳斯在北美学界开创了一种特殊的"政治哲学"学问路向，并且称之为"柏拉图式政治哲学"（Platonic Political Philosophy）。施特劳斯生前自编的最后一部文集正是以《柏拉图式政治哲学研究》为标题，①柏拉图式政治哲学可以看作施特劳斯整个学术思想的标志。②所谓"柏拉图式政治哲学"究竟是什么意思？

根据施特劳斯的说法，柏拉图认为理论生活或者哲学生活高于政治生活，③但是，哲学生活必须顾及政治生活的要求，从而成为政治的哲学。可是，施特劳斯关于政治哲学的说法，有时颇为令人费解。在《关于马基雅维里的思考》中，施特劳斯说："我们从苏格拉底那里认识到，政治事物或者人类事物是理解所有事物的关键。"④在《自然正确与历史》中，施特劳斯写道：

---

① Leo Strauss, *Studies in Platonic Political Philosophy*, Chicago & London: The University of Chicago Press, 1983. 中译本参施特劳斯，《柏拉图式政治哲学研究》，李世祥等译，北京：华夏出版社，2012年。

② 关于施特劳斯整个学术思想之内核及其展开过程，刘小枫在《施特劳斯的路标》一文中做出了开创性研究，见刘小枫，《施特劳斯的路标》，前揭，页86～183。另参布鲁姆，《纪念施特劳斯》，收于刘小枫编，《施特劳斯与古典政治哲学》，张新樟、游斌、贺志刚、宗成河等译，上海：上海三联书店，2002年。

③ 见施特劳斯，《哲学与律法》，前揭，页119。施特劳斯赞同柏拉图的这一看法，见施特劳斯等，《回归古典政治哲学：施特劳斯通信集》，页282～283、334等处。

④ 施特劳斯，《关于马基雅维里的思考》，申彤译，南京：译林出版社，2016年，页15，译文据 Leo Strauss, *Thoughts on Machiavelli*, Chicago: The University of Chicago Press, 1958, p. 19 略有改动。

与表面情况相反，苏格拉底转向对人类事物的研究，并非基于对神圣事物和自然事物的放弃，而是基于<u>一种理解所有事物的新方式</u>。①

这两处说法表达的"政治哲学"同样不是一种探究政治的方式，而是一种哲思（philosophizing）方式，或者更确切地说，一种理论哲学的方式——这种"政治哲学"关心政治事物乃是出于理论目的，与思想史上的许多哲人一样，施特劳斯的思想同样包含理论哲学，对诸存在者的认识同样是施特劳斯哲学的题中之义。

所谓"理解所有事物的新方式"乃是相对于前苏格拉底哲学而言的苏格拉底-柏拉图式存在论-认识论。在公开发表的作品中，施特劳斯关于这一存在论-认识论的确着墨不多，《自然正确与历史》第四章是最重要的表述之一。在施特劳斯看来，柏拉图的苏格拉底关心地上的事情，并不意味着苏格拉底主要关心地上的事情，毋宁说，苏格拉底最关心的仍然是诸存在者及其整体，真正的转折在于苏格拉底观看存在者的方式。对于苏格拉底来说，人尤其借助现象得知一个存在者的存在方式，对现象的得知尤其从人们的言辞（λόγοι，本义言辞、话语）而来，所以，人必须"逃入逻各斯（λόγοι）"。② "逃入逻各斯"，意味着从言辞和现象出发。特别重要的是，λόγοι 是人的 λόγοι，人具有观看一个存在者之存在方式的能力，这是一种区分存在者的能力，一种辨认和看见这一个存在者之存在方式的能力——人在观看这一个存在者之时由于同时环顾其他存在者而看出了这一个存在者与其他存在者的区分，也就是说，人能够辨认和看见这一个存在者的特定存在方式，人能够划界、划分、区分。因此，"逃入逻各斯"也意味着"逃入"人的 λόγοι，意味着从这一个存在者的特定存在方式出发，从这一个存在者的所是出发，从世界的"自然关节"（natural articulations）出发。③ 苏格拉底将这个存在方式称为——

---

① 施特劳斯，《自然权利与历史》，彭刚译，北京：生活·读书·新知三联书店，2006 年，页 123。楷体强调由笔者所加，译文据英文版有所改动，后皆仿此。英文版见 Leo Strauss, *Natural Right and History*, Chicago：The University of Chicago Press, 1953. 本书将书名 *Natural Right and History* 译作《自然正确与历史》。

② 参施特劳斯等，《回归古典政治哲学：施特劳斯通信集》，前揭，页 333。

③ 在 60 年代的《城邦与人》中，施特劳斯表达了苏格拉底与亚里士多德的一个重要区分：在亚里士多德这里，人之自成一类，人类是世界之中的自然关节，此事没有疑问，在苏格拉底这里则不然。对于苏格拉底来说，自然的关节有待发现，发现它们的唯一方式则是捕捉事物向人显现的"自然真理"。由此可以看到，对于施特劳斯来说，"苏格拉底问题"具有一个坚实的哲学底座：对事物之自然真理的探究。见 Leo Strauss, *The City and Man*, Chicago：University of Chicago Press, 1978, p. 19ff.。同时注意施特劳斯在解释柏拉图《政治家》之时的说法：

就其最终形式而言，辩证术会从统治形相领域的最高形相逐步下降到最低的（转下页注）

或者说以形而上学的论述方式假设为——形相(εἶδος)。对于理解苏格拉底-柏拉图的"形相",真正重要的不是对"形相"做出形而上学探讨——这种探讨尤其涉及关于形相的范畴描述——而是理解"形相论"的问题缘由。

在苏格拉底看来,"逃入逻各斯"意味着从言辞上升,意味着从这一个存在者的存在方式上升。这意味着从现象上升,或者说,从人对每一个存在者之存在方式的经验上升。苏格拉底的哲思性质是上升,这种上升的开端是现象或经验——这是人彻底理解事物的地基,是人必须也只能由之出发的开端,也是始终拽住哲学思辨的被给予之物。苏格拉底由此将"节制"引入了哲学,将哲学看作从真实的意见向整全知识的上升,苏格拉底的哲学是疯狂与节制的结合。

在施特劳斯看来,苏格拉底的前辈们力求直接看见世界的最高本原,并且凭借这个本原回过头来观看事物,这无疑是疯狂的,苏格拉底的转折在于将节制引入了哲学。这种节制在于,它不再从本原的视角将诸存在者看作本质上同质化的事物,施特劳斯相信,前苏格拉底哲人对某一存在者的理解乃是基于这一事物之外的他物来理解的,这种理解由于彻底抹去了每一事物的异质性或者特定所是而始终无法理解此事物。

施特劳斯相信,柏拉图在面对前苏格拉底哲学之时,已经遭遇到17世纪以来占据统治地位的现代科学理解。前苏格拉底哲学已经将世界还原为基本要素或基本事物,从而取消了世界的诸关节。① 施特劳斯毫不否认现代科学取得的空前成就,问题在于,这种看待世界的方式无法获得"自然的真理",现代科学有其知识论前提,这意味着,现代科学是一种特定的知识,无论在欧洲时期还是在美国,施特劳斯都没有改变对现代科学的这一看法。②

(接上页注)形相。这个运动"逐步"发生,也就是说,它遵循了关节(articulation)——形相的自然划分。《政治家》和《智术师》展示了对这个意义上的辩证术的一种模仿;两者的目的都是大致说明这个意义上的辩证术;它们展示的模仿是个玩笑。可是,这个玩笑并非仅仅是玩笑。如果不可能脱离感觉经验从形相向形相运动,换言之,如果不论从关于城邦的说法来看,还是从关于哲学或辩证术的说法来看,《理想国》至多只是乌托邦(utopia),那么,这种不可能的辩证术至多是不严肃的东西。可能的辩证术就会仍然依赖于经验(参 264c)。[见施特劳斯,《苏格拉底问题与现代性:施特劳斯演讲与论文集(卷二)》,前揭,页 587~588,原文见 Leo Strauss and Joseph Cropsey, ed., *History of Political Philosophy*, Chicago and London: The University of Chicago Press, 1987, p. 70。]

① 关于施特劳斯与现代科学的关系,一部新近之作见 Svetozar Y. Minkov, *Leo Strauss on Science: Thoughts on the Relation between Natural Science and Political Philosophy*, Albany: State University of New York Press, 2016, esp. pp. 55~74。

② 在施特劳斯最后一部自编文集《柏拉图式政治哲学研究》中,讨论胡塞尔的"作为严格科学与政治哲学的哲学"位于全书卷首,文中谈道:

(转下页注)

施特劳斯的存在论-知识论与他对柏拉图哲学的特异解释紧密关联。在他看来，柏拉图特别在道德政治事物显现真理的方式中看到了上述探究真理的新方式，尽管道德政治事物本身是第二位的。①在《霍布斯的政治哲学》中，施特劳斯已经将上述想法付诸笔端。人们若熟悉施特劳斯在欧洲时期的思想，当不会对施特劳斯的"政治哲学"感到过于困惑。这位性情沉静的思想者在很大程度上因美国当代的政治纷争而"意外"获得了知识界的广泛关注，此时突然与人们照面的施特劳斯是一个已经成为"施特劳斯"的施特劳斯，倘若施特劳斯紧盯基本问题的思考品质和他令人惊异的"魔眼"值得人们耐心思索，那么，人们就应该回顾他在欧洲时期的思想道路，②以思索施特劳斯如何成为"施特劳斯"……③

（接上页注）

　　　　胡塞尔比其他任何人都更深刻地意识到，对世界的科学理解远非对我们的自然理解的完善，而是以如此方式从后者派生而来——它使我们遗忘了科学理解的真正基础：所有哲学理解必须始于我们对世界的通常（common）理解，始于这个先于一切理论化而被感觉感知到的世界的理解。［见 Leo Strauss, *Studies in Platonic Political Philosophy*, ibid., p. 31.］

　①　参施特劳斯，《霍布斯的政治哲学》页 164 以下关于柏拉图的论述。这一问题在施特劳斯 1921 年的博士论文中已经是主要论题。在《柏拉图式政治哲学研究》中，施特劳斯则将一篇讨论胡塞尔的文章置于卷首，此文同样论及这一问题，文见施特劳斯，《柏拉图式政治哲学研究》，前揭，页 42～53。

　②　学界目前专论早期思想的两部著作是 David Janssens, *Between Athens and Jerusalem: Philosophy, Prophecy, and Politics in Leo Strauss's Early Thought*, Albany: State University of New York Press, 2008;谢帕德,《施特劳斯与流亡政治学》,前揭。唐格维的《列奥•施特劳斯：思想传记》部分处理早期思想，相关探讨很有穿透力。迈尔对施特劳斯的研究至今仍然十分重要，他关于施特劳斯早期思想的论述基本已收于迈尔,《隐匿的对话：施米特与施特劳斯》,前揭。

　③　迈尔为 GS-2 撰写的重要《编者前言》后来译成英文，见 Yaffe, M. D. and Ruderman R. S., ed., *Reorientation: Leo Strauss in the 1930s*, ibid., pp. 35～59,英文标题是 "How Strauss Became Strauss"。

第一章 雅可比问题

施特劳斯思想生涯的第一部重要作品是他的博士论文。从大学时代开始,施特劳斯先后在马堡大学、法兰克福大学、柏林大学和汉堡大学就读,学习哲学、历史、数学和自然科学。1921年,在新康德主义哲学家卡西尔(Ernst Cassirer)指导下,①施特劳斯在汉堡大学获得了博士学位——博士论文为《雅可比哲学学说中的知识问题》(*Das Erkenntnisproblem in der philosophischen Lehre Fr. H. Jacobis*)。② 与施特劳斯的后期作品相比,施特劳斯的博士论文长期以来没有获得足够重视,③学界的晚近研究在一定程度上改变了这种状况。④这些研究表明这部早期作品的重要性不容忽视,它向人们照亮了施特劳斯思想最初站立的地基:《雅可比哲学学说中的知识问题》体现了施特劳斯学术思想的基本取向,对于理解施特劳斯此后许

---

① 卡西尔是新康德主义马堡学派创立者柯亨(Hermann Cohen)的著名弟子,马堡学派的主要代表人物。柯亨的声望是施特劳斯最初受马堡学派吸引的原因之一,作为当时最重要的犹太裔哲学家,柯亨是当时德国犹太知识界的领军人物。柯亨于1918年离世,此时施特劳斯尚在军中服役,施特劳斯此后继续在卡西尔门下学习,此事与他对柯亨的敬重不无关系。参 Leo Strauss, *The Early Writings* (1921~1932), ibid., p. 6。

② 施特劳斯的博士论文见 GS-2, 237~292,中译本见施特劳斯,《哲学与律法》,前揭,页121~182。

③ 唐格维出色的思想传记令人遗憾地越过了施特劳斯的博士论文。

④ 近年来的研究有 Janssens, *Between Athens and Jerusalem*, ibid., pp. 77~96;以及延森斯(David Janssens),《启蒙问题:施特劳斯、雅可比和泛神论之争》,见施特劳斯,《哲学与律法》,前揭,页185~216。关于施特劳斯后期思想与早期博士论文的关系,见 Rodrigo Chacón, "Expanding the Space of Reasons? Strauss, Jacobi, and the Sources of Normativity," paper prepared for the annual meeting of the American Political Science Association, New Orleans, August 31, 2012. Rodrigo Chacón, "On a Forgotten Kind of Grounding: Strauss, Jacobi, and the Phenomenological Critique of Modern Rationalism," in *The Review of Politics*, Vol. 76, No. 4, 2014, pp. 589~617. 沙康(Chacón)认为,施特劳斯"政治哲学"的核心是对事物的自然理解,这种自然理解为施特劳斯的"自然正确"(natural right)概念奠定了基础。沙康的结论并非学界新见,他的工作的主要意义在于将施特劳斯后期的诸多基本观点追溯到早年的博士论文,从而使人们关注到施特劳斯思想的最初地基,也使人们看到了施特劳斯思想的连续性。沙康认为,施特劳斯主张的"自然理解"是一种现象学式的理解,胡塞尔(Edmund Husserl)和拉斯克(Emil Lask)的现象学最初启发了施特劳斯对雅可比的关注。沙康对施特劳斯的现象学解释不乏启发,但也面临一些明显的困难。

多重要观点具有十分重要的意义。

施特劳斯学术思想的基本取向是苏格拉底-柏拉图式思想方式。关于这一思想方式的确切含义,学界自70年代已经展开讨论,根据布鲁姆(Allan Bloom)、肯宁顿(Richard Kennington)等人的看法,施特劳斯的苏格拉底-柏拉图式思想方式具有一个存在论-知识论根基,这一根基是人对存在之自然真理的认识。[1] 所以,施特劳斯的古典思想取向具有一个理论哲学底座,我们可以借助下述问题表述这一底座的含义:存在就其自身而言向人显现出何种事实和意义。

就此问题而言,施特劳斯在50年代关于"自然正确"(natural right)的论述尤其引人注目。事实上,施特劳斯的"自然正确问题"正是建立在上述理论哲学底座之上,在施特劳斯这里,"自然正确问题"在根本上涉及的是人以自然方式领会价值事实的可能——这里的事实概念是指,事情凭其自身让人领会到的某种价值上的区分,这是一种以自然方式被领会到的区分。根据施特劳斯的观点,柏拉图的自然正确学说以灵魂与身体在价值上的自然区分为基础,这一区分乃是一种自然显现。

事实上,"自然正确"问题在施特劳斯这里从属于自然真理问题,它是自然真理问题的一个领域。存在向人显现其事实和意义的方式,始终在施特劳斯思想中占据基础性位置。[2] 我们甚至可以说,施特劳斯独特的"政治哲学"的最重要含义是其存在论-知识论含义,[3]因为,在施特劳斯看来,"政治事物"(the political things)尤其适合帮助人们思考存在向人显现自身的方式:

> 我们从苏格拉底那里认识到,政治事物或者人类事物是**理解所有事物的关键**。[4]

---

[1] Allan Bloom, "Leo Strauss: September 20, 1899-October 18, 1973," *Political Theory*, Vol. 2, No. 4, 1974, pp. 372~392. 另见肯宁顿对《自然正确与历史》(*Natural Right and History*)的重要阐释,Richard Kennington, "Strauss's *Natural Right and History*," in *Review of Metaphysics*, Vol. 35, No. 1, 1981, pp. 57~86。

[2] 学界关于这一问题已经有很多讨论,例如 Victor Gourevitch, "Philosophy and Politics, I~II," *The Review of Metaphysics*, Vol. 22, No. 1, 1968, pp. 58~84; Stanley Rosen, *Hermeneutics as Politics*, New York: Oxford University Press, 1987; Robert Pippin, *Idealism as Modernism: Hegelian Variations*, Cambridge: Cambridge University Press, 1997。

[3] 与通常的政治哲学概念不同,施特劳斯独特的"政治哲学"概念的主要含义不是一种以哲学为基础的政治理论,毋宁说,它的含义主要涉及政治事物的存在论-知识论意义,以及哲学与政治世界的关系。参施特劳斯,《什么是政治哲学》,收于施特劳斯,《什么是政治哲学》,李世祥等译,北京:华夏出版社,2011年。另见本书第六章的探讨。

[4] 施特劳斯,《关于马基雅维里的思考》,前揭,页15;亦见 Leo Strauss, *Thoughts on Machiavelli*, ibid., p. 19。

与表面情况相反,苏格拉底转向对人类事物的研究,并非基于对神圣事物和自然事物的放弃,而是基于一种理解所有事物的新方式。①

正如布鲁姆所言,"在从沉思存在转向沉思人之时,施特劳斯没有忘记存在(being)……在谈论僭政、绅士、自然正确、政治人和哲人之时,施特劳斯总是想到知识问题"。②

《雅可比哲学学说中的知识问题》关注的正是这个意义上的存在论-知识论问题。在现代思想史上,雅可比(F. H. Jacobi)通常被看作启蒙的反叛者和非理性主义者,在施特劳斯撰写博士论文之时,这种看法在德国占据统治地位。与通常看法不同,施特劳斯认为,雅可比与启蒙派在18世纪的争论具有极为深刻的思想意义,雅可比对启蒙理性主义的批判值得高度重视。③ 施特劳斯此后对启蒙的批判与雅可比有深刻的一致之处,在博士论文中,施特劳斯聚焦的是雅可比在启蒙批判中论及的存在论-知识论问题。

不过,施特劳斯强调,《雅可比哲学学说中的知识问题》的意图不在于重申雅可比本人的学说,而在于重审"以'雅可比'之名标示的问题",亦即雅可比所体现的"问题视角"(Problemperspektiven)。④ 这一问题视角聚焦于存在在知识论上的超越性和客观性,或者说,这一问题视角指向如下可能性:自然物、上帝和价值是真实存在之物,人的认识可以把握自然物、上帝和价值的超越性和客观性,它们的真实状况——真理——可以在人的认识中被

---

① 施特劳斯,《自然权利与历史》,前揭,页123。
② 刘小枫编,《施特劳斯与古典政治哲学》,前揭,页10。
③ 除了《雅可比哲学学说中的知识问题》,施特劳斯此后没有写过关于雅可比的专论。在30年代,施特劳斯负责编辑纪念版《门德尔松全集》第二卷,在关于门德尔松(Moses Mendelssohn)的《晨时》和《致莱辛的友人》的篇目提要中,施特劳斯对"泛神论之争"做出了梳理,这是施特劳斯在博士论文之外关于雅可比为数不多的论述之一。施特劳斯将"泛神论之争"看作"德国18世纪最有意义的争论"。见施特劳斯,《门德尔松与莱辛》,卢白羽译,北京:华夏出版社,2012年,页134。拜泽尔(Frederick C. Beiser)认为,学界长期以来低估了泛神论之争的思想意义,"泛神论之争"对德国哲学的影响不亚于康德的《纯粹理性批判》,甚至康德哲学在德国的胜利也是"泛神论之争"的结果之一。参 Frederick C. Beiser, *The Fate of Reason: German Philosophy from Kant to Fichte*, Cambridge: Harvard University Press, 1989, pp. 44~49。拜泽尔关于"泛神论之争"的研究在当今学界具有权威性,他称其研究极大受益于施特劳斯和 A. 阿尔特曼(Alexander Altmann)——施特劳斯"对这场争论的复杂背景提供了最好的处理"。见 Beiser, *The Fate of Reason: German Philosophy from Kant to Fichte*, ibid., p. 335。施特劳斯的篇目提要收于 GS-2, 465~605,中译本见施特劳斯,《门德尔松与莱辛》,前揭,页65~212。关于拜泽尔与施特劳斯观点的差异,参 Leo Strauss, *Leo Strauss on Moses Mendelssohn*, translated and edited with an interpretive essay by Martin D. Yaffe, Chicago: The University of Chicago Press, 2012, pp. xiii~xvi。
④ 施特劳斯,《哲学与律法》,前揭,页125。

给予人。《雅可比哲学学说中的知识问题》表明，施特劳斯在 1921 年已经迈出了超越现代哲学的步伐，力求超越笛卡尔哲学、观念论哲学和新康德主义哲学的主体主义和建构主义视域。[①]正如我们已经提到的那样，上述问题视角反映了施特劳斯思想的基本取向：对存在之自然真理的追求。从 1921 年的博士论文开始，施特劳斯始终坚持上述基本取向，不过，十分重要的是，他在此后的思想发展中对某些问题提法做出了重大修改。

在此，笔者将首先呈现施特劳斯在 1921 年对"雅可比问题"的理解，并且呈现施特劳斯在此问题视角下揭示的存在论-知识论学说。在此基础上，笔者将进一步呈现施特劳斯与雅可比的思想关系，尝试阐明这样的结论：施特劳斯与雅可比的思想既有深刻的一致之处，也具有根本性的差异，这种根本差异在 1921 年的《雅可比哲学学说中的知识问题》中已经表现出来了。

一、从雅可比到"雅可比问题"

莱辛（Gotthold E. Lessing）在 1781 年去世以后，生前挚友门德尔松计划写一部关于莱辛性格的著作。得知此事以后，雅可比通过友人向门德尔松透露了一个惊人的消息：莱辛在生命的最后时光里是一个坚定的斯宾诺莎派。根据当时德国思想界对斯宾诺莎的理解，雅可比的消息无异于表明，启蒙领袖莱辛在内心深处是无神论者和宿命论者。

从 1783 年夏天开始，雅可比与门德尔松围绕莱辛的斯宾诺莎主义展开了一场著名争论，成为德国思想史上"泛神论之争"的开端。1785 年，雅可比出版了著名的《论与门德尔松先生通信中的斯宾诺莎学说》（*Ueber die Lehre von Spinoza in Briefen an Herrn Moses Mendelssohn*）——除了许多重量级证据，书中尤其包含莱辛本人与雅可比关于斯宾诺莎的谈话。据门

[①] 回应卡西尔的新康德主义哲学是施特劳斯博士论文的基本意图之一。根据卡西尔的观点，人对世界的经验和知识是彻底观念化的，所谓被给予之物是一个"神话"，参 John McDowell, *Mind and World*, Cambridge: Harvard University Press, 1996, p. 42. 卡西尔的观点在德国哲学界影响广泛，施特劳斯在博士论文中对卡西尔的回应，除了借助雅可比，也借助了胡塞尔和拉斯克的思想。在施特劳斯看来，拉斯克对新康德主义的批判与雅可比对康德的批判具有重要一致性。拉斯克的重要性近年来受到了更多重视，见 Steven Crowell, *Husserl, Heidegger, and the Space of Meaning: Paths Toward Transcendental Phenomenology*, Evanston: Northwestern University Press, 2001; Frederick Beiser, "Normativity in Neo-Kantianism: Its Rise and Fall," in *International Journal of Philosophical Studies*, Vol. 17, No. 1, 2009, pp. 9~27. 沙康认为正是现象学让施特劳斯确信雅可比问题的意义。

德尔松的朋友们说,正是此书"导致"门德尔松在 1786 年 1 月 4 日离世,雅可比"谋杀"了身为柏林启蒙派中坚的门德尔松。①

毋庸赘言,雅可比与门德尔松围绕莱辛的"思想形象"展开的争论涉及的一个深层问题是如何理解斯宾诺莎哲学。雅可比断言,斯宾诺莎主义(Spinozism)实质上是一种"虚无主义",它意味着无神论、道德上的宿命论(fatalism)和知识论上的唯我论(solipsism)。在雅可比看来,斯宾诺莎哲学从笛卡尔的普遍怀疑方法出发,将主体作为真实事物与真实知识的唯一根据,这样一来,真实知识只是唯我论主体与"体系-证明方法"的构造。同时,斯宾诺莎哲学的唯一实体——无论是否称之为上帝——实质上只是一个无限实体,只是存在本身,所以,斯宾诺莎实际上否定了启示宗教。与此相关的是,由于一切事物都是唯一实体决定的结果,所有自然事物和人类活动都是永恒因果之中的环节,所以,在斯宾诺莎这里,一切都服从由理性或者"证明知识"所揭示的因果律,不存在自由和道德责任,因此,斯宾诺莎主义在道德上必然走向宿命论。

不过,斯宾诺莎哲学仍然不是"泛神论之争"的最深层问题。雅可比宣称,所有理性主义都必然走向斯宾诺莎主义,②如此一来,无神论、宿命论和唯我论就是理性主义自身的必然结果:理性主义等于虚无主义。因此,雅可比挑起的这场"泛神论之争"的根本问题是理性自身的性质问题,由于现代启蒙以理性的权威为根基,雅可比的批判对启蒙发起了强劲挑战,事实上,"谋杀"启蒙正是雅可比挑起"泛神论之争"的原因之一。

启蒙对理性的信仰(faith)基于如下信念,理性能够证明常识(common sense)、道德和宗教的所有基本真理。理性的权威取代了传统和启示的权威,因为,理性能够更有效地保证所有道德、宗教和常识信念。这个至关重要却十分脆弱的前提是雅可比攻击的主要目标。雅可比争辩说,理性不是支撑而是破坏道德、宗教和常识的所有基本真理。如果我们一以贯之,将理性贯彻到底,那么,我们就必须拥抱无神论(atheism)、宿命论(fatalism)和唯我论(solipsism)。我们就必须否定上帝、自由、他人的心灵、外部世界,甚至包括我们自身的持续存在。一言以蔽之,我们必须否定一切存在,用雅可比的戏剧化语词来说,我们必须称为"虚无主义者"。只有一种方式可以将我们

---

① Beiser, *The Fate of Reason: German Philosophy from Kant to Fichte*, ibid., p. 74.
② Ibid., p. 102.

从虚无主义之中挽救出来,那就是"信仰一跃"(a leap of faith)——salto mortale。①

"信念"(Glaube、faith)是雅可比哲学的核心概念,不过,他的"信念"概念的含义并不局限于神学意义上的信仰,而是更广泛意义上的"信念"。雅可比力图以信念概念对抗笛卡尔的唯我论哲学,在雅可比这里,信念是对超越主体之物的肯定,这种肯定涉及上帝、价值和外在事物,所以,信念概念涉及全部超越(transzendent)事物之真实性,它将"被给予之物"的范围扩大到超越事物及其真实性。雅可比认为,笛卡尔哲学从一开始就将超越事物及其真实性排除在外,从而也将真实的存在者排除在外,因此,它最终必然只是对"不存在之物"的一种体系化或者合理化的组织。

在雅可比看来,笛卡尔主义的彻底怀疑和合理化方法取消了超越的真理,这意味着在认识真理之前已经将真理排除在外,相反,对真理的认识应该是接受性的(rezeptiv),应该将超越的真理作为被给予之物加以接受。雅可比相信,这种超越的真理当然是非合理化的,但是,如施特劳斯所言,这种前科学的真实性乃是真正自然的真实性,是所有科学化或合理化知识的基础。

作为启蒙的反叛者,雅可比深刻动摇了启蒙的根基,②不过,雅可比本人却未能获得应有的思想史地位,这显然与他凭借"信念"对抗理性主义哲学有关。门德尔松最初完全没有将雅可比看作够格的哲学家,"泛神论之争"爆发以后,柏林的启蒙派将雅可比看作狂热分子(Schwärmer)。1786年10月,康德正式加入"泛神论之争",明确否定雅可比的"信仰一跃",将雅可比看作神秘的非理性主义者。③在施特劳斯重审雅可比思想之时,康德的看法是德国思想界对雅可比的标准看法:这位启蒙的反叛者即使不是狂热分子,也是非理性主义者。

学界的晚近研究表明,雅可比对启蒙的批判本应获得更重要的思想史意义,康德开创的"批判哲学"在德国的胜利使人们低估了雅可比思想的价值。但是,与第一次世界大战之前的思想状况相比,"一战"之后的德国思想界已经发生了显著变化。新康德主义哲学日薄西山,胡塞尔现象学的崛起

---

① Beiser, *The Fate of Reason: German Philosophy from Kant to Fichte*, ibid., p. 46.
② Ibid..
③ Rodrigo Chacón, "Expanding the Space of Reasons? Strauss, Jacobi, and the Sources of Normativity", ibid., p. 38. Beiser, *The Fate of Reason: German Philosophy from Kant to Fichte*, ibid., pp. 116~117.

深刻改变了德国哲学的走向，①罗森茨维格和巴特(Karl Barth)的"新神学"也向康德主义神学发起了强劲挑战。

对于身处启蒙"神学-政治困境"的青年施特劳斯来说，如何彻底认识现代启蒙一直是他思考的核心问题，在战后的思想氛围中，青年施特劳斯凭借锐利的眼光重新发现了雅可比启蒙批判的价值。不过，正如施特劳斯后来的思想史工作所表现的那样，他对雅可比的关注在根本上基于哲学兴趣，而非历史兴趣。施特劳斯博士论文关注的主要问题不是"雅可比与其同时代的哲学——启蒙运动、康德批判论、浪漫派——的关系"，②正如论文中所言：

> 应当少关注雅可比本人，多关注一定程度上由"雅可比"之名所标示的问题，或者更确切地说，问题视角(Problemperspektiven)，尽管如此，我们也能从历史的角度发现这些问题视角的确属于雅可比。③

所谓"雅可比问题"或者雅可比式"问题视角"关心的根本问题是存在的超越性和真实性，尤其是其超越性和真实性如何在认识中被给予人。施特劳斯在论文中写道：

> 雅可比哲学的核心：所有体系-哲学的合理化趋势都不自然，都破坏了自然的确定性及其所给予之物，它没有能力从固有的方法出发——人为地(künstlich)——补偿完全逝去的事物。④

二、"雅可比"的知识论学说

施特劳斯在博士论文中对"雅可比问题"的论述分为两个层次：其一，雅可比的立场和方法；其二，雅可比的知识论学说。这种划分对应于雅可比本人讨论知识论问题的层次，根据雅可比的看法，"理论精神的类型，归根结底

---

① 可以肯定的是，胡塞尔对施特劳斯思想产生了影响，不过，施特劳斯没有明确表达过这种影响的程度。关于胡塞尔与施特劳斯的关系，一个探索性的研究参本斯，《前科学世界与历史主义》，见刘小枫编，《施特劳斯与古典政治哲学》，前揭，页379~400。亦参李明坤，《施特劳斯与胡塞尔的共识与分歧》，《世界哲学》，2019(6)，页112~122。
② 施特劳斯，《哲学与律法》，前揭，页123。
③ 同上，页125。
④ 同上，页132。

在于精神整体的类型"，①精神整体的类型乃是一种先于理论认识的取向（Gesinnung），②这种取向对于哲学观念具有决定性，因此，在雅可比这里，哲学认识达到何种知识，归根结底取决于取向的"决断"，与具体学说相比，取向问题处于更基本的层次。

根据雅可比的看法，西方精神史上存在相互对立的一对基本取向。施特劳斯引述了雅可比的一个段落：

> 我将多少按原则行事的人分为两类：一类人夸大了恐惧；另一类人则夸大了勇气和希望。前者，即小心谨慎的人，不容许其本人受到任何中伤，却也少获评鹜；这些人完全丧失了信心；他们恐惧真理，因为这里可能遭到误解；他们恐惧伟大的品质、高贵的德性，因为它们可能被误用。这些人眼里只有不幸。——而后者，即勇敢的人，我想说，在柏拉图的意义上，他们是不明智的人（Unbesonnenen），对待事情不够认真；他们并不如此令人厌恶和不安，他们更多信赖其内心的话语而非某种说出的话语；他们信赖德性，而非通常需要长久期待的德性……鉴于我必须站在我划分的这两帮人中的某一边，我选择后一类人。③

雅可比认为，前一类人的取向正是在现代取得统治地位的启蒙的取向，启蒙的怀疑原则和"体系-证明"方法源于理论上的恐惧精神，启蒙的这种取向决定了启蒙的"普遍的哲学方法论原则"。笛卡尔奠定并且特别明确地表达了启蒙的方法论原则：

> 我们这样来定义它：这种普遍的哲学方法论原则的任务是，通过追溯其不容置疑的前提来摆明问题对象，并从理论上加以解决。如果我们将此对象（首先是：具体的自然对象）称为"存在"（Sein），那么，这种方法的结果是，将存在追溯至非-存在（Nicht-Sein）。④

由于笛卡尔式方法从一开始就将"存在"及其真理排除在外，雅可比将这个意义上的哲学称为"非-存在哲学"，在雅可比看来，笛卡尔、斯宾诺莎、康德、费希特哲学在"非-存在哲学"之列，柏拉图的"理念论"同样如此。

---

① 施特劳斯，《哲学与律法》，前揭，页127。
② "Gesinnung"是施特劳斯经常使用的关键语词，笔者根据语境译作"取向"或"态度"。
③ 施特劳斯，《哲学与律法》，前揭，页128。
④ 同上，页130。

"非-存在哲学"的基本特征是"对被给予之物（Gegebenen）的否定"，由于被给予之物总是前理性或不合理性之物，"非-存在哲学"要求人们必须由一个纯然理性的原则或者由理性本身产生存在，用雅可比的话说，"非-存在哲学"是"非知识"的组织化。因此，这种哲学的结果实际上是从主体甚至无主体的理性自身中产生存在，由此带来的"普遍的情形是：我们只能够领会我们能创造的事物。意欲理解世界的哲人，因此将成为世界的创造者"。① 如此一来，在理性主义哲学这里，认识不再是接受，不再是接受"自然的确定及其所给予之物"，而是从一开始就丧失了真理，它也不可能以任何方式在事后补偿这种丧失。

在博士论文中，施特劳斯同意雅可比对启蒙知识论的批判，这无疑表明施特劳斯此时已经突破了作为启蒙哲学的新康德主义：

> 人为性（Künstlichkeit）属于哲学建构之本质，体系-哲学也无法避免。就此内在关联，指出柯亨就足够了，他关于"起源"的原理是一个真正的非-存在-原理（Nicht-Seins-Prinzip），他偶尔称非-存在是"思想的怪胎"，并将非-存在概念刻画为"怪异的概念建构"。②

雅可比将所有"非-存在哲学"都视为虚无主义，根据雅可比对精神取向的划分，"非-存在哲学"源于对世界的不信任，由此出发，雅可比要求人们彻底转变精神取向，转向对世界的信任。雅可比力求以信念对抗怀疑，从而以"信念学说"（die Lehre vom Glauben）对抗"体系-证明"哲学。在雅可比这里，转向信念究其根本是一种精神取向或者道德取向的转变，③如果人们作出这种取向的转变，人们就会认识到作为超越之物的"存在"，这种认识包含真正的"自然的确定性"——这是在"体系-证明"哲学中被排除和放弃的自然真理。

在呈现雅可比如何描述自然真理在认识中的给予方式之前，我们有必要先呈现施特劳斯在博士论文中对雅可比本人与"雅可比问题"做出的最重要区分。毋庸置疑，施特劳斯对雅可比的重视，源于施特劳斯对自然真理的追求，他赞同雅可比的如下论断：真正的自然真理不是人为建构的真理，而应该是人所接受的、由超越之物所给予的真理。这个意义上的自然真理问题——"以'雅可比'之名标示的问题"——不仅是青年施特劳斯关心的关键

---

① 施特劳斯，《哲学与律法》，前揭，页131。
② 同上，页132。
③ 同上，页128~129。

问题,也贯穿施特劳斯整个思想生涯。

但是,在雅可比这里,对真理的认识最终以一种道德态度为前提,道德态度决定了先于认识活动的取向,正是这些取向决定了认识的最终结果。施特劳斯并不否认,世上大多数哲学理论都以某种取向或者道德态度为前提,雅可比对此具有深刻洞见,但是,施特劳斯不认为,哲学认识必然甚至应该以某种取向或者道德态度为前提。雅可比宣称哲学必然以道德为前提,并且明确将自己的哲学建立在道德信念之上,在施特劳斯看来,这意味着在实质上将一切认识还原为道德信念,这种做法是"巨大的危险"。[①] 所以,施特劳斯在博士论文中提醒人们"少关注雅可比本人",这一提醒尤其针对雅可比学说的上述特征,施特劳斯博士论文关注的核心问题不是雅可比本人,而是雅可比学说中论及的无取向的知识论问题——这是博士论文中所谓"雅可比问题"的根本含义。

施特劳斯对雅可比知识论的论述,位于博士论文第二部分。根据施特劳斯的看法,"雅可比知识论的基本问题是为存在的超越的真实性(transzendenten Realität des Seins)辩护",[②]这种辩护在根本上涉及人的认识能力与超越之物的关系。雅可比沿用康德批判哲学的区分,将人的认识能力分为知性(Verstand)、感性(Sinnlichkeit)和理性(Vernuft),但是,雅可比不接受康德关于知性与感性、理性之关系的观点。康德在知识论上给知性赋予自主性,知性对人所获得的"表象"加以组织,由于知性是人所固有的能力,因此,在康德这里,认识在本质上是主体的建构。施特劳斯注意到,雅可比对康德知性概念的批判取消了知性的自主性,在雅可比这里,知性作为人所固有的能力诚然是自发的,但是,知性并无自主性。如果要获得知识,知性活动总是需要某种被给之物,所以,知性活动必须以感性和理性的给予能力为前提,也就是说,知性必须以感性和理性能力所给予的事物为前提。

施特劳斯认为,感性和理性在根本上是接受性的,是对"超越的真实性"的接受。为了呈现这一点,施特劳斯首先呈现了雅可比对康德知性概念的批判。雅可比认为,无论是作为意识之总体原则的知性,还是作为概念建构能力的知性,都具有一个共同本质,这种共同本质就在于知性的"形式特征",依据知性的本质,雅可比划定了知性的界限。在雅可比看来,"只要有认识,就总能有所认识,故而,知性需要其他能力来辅助,正是它们给予知性以材料(Stoff)",[③]认识的"质料"(Material)超出了知性的界限。作为一种

[①] 施特劳斯,《哲学与律法》,前揭,页129。
[②] 同上,页140。
[③] 同上,页141。

纯形式的理性能力,知性预设并且需要前理性的"被给予之物",施特劳斯认为,雅可比在此达到了"超越(Transzendenten)的第一个层次:不合理性(Irrationalität)的超越"。①换言之,康德对知性的形式特征的承认恰恰表明,存在(Sein)超越了知性的领域,在知性活动之前,必然已经存在某些事物,由于这些事物先于知性的合理化活动,它们是不合理之物,但是,由于它们超出了知性的界限,它们是超越之物。

一旦"知性失去了任何独立自主的认识-意义(Erkenntnis-Bedeutung)",②人们就能够达到认识"存在之超越"的第二个层次:作为客观性的超越(Transzendenz als Objektlität)。这意味着,在知性之外的、知性本身所不能把握的不合理之物是真实存在的实体和属性,认识在根本上由超越之物给予人,"认识是接受性的(rezeptiv)",③认识就是接受:

> 认识与外在于它的某物有关,正是这种外在于它的事物为认识赋予内涵,认识就取决于这种外在于它的事物。[认识]有条件的自发性(relative Spontaneität),雅可比以抽象和证明予以肯定,但相对于根本的接受性(grundsätzliche Rezeptivität)而言,这种有条件的自发性是次要的。知性只能够把握所给予之物——知性只能通过指向实事而作出证明。所以,真正"给予性的"认识方式是:感知和理性,正如词名之所谓——"感知"(Wahrnehmung)就是"真实-获知"(Wahr-*Nehmen*),而"理性"就出自"觉知"(Vernehmen),感知和理性都指向超越的对象。然而,不仅认识的内容,即由真实的判断所表达的内容,是超越的,认识的形式,即真理的形式意义上的形式,也不是认识的成果,它其实是一种超越的价值(Wert)。④

施特劳斯在此表达了一个极为重要的情形:认识活动的质料和形式都是超越的客体,都具有超越的真实性,因此,认识是对超越的质料和形式的接受,这两者在感性认识和理性认识中被给予人。如此一来,感性和理性就成为真正接受性的认识能力,对超越的真理的把握,不是由知性而来,而是由感性和理性而来。

在这个意义上,感性和理性获得了比知性更重要的地位,前两者是真正

---

① 施特劳斯,《哲学与律法》,前揭,页140。
② 同上,页143。
③ 同上,页146。
④ 同上,页146～147。

给予性的认识方式,知性本质上只是一种内在的形式化能力,它必须以感性和理性所接受的超越真理为前提,必须受到超越真理的约束。在施特劳斯和雅可比看来,人的认识并非自发的知性对"表象"的组织——这种组织本质上是"非-知识"的组织。

就感性与理性两种给予方式而言,施特劳斯尤其关心理性的给予方式,因为,"理性认识的客体是上帝和价值"。① 关于理性认识与上帝的关系,施特劳斯提醒人们:

> 雅可比自然并不想否定上帝-认识的理论特质。但这种与不关心伦理的自然-认识相对的认识,与某种确定的伦理立场具有内在关联,即以此伦理立场为前提。在此,我们看到哲学认识与思想观念(Gesinnung)之间的内在关联。哲人无法认识存在者之全体——上帝同样属于此全体——如果他没有"道德"。②

这个段落表明,在雅可比这里,对上帝的认识并不是彻底理论性的,它仍然与道德态度粘连在一起,为了说明这种情况,施特劳斯在此引述了雅可比的如下说法:"对上帝的信仰,不是科学,而是一种道德。"③施特劳斯对雅可比的处理,剥除了粘连在理论认识上的道德态度,从而仅仅考虑由雅可比表达出来的问题视角:施特劳斯考虑的是彻底在理论上获得上帝-认识的可能。

对于施特劳斯而言,"理性-认识是对于某种与理性相对立的对象的认知,是关于理性-对象的认知,尤其是关于上帝的认知"。④ 雅可比的知识论学说指向了理性接受超越性、接受超感觉事物的可能,施特劳斯通过重提雅可比对康德的反驳呈现了这种可能:

> 康德对理性-观念的真实性-特质的否定,尤其是对上帝观念的否定,随即引发了雅可比的敌对态度。上帝观念的伦理意义无法取代在通过信仰行为可把握的自在存在的严格意义上的现实性。尽管有对上帝证明的所有反驳,从而也是对关于上帝的纯粹知性认知的反驳,仍然有一种关于上帝的真实性的直接经验。这种经验是真正的理性认识。康德和雅可比在理性认识上的对立的真实原因,就在于康德始终坚持

---

① 施特劳斯,《哲学与律法》,前揭,页157。
② 同上。
③ 同上。
④ 同上,页160。

经验—元论(ErfahrunGS-Monismus)——就在于,对理性观念的经验-超越性的洞见,没有扩展到对于由理性所揭示的真实性的肯定。①

在雅可比看来,作为把握超感性事物的工具(Organ),理性具有在理论认知的意义上给予上帝-认识的能力,只要人们摆脱对理性的狭窄理解,人们就能看到理性的这种给予能力。正如雅可比所说,上帝-认识以人自身具有的这个特定的、自由而具有神性的部分为中介。

施特劳斯认为,雅可比关于价值的学说具有类似的结构。根据雅可比的学说,价值自身具有超越性,所以:

> 价值认识是一种"客观表象",故此需要感性直观的类似物,此类似物给予感性直观以对象。这样一种类似物,绝不啻是一种纯粹的假设,而是可明示之物。②

这种与感性直观的类似物是价值理性的个别化(Besonderung),亦即雅可比经常讨论的"心的认识"(Herzens-Erkenntnis)。

根据雅可比的观点,心的认识体现为人的"冲动"(Trieb),尤其是"人的自然的基本冲动"。施特劳斯援引了帕斯卡尔(Pascal)的如下说法:"心中有很好的智慧",③以说明雅可比如何理解"心的认识"。施特劳斯认为,雅可比对价值的理解是实在论和客观论,或者说,雅可比将价值看作客观实在,正是在人的自然的各种冲动中,各种道德目的的不同价值向人显现出来。所以,"心的认识"对应于道德目的的等级体系——这是诸价值的客观秩序。

> 雅可比原则上的实在论,在其伦理学中占有统治地位,表面上向意愿能力的主观论倒退,是为实在论服务的。意愿能力(或者更确切地说,心)是客观的心的逻辑即目的体系的主观相关物,此相关物——与理性主义伦理原则相对——具有个体性,并与真实性相互关联。通过研究超越合理性的(transrationalen)能力,就有可能洞察归属于此能力的真实性领域的实际存在(Vorhandensein)。④

---

① 施特劳斯,《哲学与律法》,前揭,页159。
② 同上,页164。
③ 同上,页166。
④ 同上,页170。

施特劳斯认为,雅可比将"心的认识"作为其伦理实在论的知识论基础,这里最重要的事情在于,"心的认识"是客观的"目的体系"的主观对应物,这意味着存在一个客观的目的体系,这个体系在"心的认识"中被给予人。

施特劳斯博士论文关于雅可比价值哲学的论述表明,施特劳斯此时已经形成了思考人的正确生活的基本提问方式,这种提问针对的是一个客观的"目的体系",用施特劳斯自己的话说,人的正确生活取决于诸目的及其自然秩序(hierarchy)。

作为施特劳斯的第一部重要作品,施特劳斯的博士论文对于我们理解施特劳斯的整个思想活动具有重要意义。施特劳斯对"雅可比问题"的重审表达了其思想活动的至深关切:人如何凭借理性"看见"自然真理。作为施特劳斯思想的底座,这一关切始终支配着施特劳斯此后的思考,对于施特劳斯而言,只要一种哲学不是从真正自然的真理出发,它必然是可疑的;正是基于这一关切,在半个多世纪的思想历程中,施特劳斯始终高度警惕各种人为化、历史化和相对化的真理方案。可以确定的是,他后来对"自然正确"及其问题性质的思考,凭借的是更深刻的苏格拉底-柏拉图式思想方式,但是,就绝对问题而言,在这里若隐若现的仍然是青年施特劳斯关心的那个"以'雅可比'之名标示的问题"。

三、施特劳斯与雅可比的思想关系

可以肯定的是,雅可比对青年施特劳斯产生了影响,甚至可以说,他对施特劳斯思想后来的发展也起到了引导作用。但是,确定雅可比对施特劳斯的影响达到了何种程度却十分困难,正如施特劳斯在博士论文中所言,他更关注"以'雅可比'之名标示的问题",而非雅可比本人。有学者注意到施特劳斯附在博士论文中的一则手写笔记,施特劳斯在这则笔记中称,他的论文"对雅可比的问题采取了非雅可比式的进路(ein Nicht-Jacobischer Weg)","我所呈现的并非雅可比本人,而是我所需要的雅可比"。[①]

由于施特劳斯作品中的雅可比并非雅可比本人,他也从未明确表达雅可比对他的影响,我们几乎无法确定雅可比对他究竟产生了何种程度的影响。毋庸赘言,在施特劳斯与雅可比的思想之间存在某些重要的一致性,但

[①] 延森斯在《启蒙问题:施特劳斯、雅可比和泛神论之争》一文中注意到了这一点。见施特劳斯,《哲学与律法》,前揭,页189。施特劳斯笔记原文见 GS-2, 297。

是,这些一致性并非必然出自雅可比的影响,它们并不意味着一种历史性的因果关联。因此,在严格意义上,我们只能考虑施特劳斯与雅可比在思想上的一致性,而非雅可比对施特劳斯的影响。不过,由于施特劳斯在处理雅可比之时将哲学问题置于历史问题之上,我们的确只应该考虑施特劳斯与雅可比思想的哲学关系。一旦我们关注这种哲学关系,我们就可以肯定,施特劳斯的思想既与雅可比存在十分重要的一致性,又在决定性的方面超出了雅可比。

笔者将围绕施特劳斯思想发展的主线来呈现上述关系。青年施特劳斯与雅可比的思想目光的基本交汇点是对现代理性主义或启蒙的重新理解,启蒙的思想方式对整个现代思想处境具有决定性。正如施特劳斯后来所言,他从青年时代开始面对的基本思想处境是启蒙造成的"神学-政治困境";青年施特劳斯始终在构想一种具有"犹太性"的政治方案,并且倾向于政治犹太复国主义,这种方案显然与启蒙的"同化主义"方案格格不入,尽管欧洲战争使解决犹太人问题的启蒙方案严重受挫,但是,这并未从根本上解决启蒙造成的困境。施特劳斯清醒地看到,犹太人问题最终与创世和启示的上帝有关,一切政治性的犹太人问题,其解决方案都必须回到神学问题,可是在启蒙之后,已经不再可能谈论创世与启示的上帝。这种处境意味着,只要接受启蒙的思想方式,就不再可能恢复犹太传统。

施特劳斯发现,雅可比在18世纪对启蒙的批判揭示了一种超越启蒙视域的可能性——施特劳斯之所以关注雅可比的启蒙批判,不是因为施特劳斯对启蒙抱有先天的敌意,而是因为雅可比将启蒙批判"提升到了应有的水平",①在施特劳斯看来,雅可比的批判达到的深刻性,基于雅可比对启蒙的深刻理解。雅可比认为,启蒙未能真诚地面对自身的立场,只要启蒙将理性贯彻到底,启蒙必然导致虚无主义——唯我论、无神论和宿命论。

施特劳斯对雅可比的如下判断不会引起异议:雅可比的"信念"不仅仅具有神学含义,也具有知识论含义。在雅可比这里,"信念"是对超越性事物之真实性的接受,"信念"接受的是被给予之物先于"体系-证明知识"的确定性,因而,在"信念"中得到的是"前科学的认识"。根据胡塞尔的观点,前科

---

① 在《斯宾诺莎的宗教批判》唯一提到雅可比之处,施特劳斯表达了对雅可比的赞赏:
即使斯宾诺莎所举证的理由非常有说服力,也没有什么会得到证明。只有下面这一点或许是例外:以非信仰的科学为基础,人们只能得出斯宾诺莎的结论。然而,这种基础自身得到证明了吗?雅可比首先提出了这个问题,并借此将斯宾诺莎的解释——或曰斯宾诺莎的批判——提升至恰当的平面。[见施特劳斯,《斯宾诺莎的宗教批判》,前揭。页276。]
只要考虑到雅可比将斯宾诺莎哲学看作理性主义的最终形式,我们就可以看到施特劳斯的上述说法如何适用于雅可比的启蒙批判。

学的认识是科学认识的基础,科学认识不是对前科学认识的否定,而应该是对前科学知识的完善。青年施特劳斯借助胡塞尔的观点确认了上述"的确属于雅可比"的问题视角(Problemperspektiven),并且在一定程度上重构了雅可比学说的某些方面。

可以完全确定的是,雅可比和施特劳斯都认定,在笛卡尔式现代知识论的视域内,启示与理性必然是对立的。但是,雅可比的"问题视角"允许施特劳斯采取另一种问题提法:启示是否必然与人的知识对立,更确切地说,上帝是否能够在一种前科学认识中被给予人?根据雅可比的知识论,施特劳斯可以在知识论上考虑上帝的被给予性——雅可比对启示宗教的接受,似乎最终凭借的是知识论上对上帝的"信念",在博士论文中,施特劳斯称之为"直接经验"。① 至少直到1923年,施特劳斯在关于奥托《神圣》的评论中,仍然采用了这种以直接经验给予上帝的思考方式。②

此后不久,施特劳斯的提问方式开始发生变化。在《斯宾诺莎的宗教批判》中,施特劳斯曾经尝试以亚里士多德的知识论接近上帝的真实性,这种尝试是以迈蒙尼德的名义进行的:迈蒙尼德认为,世界的明显秩序指向了上帝创世的可能性。然而,施特劳斯也承认,迈蒙尼德最终并未解决启示与理

---

① 施特劳斯在博士论文中写道:
    雅可比相信,与所有"非自然的"观点相对的"自然的"观点的原则性权利,必然可以得到确证。所以,先于上帝的"超验位置"(transzendentalen Ort)这个问题,我们首先应该意识到上帝的真实性和上帝概念的含义。体系将按照上帝的存在和意义来自我调整,体系不应该将宗教的原初现象歪曲为爱(Liebe)。若想为此方法命名,那么,合适的做法是,按照如今已然被接受的习惯用语,称这种方法为"描述"。[见施特劳斯,《哲学与律法》,前揭,页135。]
在这个段落的注释中,施特劳斯提到了奥托(Rudolf Otto)的《神圣》(Das Heilige)。一般认为,施特劳斯在1923年关于《神圣》的评论中最初表达了对罗森茨维格"内在论"神学的否定,从施特劳斯的博士论文来看,这种否定可以回溯到1921年之前。施特劳斯对《神圣》的评论见施特劳斯,《门德尔松与莱辛》,前揭,页2~7。
    同时值得留意的是,在关于"描述"(Diskreption)概念的注释中,施特劳斯提到了胡塞尔。施特劳斯晚年在圣约翰学院追忆了1922年的一件往事:
    我于1922年跑到弗莱堡大学,以便见到胡塞尔并且听他讲课。我从胡塞尔那儿获益不算很大,也许是我自己不够成熟吧!我的首要兴趣是神学——我曾经问过胡塞尔关于神学的事,他回答说:"要是有一项关于'上帝'的材料,我们准会描述它。"[见《苏格拉底问题与现代性》,前揭,页681。]
另见 Leo Strauss, "A Giving of Accounts", in Leo Straass, *Jewish Philosophy and the Crisis of Modernity: Essays and Lectures in Modern Jewish Thought*, ibid, p. 461。
    "我从胡塞尔那儿获益不算很大,也许是我自己不够成熟吧!"——这一说法使施特劳斯与胡塞尔的关系耐人寻味。施特劳斯在1946年8月15日给洛维特的信中提到了这件事,并且说胡塞尔的回答是"真正哲学的"(wahrhaft philosophisch)。不过,他接下来说,"困难在于,那些相信自己对上帝有所认识的人否认上帝是一个可描述的材料"。见施特劳斯等,《回归古典政治哲学:施特劳斯通信集》,前揭,页326~327。
② 施特劳斯,《门德尔松与莱辛》,前揭,页6。

性在理论上的矛盾,迈蒙尼德对上帝的承认最终基于历史性的启示,而非基于知识论——即使迈蒙尼德的亚里士多德式知识论超出了笛卡尔现代知识论的视域。至此,施特劳斯收回了最初沿着雅可比的问题视角迈出的脚步。

此后不久,阿维森纳对柏拉图神法观念的理解使施特劳斯重新认识了迈蒙尼德和法拉比的中世纪理性主义,施特劳斯发现,迈蒙尼德和法拉比对启示的接受不是基于知识论框架,而是基于政治学框架。根据"柏拉图式政治哲学"的框架,哲人自身无法实现以灵魂的完善为目的的城邦,哲人缺乏对这一城邦所需之法的洞见,因此,哲人就其自身而言需要启示律法,在迈蒙尼德和法拉比这里,哲人对启示的需要几乎完全只是对完善城邦的法的需要。施特劳斯从 30 年代初开始将柏拉图式政治哲学作为理解启示的核心框架,由此突破了理解启示宗教的知识论视域。就此而言,施特劳斯也突破了借助雅可比的"信念"在知识论上获得上帝和启示的视域,在 1935 年的《哲学与律法》之后,施特劳斯沿着法拉比的思想方向转向更彻底的理性主义,从而不再在知识论上考虑上帝之被给予性。

在判断施特劳斯与雅可比的思想关系之时,有一个非常重要且根本的问题。在 30 年代关于《门德尔松全集》第二卷的一系列《提要》中,施特劳斯重审了"泛神论之争",他注意到,雅可比在争论中采取了一种十分灵活的策略。雅可比不断改变立场——在反对门德尔松的"温和启蒙"之时,他会采取斯宾诺莎或霍布斯的激进无神论立场,在反对激进无神论之时,他则会采取信仰立场。施特劳斯认为,雅可比这种立场的灵活性并不是思想混乱,而是有意为之,这种灵活性让门德尔松十分困扰:

> 有人说,门德尔松不具备雅可比那样的精神自由,因此就无法理解雅可比游移于无神论和基督教之间的做法:门德尔松有时候真的弄不明白雅可比究竟是个无神论者还是个基督徒。只在某个瞬间,门德尔松才会意识到雅可比是个哲学家。①

如果说门德尔松不具备哲人的精神自由,那么,雅可比是否具备彻底的"精神自由",在施特劳斯眼中,雅可比在多大程度上是真正的哲人?

施特劳斯在这篇《提要》中说,"雅可比不无道理地自诩为莱辛的合法接班人,继承了莱辛激进即非教条的思维方式"。② 雅可比无疑反对斯宾诺

---

① 施特劳斯,《门德尔松与莱辛》,前揭,页 176。
② 同上,页 147。

莎,这种反对究其根本针对的是斯宾诺莎哲学的教条主义性质,问题因而在于,他如何看待自己的"信念学说",这种学说难道不是同样具有教条性质?

在《雅可比哲学学说中的知识问题》中,施特劳斯在分析雅可比的知识论之前特别强调了雅可比对哲学的精神类型的划分:雅可比将理论的类型追溯到人的性情(Ethos)的类型,在他这里,哲学史上的理论类型都可以追溯到两种对立的道德态度,斯宾诺莎的体系-证明哲学源于对事物的不信任态度,"信念学说"则源于信任。① 这种道德态度的对立最终揭示了雅可比的立足点,"信念学说"同样是一种教条,它不会在理论上优于斯宾诺莎哲学,它与斯宾诺莎哲学的对立最终归结为两种道德态度的对立。由于雅可比相信两种道德态度在根本上既不可融通又旗鼓相当,他对"信仰学说"作出了非教条的理解——对于这种学说,对手始终存在,这个对手虽然不会具有更多但也不会具有更少的力量。雅可比的"精神自由"与斯宾诺莎的教条主义的区别在于,后者并未将自身理解为一种"决断",而是理解为真理。

因此,雅可比对激进启蒙的批判,在根本上针对的是激进启蒙的教条主义性质。为了敲打这种思想上的专制主义,雅可比充当了激进启蒙的对手,重新拉紧了怀疑与信念、体系与常识、无神论与信仰的张力。就此而言,雅可比比激进启蒙表现出更多的精神自由,施特劳斯在《提要》中说,"人们会倾向于猜测,雅可比兴许是莱辛在他同时代人中挑选出来的最得他心的接班人"。②

施特劳斯并不认为雅可比真正达到了莱辛的思想高度,③但是,雅可比和莱辛在面对德国的启蒙派之时,的确具有某种共同的思想方式。雅可比

---

① 施特劳斯,《哲学与律法》,前揭,页 127 以下。
② 施特劳斯,《门德尔松与莱辛》,前揭,页 145。
③ 1937 年,作为犹太人的施特劳斯在即将离开欧洲之际写道:

[我]无法在晚近时代那些叛教或是可疑的犹太人中间找到哪怕一个人,能有莱辛这样的思想自由。此外,笔者也不会忘记,自己的民族有义务感谢德意志民族的这个伟大的儿子,尤其在这告别的时刻。[见同上,页 213~214,方括号中的文字为笔者所加。]

在这个饱含感情的段落中,施特劳斯仅仅提到莱辛,没有提到雅可比。延森斯确信,施特劳斯并未将雅可比视为与莱辛同等分量的哲人。见施特劳斯,《哲学与律法》,页 211~216。关于施特劳斯与莱辛的思想关系,参 Janssens, *Between Athens and Jerusalem: Philosophy, Prophecy, and Politics in Leo Strauss's Early Thought*, ibid., pp. 90~96。一般认为,莱辛对施特劳斯发现隐微写作技艺具有决定性影响,W. 阿尔特曼(W. H. F. Altman)认为,这种看法低估了雅可比的影响,参 William H. F. Altman, "Exotericism after Lessing: The Enduring Influence of F. H. Jacobi on Leo Strauss", *Journal of Jewish Thought and Philosophy*, Vol. 15, No. 1, 2007, pp. 59~83。不过,W. 阿尔特曼的观点立足于对施特劳斯《显白的教诲》("Exoteric Teaching")的牵强解释,这种做法的意图是尽可能强化雅可比对施特劳斯的影响。《显白的教诲》文见施特劳斯,《古典政治理性主义的重生:施特劳斯思想入门》,前揭,页 115~127。

认为，以门德尔松为代表的柏林启蒙派实际上信奉的是一种半吊子理性主义，与斯宾诺莎的激进启蒙不同，柏林启蒙派一方面宣称理性至高无上，另一方面又拒不接受理性的结果。施特劳斯发现，雅可比对斯宾诺莎抱有更多的尊重，因为，在雅可比眼中，斯宾诺莎的激进主义表现了哲学自身应有的连贯性和彻底性，而柏林启蒙派的"温和启蒙"则在理性的道路上裹足不前，对彻底的理性主义及其结果感到恐惧。雅可比不认为存在一种温和的启蒙，在雅可比眼中，柏林启蒙派在启示与理性、专制与自由之间做出的调和，极大损伤了柏林启蒙派的思想分量，对于雅可比而言，真正恰如其分的思想对手不是柏林启蒙派，而是早期的激进启蒙者。

由于雅可比将启蒙的理论知识追溯到其道德态度，雅可比就将启蒙批判推到了深层，这种追溯启蒙之"前理论态度"的做法，构成了施特劳斯与雅可比的深刻一致。对于施特劳斯和雅可比而言，启蒙的真正根基是一个前理论的道德态度或"道德决断"，施特劳斯此后从未改变这个雅可比式的理解方式。就施特劳斯早期思想而言，施特劳斯在20和30年代对斯宾诺莎和霍布斯的考察，正是基于这一理解方式。在施特劳斯看来，斯宾诺莎的思想无法隐瞒一个事实，"它的根基是一个意志行动（an act of will），一个信仰行动，而以信仰为根基对任何哲学都是致命的"。① 雅可比这种追溯启蒙之道德前提的做法，始终为施特劳斯所坚持。

然而，施特劳斯又在一个决定性层面超出了雅可比的思想方式。诚然，雅可比深刻洞见到启蒙以某种道德态度为根基，但是，他并未彻底超出启蒙的视域。对于雅可比来说，一切理论知识在根本上都立足于道德前提。如果说启蒙立足于一个最终的道德决断，那么，任何反启蒙思想同样如此，由于雅可比未能证明"信仰学说"的道德立场决定性地胜过启蒙的道德立场，启蒙与反启蒙之争在雅可比这里最终是一场决断。

施特劳斯认为，只要仍然以道德立场与启蒙对立——无论这种道德立场如何与启蒙针锋相对——人们就无法真正超越启蒙，相反，只有立足于一个更基本的视域，人们才有可能真正超越启蒙与反启蒙的立场之争。对于施特劳斯而言，这个更基本的视域是苏格拉底问题，是人应该如何生活的问题，正如迈尔所言，施特劳斯正是在这个地基上展开了关于理性与启示、启蒙与反启蒙的艰难思索。当施特劳斯在1930年前后以苏格拉底问题切入西方思想的基本问题之时，施特劳斯已经决定性地超出了雅可比的决断论。②

---

① Strauss, *Spinoza's Critique of Religion*, ibid., p. 204.
② 关于一种决断论的施特劳斯解释，见斯密什，《阅读施特劳斯》，高艳芳、高翔译，北京：华夏出版社，2012年。

让我们再回到知识论问题。正如施特劳斯所言，《雅可比哲学学说中的知识论问题》真正关注的不是雅可比本人，而是"雅可比问题"，而且，它"对雅可比的问题采取了非雅可比式的进路"。从施特劳斯后来的许多表述看，这个"非雅可比式的进路"主要与胡塞尔有关，由此可以确定一个事实：施特劳斯从一开始就不赞同雅可比将道德决断作为知识之前提的做法，正如施特劳斯在博士论文中所言，雅可比的做法是一个"巨大的危险"。胡塞尔关于前科学理解的观点对于施特劳斯重审雅可比的学说具有重要意义，这种重审剔除了雅可比的道德决断论，保留了雅可比切中的一个核心问题：知识的前科学基础问题。

在自己编选的最后一部文集《柏拉图式政治哲学研究》中，施特劳斯将"作为严格科学与政治哲学的哲学"放在了卷首。这篇主要讨论胡塞尔的文章说道：

> 胡塞尔比其他任何人都更深刻地意识到，对世界的科学理解远非对我们的自然理解的完善，而是以如此方式从后者派生而来——它使我们遗忘了科学理解的真正基础：所有哲学理解必须始于我们对世界的通常(common)理解，始于我们对这个先于一切理论化而被感觉感知到的世界的理解。①

施特劳斯对哲学的理解坚持了胡塞尔式"严格科学"取向，根据这种取向，对世界的科学理解应该以前科学的经验为基础，科学理解应该是对前科学理解的完善。

在30年代的《霍布斯的政治哲学》中，施特劳斯明确以"严格科学"与霍布斯的"精确科学"对峙，质而言之，在施特劳斯看来，霍布斯的"精确科学"力求以几何学形式组织人们关于事物的认识，与之相对的是柏拉图的"严格科学"，它的基础是人关于每一事物的前科学的经验。根据施特劳斯的观点，这种经验尤其通过常识性的言说——亦即柏拉图所说的"意见"(opinion)——得到表达，辩证术(dialectics)则是对经验的完善。施特劳斯最迟在1935年已经表述的上述观点，在《自然正确与历史》中有更清晰的表述，在论述苏格拉底向"常识"(common sense)和"常识世界"(the world of common sense)的回归之时，施特劳斯用一个核心段落指出了这种回归的哲学性质：

---

① Leo Strauss, *Studies in Platonic Political Philosophy*, ibid., p. 31.

"是什么"的问题所指向的是一物之 eidos［理念］，一物之形状、形式、特性或"理念"(idea)。eidos 一词原本指的是无须特殊的努力就对所有人来说都是可见的，或者说是人们可以称之为事物之"表面"的东西，这一点并非出于偶然。苏格拉底的出发点，不是在其本身为最初或就其本性为第一位的东西，而是对我们来说最初的东西，进入我们视野的最初的东西，也即现象(phenomena)。然而，事物之存在，它们的"什么"，不是在我们看到它们的情形中，而是在人们对它们的言说或有关它们的意见中，最初进入我们的视野的。于是，苏格拉底是从人们关于事物本性的意见来了解它们的本性的。而每个意见都是基于人们对某一事物的某种意识或某种心灵的知觉的。苏格拉底的意思是，无视人们关于事物本性的意见，就等于是抛弃了我们所拥有的通向实在的最为重要的渠道，或者是抛弃了我们力所能及的最为重要的真理的印记。他表示说，对于一切意见的"普遍怀疑"所要引领我们到达的，不是真理的核心，而是一片虚空。因此，哲学就在于由意见上升到知识或真理，就在于可以说是由意见所指引的一场上升。当苏格拉底把哲学称作"辩证法"时，他心目中主要想到的就是这一上升。辩证法乃是交谈的或者是友好辩论的技艺。导向真理的友好辩论之所以成为可能的或必须的，都是由于这一事实：人们关于事物或者说某些极其重要的事物种类的意见，是彼此相冲突的。认识到了这种冲突，人们就得超出意见之外，而去寻求关于这个事物之本性的融通无碍(consistent)的观点。那种融通无碍的观点使得人们能够看见互相冲突的意见中的相对真理；融通无碍的观点被证明是完备的或总体性的观点。这样，意见就被看作是真理的片段，是纯粹真理被弄脏了的片段。换言之，自存的(self-subsistent)真理依赖于意见，而所有人一直领悟着的那种自存的真理则引导着向真理的上升。①

在《自然正确与历史》中，施特劳斯将一种前科学的给予性作为"自然正确"(natural right)的知识论基础，对于施特劳斯而言，这种自然的给予性不依赖于雅可比式的道德决断，而是对自然经验的接受，这种自然经验的根基是"意见"，从"意见"向真理上升的道路则是辩证术。② 在看重前科学知识

---

① 《自然权利与历史》，页124～125。施特劳斯最早公开表达这一观点是在1936年出版的《霍布斯的政治哲学》最后一章。见《霍布斯的政治哲学》，页170～174。
② 施特劳斯在解释柏拉图《政治家》之时有关于意见或经验与辩证术之关系的重要说法，见施特劳斯，《苏格拉底问题与现代性：施特劳斯讲演与论文集(卷二)》，前揭，页587～588。

和严格科学的思想方式中,我们的确可以看到胡塞尔的影响,不过,施特劳斯对辩证术的理解表明,施特劳斯的思想方式在根底上是苏格拉底式的。

我们无法确定施特劳斯是否在 1921 年已经对苏格拉底的思想方式采取了上述理解,[①]可以确定的是,他在 30 年代中期肯定已经持有这种理解。当他将"理念"理解为关于"所是"的"融通无碍(consistent)的观点"时,他已经对苏格拉底-柏拉图的思想方式采取了革命性的、非形而上学理解——在形而上学终结的时代,或许只有这种非形而上学的观点才可能恢复古典思想的活力。[②]

在思考思想史上的雅可比时,施特劳斯提示人们多关注"以'雅可比'之名标示的问题",他在 1945 年的《法拉比的柏拉图》中说,哲学的意义对于法拉比决定性地高于哲学史的意义,法拉比的柏拉图解释关注的是柏拉图此人"必然匿名的真理"[③]——这是施特劳斯关于其苏格拉底-柏拉图解释的夫子自道吗?

[①] 在博士论文中,施特劳斯已经就柏拉图的"理念"表达了对雅可比的保留,施特劳斯在论文中写道,雅可比"并未在具有决定性的意义上思考柏拉图理念的非-存在-特质(Nicht-Seins-Charakter)"。见施特劳斯,《哲学与律法》,前揭,页 131。

[②] 施特劳斯在 30 年代对洛维特说过一段话:

我们不可能成为"前苏格拉底时代的人",因为基于容易理解的理由,这是不可能的;您本人对此也表示承认,因为您要"以完美的古代晚期的方式(斯多亚-伊壁鸠鲁-怀疑论-犬儒派的方式)"进行哲思。但是,这些古代晚期的哲学家们——甚至怀疑论者——太教条主义了,您恰恰不可能滞留在他们那里,您必然回到所有这些人的祖师爷苏格拉底那里去,后者并非教条主义者。所谓柏拉图主义只是从柏拉图的问题之前逃遁。[见施特劳斯等,《回归古典政治哲学:施特劳斯通信集》,前揭,页 246。]

[③] Leo Strauss, "Farabi's Plato," in *Louis Ginzberg Jubilee Volume*, edited by S. Lieberman, 1945, p. 377.

第二章 犹太传统的现代困境

作为一个犹太思想者,青年施特劳斯关注的一个基本问题是犹太传统的意义问题。施特劳斯对犹太传统的思考决定了他对回归传统的方式的思考。受当代"神学-政治"困境激发,施特劳斯深入考察了这种困境的性质及其种种解决方案。施特劳斯在20年代的思考表明,他此时已经将启蒙看作当代"神学-政治困境"的根源,当代种种犹太人问题解决方案都未能在根本上突破启蒙的制约。

从1925年至1928年,当时任职于柏林犹太科学研究院(Berlin Academie für die Wissenschaft des Judentums)的施特劳斯完成了《斯宾诺莎的宗教批判》,这是他公开出版的第一部著作。《斯宾诺莎的宗教批判》是施特劳斯与启蒙的一次大规模正面对抗,在这部大部头著作中,施特劳斯力求从根本上理解启蒙并尝试突破启蒙的思想方式。不过,《斯宾诺莎的宗教批判》仍然未能真正揭示回归传统的道路,正如施特劳斯后来所言,回归前现代思想在此时仍是不可能之事。①

施特劳斯在20年代的探索对犹太传统与启蒙达到了何种程度的理解,为什么他在此时尚未看到走出当代思想困境的道路,他后来所发现的中世纪柏拉图传统究竟在何种意义上重新奠定了传统的地基?

一、神学-政治困境

在施特劳斯的求学时代,德国知识界已经在发生迅速而深刻的变化。就犹太思想而言,柯亨的启蒙主义方案在"一战"中遭到沉重打击,正如施特劳斯后来所言,"柯亨毫无疑问属于[第]一次[世界]大战前的世界"。②

---

① 施特劳斯,《斯宾诺莎的宗教批判》,前揭,页57。
② 施特劳斯,《苏格拉底问题与现代性:施特劳斯讲演与论文集(卷二)》,前揭,页726。

1919年，刚从战火中回到德国的罗森茨维格完成了《救赎之星》，①力求以"新思想"（neue Denken）取代战前的旧思想。②在罗森茨维格的"新思想"中，施特劳斯看到了罗森茨维格回归犹太传统的决心。罗森茨维格的"新思想"在德国犹太思想界迅速产生了重要影响，对此前占据主导的同化主义思想产生了强烈冲击。

尽管施特劳斯和罗森茨维格都明确反对同化主义，不过，与罗森茨维格不同，施特劳斯此时主张犹太复国主义（Zionismus）。在弗莱堡期间，施特劳斯曾经力劝克莱因认同犹太复国主义，施特劳斯1925年之前的许多文章的主题都是犹太复国主义。在施特劳斯看来，犹太复国主义的实质是一个政治性的犹太人问题解决方案——"犹太复国主义与神学无关，纯然是政治的"。可以说，犹太复国主义与政治犹太复国主义（politische Zionismus）几乎是一回事。

现代犹太复国主义兴起于19世纪晚期，③作为一种政治性的犹太人问题解决方案，犹太复国主义力求建立一个独立的犹太民族国家，根据施特劳斯的说法，这一方案的根本意图是恢复犹太人的民族尊严，从传统角度看，这意味着终结犹太人的流亡（galut）状态。④

现代犹太复国主义运动的基本特征是对同化主义的深刻质疑。同化主义以启蒙自由主义观念为基础，试图使犹太人个体融入现代欧洲各民族，毫

---

① 弗朗茨·罗森茨维格，《救赎之星》，孙增霖、傅有德译，济南：山东大学出版社，2013年。巴特（Karl Barth）的《罗马书释义》也在同一年出版，从神学史上看，罗森茨维格与巴特在战后共同掀起了一场神学复兴运动。

② "一战"尚未结束之时，身在巴尔干前线的罗森茨维格就给柯亨写了一封长信，希望这位声望卓著的新康德主义哲学家支持他在德国建立一个新的犹太学问研究机构，以革新犹太教育。战争刚刚结束，柏林犹太科学研究院就正式建立，施特劳斯从1925年开始在此任职，此时研究院的掌门人是犹太思想史家古特曼（Julius Guttmann）。应古特曼要求，施特劳斯在1925年至1928年完成了一项关于斯宾诺莎的研究，亦即1930年出版的《斯宾诺莎的宗教批判作为其〈圣经〉科学的基础：斯宾诺莎〈神学政治论〉研究》，施特劳斯将这部著作题献给刚刚离世的罗森茨维格。

③ 拉奎（Walter Laqueur）认为，伯恩鲍姆（Nathan Birnbaum）1892年在维也纳第一次公开使用了犹太复国主义（Zionism）这个语词。尽管这个语词稍早一些时候已经出现，但当时还不具有明确的政治含义，见 Walter Laqueur, *A History of Zionism: From the French Revolution to the Establishment of the State of Israel*, New York: Schocken, 2003, p. 75. 延森斯认为，尽管施特劳斯积极参与犹太复国主义运动，但他十分清楚这一运动的局限，到1935年以后，"他最初的事业似乎已经翻篇了"。见 Janssens, *Between Athens and Jerusalem: Philosophy, Prophecy, and Politics in Leo Strauss's Early Thought*, ibid., p. 26.

④ 施特劳斯，《犹太哲人与启蒙》，前揭，页53。施特劳斯在此说道：
政治犹太复国主义是民族同化的产物，这一点在今天已无需再加证明。政治犹太复国主义的动机是争取民族尊严，它的意图是，独立采取预防措施，为民族生存创造条件，以此重建民族尊严。所以，政治犹太复国主义认为，政治就是冷静权衡人类与自然力量，从根本上撇开"上帝的佑助"——这一切都完全超出流亡的可能性。

无疑问,同化主义的成败并不取决于犹太人融入欧洲各民族的决心,而是取决于欧洲各民族是否愿意善待犹太人。作为一种政治性方案,犹太复国主义对同化主义的质疑针对的不是同化主义在宗教上丧失了犹太性,而是同化主义在政治上的盲目乐观和虚弱无力。

从思想史上看,犹太民族的同化主义方案始于斯宾诺莎。从18世纪初开始,犹太人已经迈出了向欧洲民族同化的步伐。作为柏林启蒙圈子的核心人物,18世纪的门德尔松接受了自由主义方案,并且相信同化运动的乐观前景;在接受启蒙观念的人看来,门德尔松跟莱辛的关系已经表明了同化主义的未来。法国大革命是同化主义运动的一个新开端,"法国大革命的教条主义"使很多人相信欧洲国家将在不久的将来解决犹太人问题,[1]但是,无论在普鲁士还是法国,实际情形都不是如此,正如施特劳斯所言,"这与犹太教自由派的善良希望恰恰相反"。[2]

就20世纪初的德国而言,"一战"迅速激化了犹太人与德意志民族长期存在的紧张关系,至少在罗森茨维格和施特劳斯看来,当时最重要的犹太哲人柯亨的启蒙观念未能经受历史的考验。在60年代的著名演讲《我们为什么仍然是犹太人》中,施特劳斯回忆了20世纪头几年的情形:

> 我相信,我那时大概有五六岁,住在德国一座小镇。俄国发生针对犹太人的大屠杀之后,我在父亲家里看到许多来自俄国的难民,有妇女、儿童和老人,他们从那里前往澳大利亚。德国当时不可能发生这样的事。我们犹太人与非犹太邻居相处得非常融洽。政府虽然并不是方方面面都受到人们的敬仰,却使得全国各地有良好秩序。诸如针对犹太人的大屠杀之类的事件根本不可能发生。[3]

但是,事情在魏玛共和国时期起了变化。虽然魏玛共和国成为第一个在法律上承认犹太人公民权的现代国家,但是,犹太人在魏玛共和国的处境反而更令人忧虑。在一个立足于启蒙自由主义原则的国家,犹太人反而处境堪虞,这一点似乎于理不通。施特劳斯解释道:

> 我们知道,同化当前并不意味着改宗基督教,因为现在的同化是指同化到一个世俗社会,这个社会在法律上并非基督教社会,没有犹太教

---

[1] 施特劳斯,《犹太哲人与启蒙》,前揭,页68。
[2] 同上。
[3] 同上,页279。

与基督教的区分,并且,若每种宗教都总是一个特殊的宗教(犹太教和基督教),这个社会就是一个无宗教的社会、自由的社会。在这样的社会里,犹太人作为犹太人再也没有任何法律上的羁绊。但自由社会的成与毁取决于政治(或国家)与社会之间的区分,取决于公私之间的区分。自由社会必然有一片国家立法机构一定不可侵犯的私人领域。自由社会从根本上区分了公与私,其基本要素之一就是,宗教作为特殊宗教而非普遍宗教而言是私人的。每个公民都自由选择他自己认为合适的宗教。假如此类私人领域必须存在,自由社会必然会允许,甚至滋生许多人所说的"歧视"。如此一来,在这个众所周知的事实里再次出现了"犹太人问题"(如果我可以这样表述的话)。有些受控制的地区,以各种各样的方式……我不必在这一点上多费口舌,如果你对此事实有所怀疑的话,稍微看看社会学杂志或犹太期刊,你就会心悦诚服。①

因此,同化主义始终无法摆脱两个危险的隐患:同化运动的命运说到底掌握在欧洲民族而非犹太人自己手中,更重要的是,即使欧洲民族在政治上承认犹太人的平等权利,它仍然无力消除欧洲人对犹太人的敌意。

施特劳斯从一开始就十分清楚,自由主义自身无力应对这种敌意,因为,自由主义预设公共事务与私人事务的区分,宗教如今是私人事务,法律无权要求欧洲人对犹太信仰保持善意,也无权禁止任何公民对犹太信仰和犹太人抱有私人性的敌意。只有极度缺乏政治感觉的人,才会认为这种在法律范围之外的敌意无关紧要。施特劳斯当然不能预见到魏玛共和国虚弱的自由主义将在何时使同化主义陷入危机,但是,后来的历史证明,同化主

---

① 施特劳斯,《犹太哲人与启蒙》,前揭,页282。值得顺带一提,这个段落指向了自由主义的价值中立问题。就施特劳斯的思想成长而言,他曾经受到韦伯(Max Weber)的科学观念的影响——"和德国不少同代人一样,我受韦伯的影响特别大"。引自施特劳斯,《海德格尔式存在主义导言》,丁耘译,见施特劳斯,《古典政治理性主义的重生:施特劳斯思想入门》,前揭,页71。不过,可以确定的是,施特劳斯很早就摆脱了韦伯的影响,在1922年评价海德格尔时,他已经说,韦伯与海德格尔相去甚远——施特劳斯后来关于实证主义和历史主义的结论之一是,历史主义比实证主义深刻得多。施特劳斯早期没有专文批评社会科学的实证主义,到美国以后,施特劳斯对社会科学的价值中立预设展开了大规模批评。关于施特劳斯对韦伯的批评,参见纳坦,《施特劳斯、韦伯与科学的政治研究》,陆月宏译,上海:华东师范大学出版社,2010年。关于施特劳斯对当代社会科学的批评,参施特劳斯,《论社会科学与自然科学》,刘振译,见施特劳斯,《苏格拉底问题与现代性:施特劳斯讲演与论文集(卷二)》,前揭,页216~233。施特劳斯对历史主义的批评已经受到广泛探讨,新近的一篇施特劳斯文稿见施特劳斯,《历史主义》,叶然译,见同上,页175~196;对施特劳斯此文的解释见 Daniel Tanguay, "Breaking Free from the Spell of Historicism," in J. A. Colen and Svetozar Minkov ed., *Toward Natural Right and History: Lectures and Essays by Leo Strauss, 1937~1946*, Chicago and London: The University of Chicago Press, 2018, pp. 55~67。

第二章　犹太传统的现代困境

义的隐患最终不是演变为一场危机，而是演变为一场灾难。施特劳斯在多年以后总结说：

> 自由主义解决方案的失败意味着，犹太人不可能通过将个体同化到他们所置身的民族当中，或者通过成为各自由国家中同其他公民一样的公民，重新获得自己的荣誉；自由主义的解决方案至多只能带来法律上的平等，无法带来社会上的平等；作为一种理性的要求，这种方案对非犹太人的情感毫无影响。①

考虑到同化主义的深刻困境，施特劳斯对犹太复国主义采取了相当积极的态度。在施特劳斯这个时期的犹太复国主义作品中，1924 年的《犹太复国主义与正统》一文尤其重要，②正如文章标题所示，任何犹太复国主义者都必须面对犹太复国主义与正统的关系问题：作为一种以土地和国家为中心的政治观念，犹太复国主义与律法传统是否一致。问题的核心涉及犹太复国主义的犹太性，倘若律法传统并非以土地和国家为中心，倘若流亡具有根本意义，犹太复国主义可能意味着丧失犹太性。施特劳斯认为，"犹太复国主义并不质疑与传统的决裂，而是吸纳这一决裂，并在此基础上有所建树"，这种做法的理由是"民族生存之必需"。③从民族生存来看，"律法纯粹法权（Recht）上的有效性并不重要，倒是推动遵行律法的动机才具有真正的效力"，即使律法曾经是犹太人的民族决断，"完全有可能存在拒绝服从民族意志的明确决断的动机"④：

> 那么，律法对于民族的意义取决于，是否有一个有效的动机让我们臣服于律法。律法对我们的动机漠不关心，并不能成为我们臣服于律法的类似动机。⑤

这个重要段落表明，施特劳斯此时没有赋予律法至高无上的地位。施特劳斯十分清楚，犹太复国主义的基本特征是削弱律法的绝对性，从而应对各种

---

① 施特劳斯，《斯宾诺莎的宗教批判》，前揭，页 7～8。关于现代犹太人在德国的状况，参费舍尔，《德国反犹史》，钱坤译，南京：江苏人民出版社，2007 年。
② 中译本见施特劳斯，《犹太哲人与启蒙》，前揭，页 53～61。
③ 同上，页 54、57。
④ 同上，页 57～58。
⑤ 同上，页 58。

施特劳斯在文中说道，"民族生存之必需迫使我们在情况发生变化的时候，也要相应地改变律法"，传统的法庭不是正当性的唯一甚至主要的法庭，必须深入比较传统自身的动机和"被迫反对某一传统的动机"。① 不仅如此，并没有"完整无缺的'传统'摆在我们面前"，且不说"许多传统更加敬重决裂而非持存"。② 由此可以看到，施特劳斯此时对传统作出了历史的、非绝对的理解——传统自身是有待完成之物，并且有可能不断获得活力。

因此，对于施特劳斯而言，犹太复国主义既非全盘接受，也非全盘抛弃传统，事情的关键在于，施特劳斯认为民族生存本身就是传统自身的目的。从1923年到1924年，施特劳斯连续在两篇文章中用同样的方式表示，"犹太教的所有观念和形式都下意识地致力于保存民族存在并高扬生存意志"：③

> 所有的犹太习俗和方式都服务于与其他民族隔离的目的，也就是服务于维系民族的生存，另一方面，由于远离一个民族正常生活的条件，这些习俗和生活方式又妨碍了这种正常生活。政治中心的缺乏，也具有同样的效果：犹太民族不能在任一点上被消灭——然而，另一方面，正因为这个原因，所有大规模的政治行动都不可能实现。这就是流亡的本质：它通过最小的正常性为犹太民族提供了最大的生存可能性。最终，自然生存条件的缺乏必定毁了我们的民族。④

然而，这并不意味着施特劳斯将犹太复国主义当作彻底的解决方案。事实上，他始终清楚，犹太复国主义是一种不彻底的方案，在1934年6月23日致克莱因的信中，施特劳斯说：

> 我从事犹太复国主义活动的目的，只不过是使人们注意到，只存在要么政治的犹太复国主义要么正统派的选择。⑤

---

① 施特劳斯，《犹太哲人与启蒙》，前揭，页58、54。另参施特劳斯在1934年的说法：
你专门就德国犹太人所写的看法与我完全一致，我并非今天才讲这种看法。我一直是"犹太复国主义者"，这并没有原因。犹太复国主义不论在事与人方面多么欠缺，在动机上是最正当的犹太人运动，这里只是指政治的复国主义，而不是"文化"复国主义。在这方面只有一个选择：政治的复国主义或者正统派。[见施特劳斯等，《回归古典政治哲学：施特劳斯通信集》，前揭，页197。]
② 施特劳斯，《犹太哲人与启蒙》，前揭，页56、54。
③ 同上，页67。
④ 同上。
⑤ 施特劳斯等，《回归古典政治哲学：施特劳斯通信集》，前揭，页197。

第二章 犹太传统的现代困境

这个说法表明，施特劳斯的犹太复国主义活动具有明显的针对性，它尤其针对同化主义、文化犹太复国主义在政治上的虚弱无力和盲目乐观。

正如施特劳斯所言，犹太复国主义方案的真正挑战来自正统派。一个明显的事实是，施特劳斯在1925年以后极少公开表达犹太复国主义立场。但是，施特劳斯并没有放弃这一立场，在1934年致克莱因的信中，施特劳斯仍然对克莱因强调了这一立场。事实上，施特劳斯后来之所以极少讨论犹太复国主义，一是因为施特劳斯认为此事无需多作讨论——关于民族生存的必要性和紧迫性，道理已经摆明，现实局势也已证明这一点；二是因为他在全力处理根本问题——如何在哲学上理解启示宗教本身的性质。施特劳斯明确说，"我并不是正统犹太教徒"。① 因此，他对启示正统的挑战的思考，根本上出于问题的彻底性，而非信仰的立场。

如果说犹太复国主义的根本依据是"民族生存之必需"，那么，它面临的根本挑战则源于律法的启示性质。根据正统的理解，上帝的存在以及"西奈山上通过这个上帝而完成的'赐予托拉'这一事件"使律法具有绝对性，② 律法的神圣性质不容许出于人为的理由——比如民族生存的理由——改变律法。正统派观点由此造成了这样的看法：流亡作为律法对犹太民族生存状态的规定具有神圣意义，所以，追求土地与国家对犹太民族来说尤其成问题，这违背律法对流亡的理解。

显然，问题又回到了对传统的理解，更确切地说，问题在于如何理解政治行动对犹太民族的意义。施特劳斯十分清楚，一旦从神学上考虑政治与流亡的意义问题，"民族生存之必需"就会受到质疑，因为，犹太民族并非因为任何政治行动而成为犹太民族，它的最终根基在启示和律法之中。对施特劳斯来说，流亡并非完全没有政治性质，它的政治性质以神学为前提："流亡政治"从根本上看是对弥赛亚救赎的期待，可是，这种期待从长远来看对犹太民族是十分冒险的，这个意义上的政治过于虚弱无力。施特劳斯同样清楚，"同化的政治比流亡的政治更加无用，因为它在看待东道民族的态度问题上彻底自欺欺人"，同化无异于"牺牲忠诚、尊严和历史意识"。③

但是，同化主义与犹太复国主义并非完全对立，两者实际上基于相同的根本前提：它们都是犹太人问题的政治解决，同化主义以个人方式追求解放，它依赖于欧洲民族的政治，复国主义以民族方式追求解放，它依赖于犹太民族的政治。可是，正是同化主义"在更深的层次上为犹太复国主义铺平

---

① 施特劳斯等，《回归古典政治哲学：施特劳斯通信集》，前揭，页246。
② 施特劳斯，《犹太哲人与启蒙》，前揭，页59。
③ 同上，页68。

了道路"。① 同化主义的精神根基是欧洲的宗教批判和法国革命的观念,它的至深根基是启蒙观念,流亡的政治期待之所以成为一种幻觉,根本原因正是启蒙观念——正是启蒙观念从根本上动摇了人类问题的神学解决方案,从而使世俗的、政治的解决成为唯一正当而可能的解决。无论复国主义对同化主义政治多么不屑一顾,复国主义在根底上以同化主义"放弃了弥赛亚主义"的做法为前提,②根本问题因而在于:犹太复国主义以启蒙为前提。只是因为启蒙对启示律法的深刻质疑——只是因为"欧洲的批判"——犹太复国主义才在律法传统面前获得了正当性。

所谓"欧洲的批判"表达的是这样的情形:现代早期的欧洲启蒙批判启示宗教对现代思想产生了决定性的影响,由于现代犹太思想在根本上接受或受制于现代启蒙,"欧洲的批判"最终动摇了犹太正统的根基。在早期思想中,施特劳斯深入考察了霍布斯和斯宾诺莎的宗教批判,根据施特劳斯的看法,斯宾诺莎的宗教批判正是以霍布斯的批判为前提。斯宾诺莎在《神学政治论》第三章一个著名段落中这样嘲讽犹太教:

> 我甚至相信,若是他们的宗教的基础没有把他们的心灵变得无力,人事是易变的,一有机会,他们可以重新振兴他们的王国,而且上帝也许再一次选拔他们。③

1935年,施特劳斯在《哲学与律法》的著名"导言"中说,政治犹太复国主义"是一个尽管极为可敬,但长远看来确实不充分的解决方案"。④ 根据正统派的理解,真正充分的解决方案必须以启示的核心观念为前提,亦即以创世和启示为前提,因此,只要接受"欧洲的批判",犹太人就必须接受种种不充分的解决方案——无论这种方案是同化主义还是犹太复国主义。如果说真正回归犹太传统取决于回归正统神学,那么,启蒙的批判似乎已经从根本上取消了这种回归的可能,因为,启蒙似乎已经彻底否定了正统神学。

毋庸赘言,彻底思考回归传统的可能性,必然以彻底思考启蒙为前提。施特劳斯在1925年以后很少公开讨论犹太复国主义,而是全力思考更为根

---

① 施特劳斯,《犹太哲人与启蒙》,前揭,页68。
② 施特劳斯在《犹太复国主义之源》一文中说:
  同化完成了对犹太复国主义和弥赛亚主义的分离,对民族的尘世目的和精神手段的分离。犹太复国主义坚守这些分离。只是它放弃了弥赛亚主义。[见施特劳斯,《犹太哲人与启蒙》,前揭,页68。]
③ 斯宾诺莎,《神学政治论》,温锡增,北京:商务印书馆,1996年,页64。
④ 施特劳斯,《哲学与律法》,前揭,页20。

本的问题:启蒙对启示宗教的批判是否成立。正如前文所言,施特劳斯在1925年至1928年写成了《斯宾诺莎的宗教批判》一书。他后来请克吕格向读者点明此书的意图,克吕格在书评中表示,此书的真实意图是"对启蒙问题的一个根本哲学讨论"。①

在讨论施特劳斯对启蒙问题的根本讨论之前,我们应该先交代施特劳斯展开这场讨论的问题层次。无疑,施特劳斯对启蒙的讨论,最直接的关切是启蒙造成的"神学-政治困境",由于犹太传统的根基是正统神学,施特劳斯必须从政治问题回溯到神学问题,从而探讨一种彻底的解决方案。不过,回归传统仍然不是施特劳斯最根本的关切,正如施特劳斯自己所言,他不是正统派,也不抱有正统信仰。②

施特劳斯对启蒙的讨论所关心的根本问题是理性自身应该如何看待启示。根据迈尔的看法,施特劳斯关注启示宗教的最根本动机是对哲学生活的彻底认识:一种真正彻底的哲学生活,必须彻底认识自身的存在理由,考虑到启示宗教对哲学的根本挑战——启示宗教否定自然理性的权威——哲学必须尽可能彻底认识启示宗教,尤其是启示宗教的根基与理由,只有如此,哲学才能彻底认识自身的正当性。

因此,施特劳斯对犹太传统的认识活动并非一种信仰活动,而是一种哲学活动,施特劳斯在1930年1月7日给克吕格的信中说,《斯宾诺莎的宗教批判》的前提是"无神论"。③ 不过,施特劳斯后来说,直到《斯宾诺莎的宗教批判》完成之时,他仍然没有达到对犹太传统的正确理解,这一点尤其体现于《斯宾诺莎的宗教批判》对迈蒙尼德的解释。根据施特劳斯此时的解释,作为犹太传统的典范,迈蒙尼德的立场在根本上立足于启示,④这就意味着,施特劳斯此时相信,启示是犹太传统的真正根基,犹太传统与理性在根本上彼此对立。

施特劳斯对犹太传统的理解,从30年代初开始发生重大转变,这一转变的关键是施特劳斯对迈蒙尼德的理解。至少在离开欧洲之前,施特劳斯对迈蒙尼德的解释逐渐走向更彻底的理性主义,尤其是在1936年以后,施特劳斯得出了这样的结论:作为犹太传统的典范,迈蒙尼德不信仰启示,尤

---

① 《斯宾诺莎的宗教批判》,页496。引文据英译本略有调整,英译本见 Gerhard Krüger, "Review of Leo Strauss' *Die Religionskritik Spinozas als Grundlage seiner Bibelwissenscheft*," translated by Donald Maletz, *Independent Journal of Philosophy*, Vol. 5/6, 1988, pp. 173~175。

② 施特劳斯的理性主义立场如今已经少有争议,正如谢帕德(Eugene R. Sheppard)所言:"不管施特劳斯认为犹太教是多么'必要的事情',却无法接受犹太教的基础:绝对信仰西奈山的神圣启示。"见《施特劳斯与流亡政治学》,前揭,页122~123。

③ 施特劳斯等,《回归古典政治哲学:施特劳斯通信集》,前揭,页6。

④ 施特劳斯,《斯宾诺莎的宗教批判》,前揭,页214。

其不认为启示具有理论意义。这无疑意味着,犹太传统的性质在施特劳斯眼中已经发生了巨大变化,从此以后,施特劳斯对待犹太传统的方式也发生了巨大变化,毕竟,对于犹太传统究竟是什么这一基础性问题,施特劳斯的看法已经与20年代相去甚远……

二、"新思想"与"欧洲的批判"

在进入《斯宾诺莎的宗教批判》和施特劳斯30年代的思想之前,我们仍然需要先停留在20年代,考察他在这一阶段的思考。

在施特劳斯的求学时代,犹太裔哲人胡塞尔开创的现象学运动已经对柯亨的新康德主义哲学和神学构成沉重打击,在战后的思想氛围中,罗森茨维格的"新思想"迅速产生了重要影响。1922年,施特劳斯来到当时现象学运动的中心弗莱堡,以便更深入地了解现象学。从弗莱堡返回马堡之时,施特劳斯绕道美茵河畔的法兰克福拜访了罗森茨维格——作为战后理解犹太传统最重要的思想尝试,罗森茨维格的"新思想"对施特劳斯早年思想具有重要启发,也是施特劳斯的重要争辩对象。①

同样的情形也适用于巴特。1965年,施特劳斯在30年代撰写的一部关于霍布斯的书稿在德国出版,施特劳斯在德文版《前言》中回忆说,巴特和罗森茨维格在"一战"结束以后掀起了一场神学复兴运动。对于这场在基督教和犹太教世界同时兴起的思想运动,施特劳斯思考的中心问题是:如果说正是欧洲启蒙对启示宗教的批判造成了犹太人的"神学-政治困境",那么,这场运动能否突破欧洲的批判呢?

在战时的一系列文章和演讲中,巴特已经开始表达一种新的神学构想,这种"新神学"的意图是回归上帝的超越性。② 战争结束以后,巴特对保罗《罗马书》的解释立刻震动了欧洲思想界,在《罗马书释义》中,③一种新的上

---

① 参 L. Batnitzky, "On the Truth of History or the History of Truth: Rethinking Rosenzweig via Strauss," in *Jewish Studies Quarterly*, Vol. 7, No. 3, 2000, pp. 223~251。关于施特劳斯与罗森茨维格的交往,参谢帕德,《施特劳斯与流亡政治学》,前揭,页39~58。

② 关于巴特神学,参 Hans Urs von Balthasar, *The Theology of Karl Barth: Exposition and Interpretation*, translated by E. T. Oakes, San Francisco: Ignatius Press, 1992; Bruce McCormack, *Karl Barth's Critically Realistic Dialectical Theology: Its Genesis and Development*, 1909~1936, Oxford: Oxford University Press, 1995; 张旭,《卡尔·巴特神学研究》,上海:上海人民出版社,2005年。

③ 中译本见卡尔·巴特,《罗马书释义》,魏育青译,上海:华东师范大学出版社,2005年。

帝概念占据了中心位置,巴特力主上帝的超越性,以突破欧洲现代神学的"内在论"。如果说现代神学的"内在论"取向究其根本关乎人接近上帝的方式,那么,巴特就将上帝与人的"距离"重新摆在了现代神学面前,在巴特看来,人与神之间的距离是"裂缝、极地和荒漠"——上帝就是上帝。[1]

不过,巴特认为新的上帝论并非与传统的决裂,而是对传统之核心的回归。巴特发现了一条从基尔克果(S. A. Kierkegaard)经过加尔文(John Calvin)最终回到保罗(Paul)和耶利米(Jeremiah)的道路,这条道路要排斥施莱尔马赫(Schlaiermacher),因为,施莱尔马赫正是整个现代神学"内在论"传统的重要源头,这个传统从19世纪一直延续到20世纪。在巴特看来,《罗马书》与施莱尔马赫神学传统的对立在于:对于保罗来说,上帝在人之上,对于施莱尔马赫来说,上帝在人之中。

《罗马书释义》对施莱尔马赫神学的挑战表明,施莱尔马赫神学在20年代仍然具有重要影响。施特劳斯清楚地看到,对于这个时期的种种"新神学"思想,施莱尔马赫神学仍然是一个极为重要的因素。1799年,施莱尔马赫出版了著名的《论宗教》(*Über die Religion: Reden an die Gebildeten unter ihren Verchätern*),[2]矛头直指康德的观念论神学。在施莱尔马赫看来,康德神学将上帝降低为形而上学预设,实际上已经否定了宗教的最终根基,施莱尔马赫相信,康德对上帝的否定在知识论上并不成立——只有以康德的观念论知识论为前提,上帝才会成为一个预设。

《论宗教》的核心是第二讲"论宗教的本质"(*Über das Wesen der Religion*),在这一节中,施莱尔马赫力求以"直观"概念反击康德的知识论:

> 直观是并且永远是某种个别的、特殊的东西,是直接的感觉,此外什么也不是;联系并概括成一个整体,这从来就不是感观的事情,而是抽象思维的事情。这就是宗教啊,它保持和坚守在对宇宙的实存和行动的直接经验上,在一些个别的直观和情感上;每种这样的直观和情感都是自为地存在的活动,不与别的东西或依赖于它的东西相关;对派生的和有牵连的东西它都一概不知,在所有它能遇到的事物当中,大多数都是与其本性相违背的。[3]

---

[1] 在《罗马书释义》中,作为比喻意象的"距离"可能比概念分析更重要,"距离"意象是全书的"支柱"和基调。见 Samuel Moyn, *Origins of the Other: Emmanuel Levinas between Religion and Ethics*, Ithaca and London: Cornell University Press, 2005, p. 137。

[2] 中译本见施莱尔马赫,《论宗教:对蔑视宗教的有教养者的讲话》,邓安庆译,北京:人民出版社,2011年。

[3] 施莱尔马赫,《论宗教:对蔑视宗教的有教养者的讲话》,前揭,页34。

施莱尔马赫认为,一旦将直观理解为"直接经验"(unmittelbaren Erfahrungen),他就使宗教的最终根基超出了康德知识论的限制。从思想史上看,施莱尔马赫的确开创了一个以"经验"概念为核心的神学传统,对于此后的神学思想而言,施莱尔马赫神学的意义最终关系到一种理解宗教的根本问题——上帝问题——的革命性的新方式。①

显然,无论是施莱尔马赫对康德宗教哲学的批判,还是新教神学家巴特对施莱尔马赫的批判,都是欧洲基督教神学的事情。但是,对于施特劳斯来说,基督教神学绝非与犹太教无关,相反,他密切关注欧洲神学将为理解启示宗教本身带来何种可能。就此而言,巴特对施莱尔马赫"内在论"神学传统的批判,将一个根本问题重新摆在了欧洲神学面前:上帝与人——绝对者与有限者——的关系究竟是什么? 就犹太人问题而言,上帝概念直接关系到政治犹太复国主义的正当性。

就在巴特坚决挑战欧洲神学传统的同时,罗森茨维格也在犹太思想中掀起了一场革命:罗森茨维格的《救赎之星》恰在《罗马书释义》出版这一年问世,他"完全独立于巴特之外,将犹太神学从沉睡中唤醒"。② 罗森茨维格将《救赎之星》带来的革命称为新思想,以区别于战前的"旧思想"。20年代初,施特劳斯曾经短暂在罗森茨维格的法兰克福犹太人学堂(Lehrhaus)参与罗森茨维格的教育活动,并且始终对这位品格崇高的犹太前辈充满敬意。③施特劳斯与罗森茨维格都对犹太学术的历史科学倾向抱有深刻质疑,④他们相信,受到德国思想深刻浸染的"历史-考证科学"既无助于在根本上稳固犹太人的信仰,也无助于使刻板僵化的犹太教育获得活力。

不过,罗森茨维格"新思想"对施特劳斯的意义,最终涉及犹太教的根本问题——如何理解上帝及其启示,尤其是启示律法对于犹太人的生存论意

---

① 在施特劳斯看来,施莱尔马赫对康德的突破是一个假象,经验神学本身就受制于康德的知识论。参 Samuel Moyn, "From Experience to Law: Leo Strauss and the Weimar Crisis of the Philosophy of Religion," in *History of European Ideas*, Vol. 33, No. 2, 2007, pp. 174~194。

② 施特劳斯,《苏格拉底问题与现代性:施特劳斯讲演与论文集(卷二)》,前揭,页681。

③ 施特劳斯将他的第一部著作《斯宾诺莎的宗教批判》献给了罗森茨维格。关于法兰克福犹太人学堂的情况,见 R. Ulmer, "Franz Rosenzweig's Jüdisches Lehrhaus in Frankfurt: A Model of Jewish Adult Education," in *Judaism*, Vol. 39, 1990, pp. 202~214。

④ 事实上,巴特神学对于施特劳斯的意义,同样涉及对历史科学的批判。施特劳斯在晚年与克莱因的对谈中回忆道:
　巴特带来的神学复苏,最足以体现一次大战后的世界之特点——巴特的《罗马书释义》初版前言对非神学家也十分重要,它为某种解释方法阐明了原则,这种解释方法仅仅关注主题,从而与历史的解释相区别。[见施特劳斯,《苏格拉底问题与现代性:施特劳斯讲演与论文集(卷二)》,前揭,页681。]

义。由此出发,施特劳斯与罗森茨维格形成了复杂而深刻的思想关系。罗森茨维格在战后对"救赎"问题的思考,激化了犹太复国主义在哲学和神学上的困难,使这种以"土地"为中心的政治行动不断面对犹太思想实质的拷问。

尽管罗森茨维格非常清楚,放弃以"土地"或民族国家为中心的犹太人问题解决方案对于犹太人来说是一场重大冒险,但是,他坚决主张"流亡"的根本意义。罗森茨维格相信,这是一场值得尝试的冒险,因为,犹太人在生存论上的意义不是以世俗的土地和权力为中心,而是以启示的真理为根基。在《救赎之星》中,罗森茨维格用"诫命"(Gebot)这个特定的德文语词描述启示让人接受的使命,①他相信上帝的最高之诫命是爱。因此,在罗森茨维格看来,启示的诫命让犹太人超出世俗的争斗,超出土地和权力的诱惑。显然,如果要以上帝的诫命拒绝犹太民族的正常化,罗森茨维格必须在哲学或神学上揭示上帝向人启示自身的方式,换言之,罗森茨维格必须从根本上揭示人与上帝连接的方式。

与巴特神学一样,罗森茨维格的"新思想"也力求突破施莱尔马赫神学的"内在论"。在《救赎之星》第一部分,罗森茨维格提出了一种特殊的唯我论,根据罗森茨维格的说法,上帝、世界与人都是"孤立的自我"(einsames Selbst),作为整体的三个要素,这三者之间的分离构成了一种顽固的"唯我论"关系。整体的三个要素之间的隔绝,构成了"唯我论"的根本困难,因此,施莱尔马赫的"内在论"事实上只是这个根本困难的体现。罗森茨维格认为,直至黑格尔哲学的整个西方哲学传统都没有克服上述困难;倘若宗教的根本事实是上帝的创世和随时可能发生的启示——上帝的超越性,那么,全部"旧思想"都没有在这种超越性上理解上帝、世界与人的关系:

> 从巴门尼德到黑格尔,宇宙已是 securus adversus deos。它是"不受诸神侵犯(secure against gods)的",因为它自身包含着绝对。②

这种本身包含绝对者或者与绝对者等同的世界,事实上是一个取消了绝对者的世界。因此,全部"旧思想"事实上都否定了创世和启示。

问题因而在于,"新思想"将以何种方式达到超越的上帝呢?在《斯宾诺莎的宗教批判》英文版序言中,施特劳斯谈到了罗森茨维格"新思

---

① 据罗森茨维格考证,诫命(Gobot)一词兼有"请求"之意。
② 罗森茨维格,《救赎之星》,前揭,页15。securus adversus deos 意即"不受诸神侵犯"(secure against gods)。

想"的核心:

> 理性只懂得主体与客体(subject and boject),但是,活生生的、爱着的上帝显然无限超出一个主体,也绝不会成为一个客体,某种人可以超然或漠然视之的东西。迄今所知的哲学,旧思想,如此远离或排斥对上帝的经验;所以,如果说它是有神论的话,它被迫诉诸对上帝——作为一个思想着的存在或者思想着和意欲着的存在——之存在的证明。作为无条件的经验论(empiricism),新思想将上帝、人与世界言说成实际经验到的事物,不可化约为彼此的实在(realities),而所有的传统哲学都是化约论。即使它并未断言世界与人是恒在的——这是否定创造的上帝——它也在寻求先于世界与人的实在,这种实在既存在于世界和人之前,也存在于世界和人之后。也就是说,它寻求不能被人、被整个人类经验而只能被人推出或思想之物。无条件的经验论并不承认任何这类外在或彼岸之物(Without or Beyond)是实在,相反,它只承认它们是不真实的形式、本质或概念,这些永远不过是客体,亦即思想的客体。①

借助对罗森茨维格"新思想"核心要点的勾勒,施特劳斯在这段话中极为精当地揭示了现代神学的内在问题。在现代神学史上,康德的"理性神学"是一个革命性事件,②康德摧毁了传统的宗教探究方式,将上帝作为实践理性的形而上学预设,从而以一种新的方式提出了理性与上帝的关系。这里的问题不在于康德是否真正理性地否定了创世与启示的可能,而在于康德深刻改变了现代神学的提问方式,在康德以后,对上帝存在的知识似乎只能始于对主体的分析。

不过,罗森茨维格相信,理性神学的完成者不是康德,而是黑格尔的体系,因为,就上帝与世界、人的关系而言,黑格尔不是将上帝作为道德的预设,而是在世界与人之中完成的绝对者,黑格尔的历史神学构想将上帝内在于世界与人共同构成的历史过程中,这种构想比自然神论和主体论神学完整。但是,这也意味着,传统哲学的化约论在黑格尔的体系中走到了尽头。③

---

① 施特劳斯,《斯宾诺莎的宗教批判》,前揭,页16。
② 关于康德神学的革命性意义,参 Mark Lilla, "Kant's Theological-Political Revolution," in *The Review of Metaphysics*, Vol. 52, No. 2, 1998, pp. 397~434。
③ 关于罗森茨维格对黑格尔历史神学的批判,参斯台凡·摩西,《历史的天使:罗森茨维格、本雅明、索勒姆》,梁展译,上海:华东师范大学出版社,2017年。

理性在黑格尔的体系中已经达到了完善;黑格尔体系本质上的限度表明了理性的本质限度,因而表明了所有对启示的理性反对的极端缺陷。随着理性主义的最终瓦解,理性与启示、不信与信仰之间的永恒斗争已经在原则上——甚至在人的思想的层面——以有利于启示的方式尘埃落定。

1918年,罗森茨维格在柯亨家中发现了柯亨的遗稿《源于犹太教的理性宗教》,①这份遗稿使罗森茨维格相信,柯亨在晚年最终决定摆脱他的观念论体系。在罗森茨维格看来,柯亨最终承认了人的有限性,因此,柯亨最终放弃了观念论,转而就人的有限性考虑启示的根本优先性。罗森茨维格对柯亨的重新认识,甚至使他将海德格尔看作柯亨的真正的后继者——1929年,海德格尔与卡西尔的达沃斯(Davos)辩论之后,罗森茨维格在一篇题为《交换的阵线》("Vertauschte Fronten")的文章中说,海德格尔比卡西尔更有资格作为柯亨的接班人。②

对于施特劳斯来说,事情现在清楚了:作为理解犹太思想传统的最新尝试,罗森茨维格将目光转向了"宗教经验",并且热烈欢迎海德格尔对经验的历史化理解。罗森茨维格相信,只有这种对"活生生的、爱着的上帝"的经验才是上帝给予启示或者人获得启示的根本方式。施特劳斯发现,罗森茨维格的"新思想"归根结底是一种经验哲学,一种历史化的经验哲学。施特劳斯由此相信,理解和回应罗森茨维格从此必须以理解和回应海德格尔为前提,在1930年前后,施特劳斯在不同场合集中表达了这一观点:罗森茨维格从属于海德格尔的思想方式,海德格尔奠定了罗森茨维格的"精神处境"。

罗森茨维格在1929年去世之后,施特劳斯才发表了第一篇关于罗森茨维格的文章,以纪念这位困惑时代的导师。不过,对于罗森茨维格的"新思想",施特劳斯在20年代早期已经有了基本判断。1923年,施

---

① Nahum N. Glatzer, *Franz Rosenzweig: His Life and Thought*, 2nd edition, New York: Schocken, 1965, p. 65. 学界认为罗森茨维格在柯亨的垃圾篓里发现的这份打字稿对罗森茨维格具有决定性影响。柯亨文稿中译本见赫尔曼·柯恩,《源于犹太教的理性宗教》,孙增霖译,北京:商务印书馆,2023年。

② Charles Bambach, "Athens and Jerusalem: Rosenzweig, Heidegger, and the Search for an Origin," in *History and Theory*, Vol. 44, No. 2, 2005, p. 280. 关于罗森茨维格与海德格尔的关系,参 Peter Eli Gordon, *Rosenzweig and Heidegger: Between Judaism and German Philosophy*, Berkeley: University of California Press, 2003. 关于施特劳斯对罗森茨维格的理解,参 Leora Batnitzky, "On the Truth of History or the History of Truth: Rethinking Rosenzweig via Strauss," in *Jewish Studies Quarterly*, Vol. 7, No. 3, 2000, pp. 223~251。

特劳斯在《犹太人》(Der Jude)上发表了一篇关于新教神学家奥托《神圣》的短评。① 正如施特劳斯对巴特的关注一样，奥托之所以引起施特劳斯的兴趣，也是因为施特劳斯高度关心欧洲精神对犹太教的意义——现代犹太教的基本处境是，它由于欧洲的精神变化而被拖入了"神学政治困境"。

施特劳斯在不同时代多次谈到犹太人对欧洲精神的"依附关系"。在20世纪初期，这种依附关系已经变得错综复杂：一方面，欧洲的现代启蒙导致了犹太教的核心观念——上帝与启示——陷入了前所未有的危机；另一方面，欧洲精神对启蒙精神的反抗似乎带来了稳固犹太信仰的可能。就后一个方面而言，施特劳斯很早就注意到罗森茨维格与海德格尔的深刻关联，但是，与罗森茨维格、戈加滕(Friedrich Gogarten)不同，施特劳斯对欧洲神学持有更为谨慎的态度。在对《神圣》的评论中，施特劳斯谈到了"我们精神处境的中心问题"：德国的犹太教是否应该"将统治德国环境的价值和观点转移到对犹太问题的评价和思考中"，这种转移的"正当性"究竟何在？②

从德国现代思想来看，施莱尔马赫在宗教立场上对康德宗教哲学发起了强烈挑战，从而开创了19世纪以来的"内在论"神学传统。但是，施莱尔马赫的"内在论"神学从一开始就无法真正肯定原初的宗教事实——作为自然世界创造者的上帝和时刻可能发生的启示。"内在论"神学将上帝作为在人之中被给予的事物，它的根基是人，是作为主体的人的宗教经验；它从人的生存(Dasein)出发，力求以此抵达上帝；而非从上帝的创世和律法抵达人的世界。

施特劳斯十分清楚罗森茨维格突破施莱尔马赫"内在论"的意图，但是，只要罗森茨维格最终将启示置于人的经验之中，罗森茨维格就仍然受制于施莱尔马赫的"内在论"传统。从《交换的阵线》对海德格尔此在经验的肯定可以清楚地看到，罗森茨维格最终未能突破施莱尔马赫的视域，事实上，施莱尔马赫的《论宗教》恰恰也受到海德格尔早期的高度推崇，海德格尔甚至在私人场合高声朗诵过《论宗教》的第二节。

罗森茨维格"新思想"的经验论根基，解释了《救赎之星》为何在某些紧要之处表现出施莱尔马赫的影响，对于施特劳斯来说，倘若对启示宗教恰如其分的理解要求人们承认宗教事实的客观性，而非从主体经验出发，那么，罗森

---

① GS-2, 307～310.

② GS-2, 307.

第二章 犹太传统的现代困境

茨维格无疑未能从根本上突破施莱尔马赫视域的限制。① 在对《神圣》的评论中,施特劳斯谈到,奥托使人们必须重新考虑传统神学的"整个属性论":

> 我们不禁要想,对属性论的广泛不信任的原因,事实上不是"属性"的观念本身,而毋宁说是如下事实,全能、全善等等这类属性已经成了老生常谈。如今,人们通常求诸与空洞的"属性"相对的"活生生的充沛经验"。奥托的研究表明,要在神学上理解宗教生活中的客观事物,并无必要偏离对宗教对象的直接观点。②

施特劳斯接下来马上说,"我们不需要浪漫主义的'宗教哲学'"③——这一说法显然针对施莱尔马赫。

由于施莱尔马赫的浪漫主义"宗教哲学"不再从宗教对象的客观性出发,而是从人的经验出发,因此,这种以人为支撑的上帝概念实际上已经不再表达启示宗教的核心事实。罗森茨维格力求突破施莱尔马赫主体神学的视域,但是,由于"新思想"的根基仍然是主体的宗教经验,因此,罗森茨维格最终仍然停留在施莱尔马赫神学的视域之内——《救赎之星》的"爱的辩证法"让人想到《论宗教》凭借"爱的经验"对上帝存在的确证,这种似曾相识的感觉不会令人惊讶:

> 奥托此书的重大意义在于,它既不是主要也不是完全通过诉诸"经验"的非理性(Irrationalität des »Erlebnisses«)来力求限制宗教的理性要素,相反,它将宗教对象的超越性作为完全自明的探索起点。④

---

① 施特劳斯在这个时期没有发表过对巴特神学的专论。尽管巴特力求恢复上帝的超越性,但是,罗森茨维格相信巴特神学无法避免"否定神学"的结果——否定神学离神秘主义仅有一步之遥。可是,海德格尔同时接纳施莱尔马赫的浪漫主义和埃克哈特(Johannes Eckhart)的神秘主义,这意味着宗教经验与神秘主义的思想关联同样十分暧昧。当青年施特劳斯以西班牙时期犹太教的"属性论"与主体神学对峙之时,施特劳斯的核心关切是一种理性地理解宗教的诸多客观事实的可能。在 1924 至 1925 年的研讨班上,施特劳斯集中讨论了 15 世纪犹太哲人阿尔博(Joseph Albo)的《原理书》和迈蒙尼德的《迷途指津》,阿尔博正是迈蒙尼德理性主义犹太教的晚期代表,并且在 15 世纪致力于复兴迈蒙尼德的理性主义传统。关于阿尔博对迈蒙尼德的复兴,参 Colette Sirat, *A History of Jewish Philosophy in Middle Ages*, Cambridge:Cambridge University Press, 1985, pp. 374~381。
② GS-2,308~309。
③ GS-2,309。
④ GS-2,309~310。

施特劳斯随后挑明了经验论"宗教哲学"的问题性质："一种根本上的主体主义（Subjetivismus）"与"上帝的超越性"之间的紧张关系。① 因此，施特劳斯认为，奥托著作的结果是对"超越性的意义"的一种更深的理解，虽然奥托的意图或许并非如此。

就此而论，罗森茨维格的新神学未能使犹太教摆脱欧洲精神的束缚，施特劳斯后来谈到，罗森茨维格力求回归的犹太教已经不再是门德尔松之前的犹太教，"新思想"实际上是一种现代之后的犹太神学。倒是德国人奥托受到犹太教启发，直面启示宗教核心事实的可能性，施特劳斯此时认为，这种可能性因为与中世纪犹太教属性论的联系而指向了一种对启示宗教的理性理解……

在关于奥托的评论发表几年以后，施特劳斯发现自己在20年代关于启示的理解同样受制于启蒙。由于受制于启蒙对启示和中世纪哲学的理解，施特劳斯将中世纪犹太哲人的典范迈蒙尼德看作亚里士多德派而非柏拉图派，这种做法降低了中世纪哲人在理性精神上的彻底性。当施特劳斯从柏拉图的思想方式理解迈蒙尼德以后，施特劳斯就不再将上帝——因而包括关于上帝的属性论——和启示看作传统的真正根基，而是看作哲学面临的历史性困难……②

---

① GS-2, 310.
② 施特劳斯，《哲学与律法》，前揭，页38。

第三章 斯宾诺莎与启蒙问题

1925年,施特劳斯在罗森茨维格和柯亨创建的柏林犹太科学研究院获得了职位,此时,研究院的掌门人是犹太宗教史家和哲学家古特曼(Julius Guttmann)。古特曼希望施特劳斯在研究院致力于研究斯宾诺莎的"《圣经》科学"。1925年至1928年,施特劳斯在研究院完成了一项关于斯宾诺莎的研究,亦即1930年以德文出版的《斯宾诺莎的宗教批判》(*Die Religionskritik Spinozas als Grundlage seiner Bibelwissenscheft. Untersuchungen zu Spinozas Theologisch-Politischem Traktat*)。① 可是,这部关于斯宾诺莎《神学政治论》(*Tractatus Theologico-Politicus*)的著作在前提、意图和论题上都超出了研究院可以"容忍"的范围。② 1930年1月7日,施特劳斯在致克吕格的信中写道:

> 我的雇员身份迫使我在文章中对某些情况保持缄默;因为,我最初关切的是回答启蒙观念中所存在的问题,我的上司觉得,这对研究的"客观性"有害;姑且完全不说,我的机构(犹太科学研究院)不会容忍我公开表明作为我的问题之出发点的无神论前提,而这前提恰恰是我的出发点。我只好从命——虽然这减少了我的书的可理解性。不过,这对于我并没有多大损失。我相信,真正的研究对思想自由的依赖并不大。③

---

① 1965年出版的英译本包含施特劳斯撰写的"英译本前言"(Preface to the English Translation),对于理解施特劳斯早期思想十分重要。见施特劳斯,《斯宾诺莎的宗教批判》,前揭,页1~57。不过,也有学者认为,虽然施特劳斯在"英译本前言"中回顾了早年的思想历程,文中的观点不全是其早年观点,参 Steven Frankel, "Spinoza's Critique of Religion: Reading the Low in Light of the High," in *Reorientation: Leo Strauss in the 1930s*, ibid., pp. 60~91。弗兰克尔(Frankel)认为,"英译本前言"的主要目的不是描述施特劳斯的思想发展,而是引导人们注意其成熟思想。因此,尽管"英译本前言"是理解施特劳斯早年思想的重要文献,人们仍然需要小心辨识"英译本前言"中的论述。

② 据施特劳斯说,对《神学政治论》的研究使他逐渐发现斯宾诺莎的宗教批判并非以"《圣经》科学"为前提,相反,斯宾诺莎的"《圣经》科学"以其宗教批判为可能条件。

③ 施特劳斯等,《回归古典政治哲学:施特劳斯通信集》,前揭,页6。关于施特劳斯与克吕格通信中的思想,参 Thomas L. Pangle, "Light Shed on the Crucial Development of Strauss's Thought by his Correspondence with Gerhard Krüger," in *Reorientation: Leo Strauss in the 1930s*, ibid., pp. 92~107。

在1931年10月3日写给克吕格的一封信中，施特劳斯请克吕格以书评方式引导读者明白他的真实意图，信中特别说道："请您在书评中局限于与启蒙本身的问题有关的方面。"①克吕格后来在书评中指出，施特劳斯的著作"隐含对启蒙问题的一个根本哲学讨论"。②

《斯宾诺莎的宗教批判》是施特劳斯出版的第一部著作，施特劳斯将此书献给了罗森茨维格。正如我们已经谈到的，施特劳斯的思想最初从"神学-政治困境"起步，犹太教的"神学-政治困境"源于启蒙的宗教批判，因此，这一困境的最终根源是哲学理性与启示宗教的张力，如果不从根本上消除哲学理性对启示宗教的敌意，这一困境就不可能得到解决。但是，施特劳斯发现，罗森茨维格的"新思想"无力恢复启示宗教的原初事实，它不仅不能从根本上对抗启蒙的宗教批判，甚至本身就受制于启蒙视域，③事实上，整个现代神学传统都未能从根本上突破启蒙视域。在1930年1月7日致克吕格的信中，施特劳斯接着说道：

> 我想向您说明我的思考固有的核心，它部分出于前已提到的理由，部分出于俗话所称的"无可奈何"而在书中没有充分明确地强调。这就是：启蒙（Aufklärung）怎么居然可能取得胜利？④

施特劳斯相信，启蒙并未在理论上驳倒启示宗教，事实上，启蒙也深刻意识到启示立场的顽强性质，启蒙对启示宗教的激进态度源于前理论的态度（Gesinnung）。施特劳斯认为，正是前理论的态度——霍布斯和斯宾诺莎分别代表其两个层次——决定了启蒙的理论态度。《斯宾诺莎的宗教批判》的意图正是分析并证实上述判断。

然而，启蒙理论科学的前理论态度是一回事，启蒙的理论科学对启示宗

---

① 施特劳斯等，《回归古典政治哲学：施特劳斯通信集》，前揭，页21。
② 施特劳斯，《斯宾诺莎的宗教批判》，前揭，页496。据 Gerhard Krüger, "Review of Leo Strauss' *Die Religionskritik Spinozas als Grundlage seiner Bibelwissenscheft*," ibid, p. 173 略有改动。
③ 就理解宗教的原初事实而言，只有使超越的启示在启蒙理性面前重新站稳脚跟，才能使启示宗教真正获得正当性。在1930年1月7日致克吕格的信中，施特劳斯说：

> 寻常的、罗森茨维格所代表的观点是：启蒙运动胜利了——战胜了经院哲学，但并未战胜启示，并未战胜《圣经》世界。说明这一回答之不足的标志，在我看来，是对奇迹的批判：奇迹概念来自《圣经》，因启蒙运动而丧失其力量和真实性。（在今天，这是一个尴尬的问题；请您不妨读一下罗森茨维格的《救赎之星》第119页以下；他认识到，奇迹问题［das Wunder-Problem］是中心问题；为了能够维护奇迹说——这是怎样一种奇迹啊！——且看他不得不怎样"诠释"启蒙的奇迹批判！）［见施特劳斯等，《回归古典政治哲学：施特劳斯通信集》，前揭，页6~7。］

④ 同上，页6。

教的挑战造成的哲学问题则是另一回事。正如施特劳斯在 1935 年所言,启蒙的理论科学在正统与无神论之间造成了一个非此即彼的抉择,一个"似乎没有出路"的困局。①

显然,走出困局的关键是一个超越现代理性主义的视域。从 20 年代初开始,除了对现代启蒙的考察,施特劳斯也对犹太教中世纪哲学展开了深入研究,力求从中世纪哲学尤其是迈蒙尼德的理性主义获得启发。从思想史上看,迈蒙尼德是理性主义者的典范,更重要的是,迈蒙尼德的"中世纪理性主义"似乎完全承认启示宗教。对于施特劳斯而言,迈蒙尼德的中世纪理性主义无疑具有重要思想意义,它意味着一个调和理性与启示的超出现代视域的前现代视域。在《斯宾诺莎的宗教批判》中,施特劳斯让迈蒙尼德的前现代理性主义与斯宾诺莎对峙,但是,施特劳斯仍然承认,迈蒙尼德对启示宗教的承认最终并非基于理论科学——亚里士多德式知识论,而是基于历史和传统。

由此导致的局面是,在前现代理论科学的地基上,同样无法解决理性与启示的对立,因而,由现代理性主义所激化的这一对立,似乎成为理性本身与启示的一般性对立。30 多年以后,施特劳斯在《斯宾诺莎的宗教批判》的"英译本前言"中写道:"眼前这份研究基于强有力的偏见支撑的前提:回到前现代哲学是不可能的。"②施特劳斯后来对这一"偏见"的突破,凭借的是一种"新的、未曾听闻的、超越现代的思想",③这种超越现代的思想不是亚里士多德哲学,而是对柏拉图的一种既全新又古老的理解。据施特劳斯说,对这种思想的发现引发了一次思想转向,不过,在探讨这次思想转向之前,笔者先探讨施特劳斯对斯宾诺莎和启蒙的思考。

一、施特劳斯与现代斯宾诺莎批判

按照犹太科学研究院掌门人古特曼的要求,施特劳斯应该致力于研究斯宾诺莎的"《圣经》科学"。从思想史上看,斯宾诺莎是现代"《圣经》科学"的奠基人,主要原因在于,斯宾诺莎确立了以《圣经》文本为依据的解释学原则,并且依据此原则对《圣经》作出了历史-考证研究。但是,在施特劳斯看来,斯宾诺莎的"《圣经》科学"本质上绝非一门现代历史-考证科学,斯宾诺

---

① 施特劳斯,《哲学与律法》,前揭,页 20。
② 施特劳斯,《斯宾诺莎的宗教批判》,前揭,页 57。
③ 施特劳斯,《哲学与律法》,前揭,页 20。

莎也无意对《圣经》进行科学的文本解释，斯宾诺莎的解释具有反对启示宗教的强烈意图。

施特劳斯对斯宾诺莎的判断，让人们想到斯宾诺莎同时代人的看法。斯宾诺莎的同时代人发现，斯宾诺莎哲学在根底上就是无神论，1656年，阿姆斯特丹的犹太联合会将斯宾诺莎革除教籍，斯宾诺莎就一边磨镜片一边写《神学政治论》，以解释《圣经》的方式否定启示宗教。在斯宾诺莎的时代，他被看作神学和政治上的危险分子。

这种看法奠定了德国思想界对斯宾诺莎的看法，在雅可比于1785年出版《论与门德尔松先生通信中的斯宾诺莎学说》(Ueber die Lehre von Spinoza in Briefen an Herrn Moses Mendelssohn)之前，斯宾诺莎在德国的名声始终非常糟糕，招致众多攻击和指责。莱布尼茨(Gottfried W. Leibniz)和伍尔夫(Christian Wolff)等早期启蒙代表也将斯宾诺莎视为危险分子，从接近正统观点的立场出发，他们将斯宾诺莎看作无神论者和宿命论者。值得一提的是，与斯宾诺莎相比，在哲学上甚至比斯宾诺莎更激进的思想家在德国的思想境况要好得多——情况何以会如此？①

重要原因在于，斯宾诺莎的宗教和政治观点对当时德国的教会和政治建制构成严重威胁。莱布尼茨和伍尔夫对斯宾诺莎的无神论和宿命论的批评，表达了正统宗教建制对斯宾诺莎的看法，更重要的是，在16世纪中期以后，德国教会已经被置于君主治下，教会实际上是德国一般法律系统的一个部分。②"斯宾诺莎是首位集民主主义者与自由主义者于一身的哲人。他是奠立自由民主制这种现代特有政制的哲人。"③只要对比斯宾诺莎与霍布斯对现代国家及其政教关系的观点，斯宾诺莎思想特有的激进方面就显而易见了。

众所周知，"泛神论之争"标志着德国思想界对斯宾诺莎的正式接受。在1785年出版的《论与门德尔松先生通信中的斯宾诺莎学说》中，雅可比公开了一个事实：莱辛在1780年夏天与他的谈话中明言不再相信正统的神性概念，"除了斯宾诺莎哲学，再无哲学"。④ 莱辛的斯宾诺莎主义无异于提醒

---

① 正如施特劳斯后来所言：
针对传统思想进行的规模宏大的反叛，或者说现代哲学或现代自然科学的出现，在斯宾诺莎之前已然完成。人们可以更进一步说，斯宾诺莎远非一位革命性的思想家，他不过是现代造反派以及中世纪传统的继承人。乍看上去，他似乎远比笛卡尔，不用说也比培根和霍布斯显得更具有中世纪色彩。[见施特劳斯，《斯宾诺莎的宗教批判》，前揭，页29。]

② 参 Beiser, *The Fate of Reason: German Philosophy from Kant to Fichte*, ibid, pp. 49~51。

③ 施特劳斯，《斯宾诺莎的宗教批判》，前揭，页30~31。

④ 莱辛的说法见 Gotthold Ephraim Lessing, *Philosophical and Theological Writings*, translated and edited by H. B. Nisbet, Cambridge: Cambridge University Press, 2005, p. 244。

第三章 斯宾诺莎与启蒙问题

德国思想界重新看待斯宾诺莎的宣言。

在《论与门德尔松先生通信中的斯宾诺莎学说》出版之前,雅可比已经私下向犹太哲人门德尔松透露了莱辛的斯宾诺莎主义,这件事情是引发"泛神论之争"的导火索。据施特劳斯考证,雅可比诱导门德尔松进行争论的意图是批判柏林的启蒙派。事实上,门德尔松对斯宾诺莎并不陌生,最初向莱辛介绍斯宾诺莎思想的正是门德尔松本人,但是,门德尔松相信斯宾诺莎哲学能够与莱布尼茨-伍尔夫体系彼此调和。① 对于以门德尔松为代表的启蒙派,雅可比最大的不满在于,启蒙派宣称以理性为绝对权威,却并未真正将理性贯彻到底。雅可比认为,斯宾诺莎具有将理性贯彻到底的勇气,与斯宾诺莎相比,柏林启蒙派是半吊子理性主义者。②

尽管如此,雅可比对斯宾诺莎的有限赞赏并不能抵消他的严厉批判。在雅可比看来,只要启蒙派将理性贯彻到底,他们一定会走向斯宾诺莎主义,更一般地说,所有理性主义必然走向斯宾诺莎主义。因此,雅可比对斯宾诺莎的批判在根本上是对理性主义的批判:雅可比认为,理性知识的本质是"证明-体系",理性主义必然走向知识论上的唯我论、神学上的无神论和道德上的宿命论,一言以蔽之,雅可比认为理性主义的结果必然是虚无主义(Nihilismus)。

在现代斯宾诺莎"批判史"上,施特劳斯最看重雅可比。在《斯宾诺莎的宗教批判》唯一提到雅可比的地方,施特劳斯写道:雅可比将斯宾诺莎批判"提升到了应有的水平"。③ 在施特劳斯看来,真正的理性主义应该对理性本身进行反思,雅可比对斯宾诺莎的批判在最深层面针对的是理性主义的前科学态度。雅可比认为,尽管斯宾诺莎有勇气将理性立场贯彻到底,但是,斯宾诺莎未能充分认识到这种立场——以理性的"证明知识"面对世界——本身就以一种前理性的态度为前提,在雅可比看来,这种前理性的态度是一种道德决断。④雅可比对现代理性主义在知识论、神学和道德层面的虚无主义批判,以及雅可比对理性本身的前提的追问,使施特劳斯特别看重雅可比对斯宾诺莎的批判。

颇为反讽的是,尽管雅可比在"泛神论之争"中严厉批判斯宾诺莎,由于

---

① 关于门德尔松与斯宾诺莎在德国的接受情况,参 Beiser, *The Fate of Reason: German Philosophy from Kant to Fichte*, ibid., pp. 52~54。
② 关于雅可比与门德尔松之争,参徐戬,《谋杀启蒙》,见中国比较古典学学会编,《施特劳斯与古典研究》,前揭,页 259~279。
③ 施特劳斯,《斯宾诺莎的宗教批判》,前揭,页 276。
④ 施特劳斯在1921年博士论文中描述了雅可比对理性知识与其道德前提的关系的看法,见施特劳斯,《哲学与律法》,前揭,页 126~136。

雅可比公布了莱辛的斯宾诺莎主义，"泛神论之争"反而成为斯宾诺莎在德国被正式接受的转折点。此后，斯宾诺莎哲学成为德国观念论的重要思想来源，在法国大革命以后直至19世纪中期，斯宾诺莎思想的声誉日渐提高，这种情况尤其与斯宾诺莎的启蒙观念和激进自由民主观念有关。[①] 不仅如此，19世纪的浪漫派也对斯宾诺莎赞誉有加，最终，斯宾诺莎在20世纪成为哲学万神殿的一员，被看作现代性的重要奠基者。[②]

施特劳斯对斯宾诺莎的批判一定程度上受到了柯亨的激发。柯亨在1910年对斯宾诺莎进行了异常激烈的批判，力求重审斯宾诺莎哲学，施特劳斯认为，柯亨是启蒙时代以后第一个对斯宾诺莎发起强烈挑战的哲学家，标志着犹太思想对斯宾诺莎的态度的一个转折点。尽管如此，施特劳斯仍然认为，柯亨的批判未能击中斯宾诺莎《神学政治论》的真实意图。柯亨对《神学政治论》的解释得出的结论是，《神学政治论》的基本意图是针对犹太人的敌意。施特劳斯认为，《神学政治论》的真实意图并非针对犹太人的敌意，而是针对一切启示宗教的一般批判，这种批判的目的是恢复理性的自由和权威。在施特劳斯看来，柯亨将启蒙的正当性视为理所当然，这是柯亨未能正确理解《神学政治论》的主要原因。[③]

在施特劳斯看来，尽管柯亨批判斯宾诺莎的态度十分坚决，他的批判未能达到雅可比的批判高度。对于施特劳斯而言，哲学思考的彻底性要求突破启蒙理性主义的制约，无论这种制约看起来多么理所当然。

二、斯宾诺莎的宗教批判

1924年，施特劳斯在《柯亨对斯宾诺莎〈圣经〉科学的分析》一文中表达了对柯亨的批判性思考，此文引起了古特曼的注意。施特劳斯从1925年开始受聘于柏林犹太科学研究院。[④] 正是在犹太科学研究院期间，施特劳斯完成了《斯宾诺莎的宗教批判》。

[①] 参吴增定，《斯宾诺莎的理性启蒙》，上海：上海人民出版社，2012年，页188。

[②] 参 Leo Strauss, "The Testament of Spinoza," in Leo Strauss, *The Early Writings* (*1921~1932*), ibid., p. 216.

[③] 参 Janssens, *Between Athens and Jerusalem: Philosophy, Prophecy, and Politics in Leo Strauss's Early Thought*, ibid., pp. 31~36.

[④] 《柯亨对斯宾诺莎〈圣经〉科学的分析》("Cohens Analyse der Bibel-Wissenschaft Spinozas")见 GS-1, 363~386。柏林犹太科学研究院先为施特劳斯提供了研究经费，施特劳斯自1925年起正式供职于研究院，见 Leo Strauss, *The Early Writings* (*1921~1932*), ibid., p. 161.

第三章　斯宾诺莎与启蒙问题

在施特劳斯半个多世纪的著述生涯中,《斯宾诺莎的宗教批判》是最贴合学院式著述规范的作品之一。作为公开出版的第一部专著,它展示了青年施特劳斯令人钦佩的渊博学识和专业知识。前文提到,施特劳斯在1930年告诉克吕格,犹太科学研究院的压力使他只能"对某些情况保持缄默"。1931年底,克吕格在《德意志图书报》(Deutsche Literaturzeitung)上发表了关于《斯宾诺莎的宗教批判》的书评,施特劳斯后来谈到,克吕格的书评"对我的意图和结论表述得比我自己还要清晰"。① 根据克吕格的说法,施特劳斯这部著作隐含的意图是从根本上讨论启蒙。

毋庸置疑,"启蒙构成了现代文化的智识基础"。② 克吕格指出,施特劳斯的讨论围绕一个早已被人们遗忘的论点,正是针对启示宗教的斗争确立了启蒙的取向:

> 如同启蒙这个名称(Aufklärung)指明的那样,启蒙本质上将自己理解为"人摆脱源于人自身的不成熟"(康德),也就是说,启蒙本质上将自身理解为对启示宗教的批判。③

启蒙的根本目的是以人的自主的理性作为自然和生活的权威,就此而言,只有启示宗教对人的理性构成根本挑战,因此,启蒙的敌对之眼瞄准的真正对手是启示宗教,只有解除启示宗教的权威,启蒙才能推进其理性事业:宗教批判是启蒙的前提。

在施特劳斯看来,斯宾诺莎批判启示宗教的依据当然是斯宾诺莎的形而上学,正是这种形而上学使斯宾诺莎否定启示和启示的证据,并且对这种否定作出了证明。这种与启示宗教对立的形而上学就是斯宾诺莎在《伦理学》中提出的形而上学体系,根据这个体系,上帝实际上就是自然本身,上帝或自然本身只是唯一实体的两种不同表达而已。因此,斯宾诺莎在实质上否定了正统神学的上帝论——根据正统的看法,上帝从无中创造自然并且以奇迹介入自然,对于斯宾诺莎而言,世界只是一个由必然事件构成的实体。

---

① 施特劳斯,《斯宾诺莎的宗教批判》,前揭,页494。克吕格能够更清晰地表达施特劳斯的意图和结论,部分原因当然在于施特劳斯出于研究院的压力在行文上有所克制,另一部分原因在于这部作品本身的形式,正如克吕格在书评中所言:
> 由于该作品的形式,它首先会令读者感到疲惫不堪。正因为作者的解释精致而复杂,根本的问题并没有获得条理清晰的解释,而是被隐藏到了许多零散的部分当中。这部作品在整体上需要一种更为清晰的安排,各部分也需要组织得更明了易懂一些。[见同上,页502。]

② 同上,页496。
③ 同上。

可是，根本问题仍然在于，启示的立场以一个深不可测的上帝为前提，所以，只有先行接受理性形而上学，才能否定启示的证据。施特劳斯发现，斯宾诺莎十分清楚，要让人们接受理性形而上学，必须首先让人们相信理性的正当性——用斯宾诺莎的话说，人们必须首先相信"哲学的自由"，才有可能运用哲学。因此，对于斯宾诺莎来说，在凭借哲学批判启示宗教的理论之前，必须首先进行一种并非以形而上学体系为基础的"前哲学批判"，"前哲学批判的任务是唤醒或重新唤醒理性对其自身力量的信心"。① 不过，斯宾诺莎同样十分清楚，虽然这种"前哲学的批判"针对的是神学家，

> 但是，它的说话对象不是这些人，而是会从神学家的偏见中摆脱出来的"那类更审慎的人"，"只有一个障碍——相信理性必须充当神学的婢女——阻碍"他们"更自由地哲思"。所以，用斯宾诺莎自己的区分来说，《神学政治论》主要针对的立场是怀疑的立场，亦即基督教正统的怀疑立场。②

施特劳斯认为，这一点揭示了《神学政治论》与《伦理学》之关系的一个重要方面：只有在《神学政治论》中，斯宾诺莎才作出了这种"前哲学批判"，意在争取合适之人，使之摆脱神学家的偏见，相信哲学的自由——哲学的自由是斯宾诺莎写作《神学政治论》的主要和最终目的。

《神学政治论》的论题和目的表明，斯宾诺莎将神学与政治看作"自由科学"面临的两个主要限制，但是，这两个限制的性质并不相同：前者基于高于哲学的理由，后者基于低于哲学的理由。启示宗教将启示的真理置于"自由科学"的发现之上，从而将自然理性置于启示之下，因此，对于斯宾诺莎而言，如何在启示宗教面前证明自然理性的自由，是更为困难也更为根本的问题。为了让"那类更审慎的人"相信哲学的自由，斯宾诺莎在《神学政治论》中采取了一个特殊的论证策略：从《圣经》的权威推出人运用自然理性的自由，再以自然理性批判《圣经》的学说。

斯宾诺莎凭借一个看似源于新教神学的"解释学原则"支撑上述论证策略，③在《神学政治论》关键的第七章"论解释《圣经》"中，斯宾诺莎将这个

---

① 施特劳斯，《斯宾诺莎的宗教批判》，前揭，页175。
② 同上，页160。这里的"怀疑的立场"是指在宗教立场上怀疑理性，见同上，页159。
③ 施特劳斯相信，斯宾诺莎的"解释学原则"是柯亨误解斯宾诺莎对新教抱有善意的原因之一。关于斯宾诺莎的策略，参 Janssens, *Between Athens and Jerusalem: Philosophy, Prophecy, and Politics in Leo Strauss's Early Thought*, ibid., pp. 42~54。

原则的核心表述为：关于《圣经》的知识只能诉诸《圣经》。斯宾诺莎的原则在涉及具体问题之时包括：第一，诉诸《圣经》乃是诉诸《圣经》的文字，亦即《圣经》的字面意思，而非《圣经》文字的寓意。第二，既然必须以《圣经》的字面意思为唯一权威，必须对字面意思模糊不清的段落存而不论。

通过上述原则，斯宾诺莎排除了神学传统在判定《圣经》学说之时的权威，他甚至同时"排除"了自然理性的权威：

> 我们不管文中所含的真理，只管意思。我们寻释原文意思的时候，要特别当心，不要被以自然界的知识原理为依据的理智所误。不要为偏见所误，是更不用说了。为不把一段的意义和其中所含的真理相混，我们必须完全根据文字的含义，用清楚的观念只据《圣经》来研究这一段。①

根据施特劳斯的判断，斯宾诺莎力求借助上述原则完成两个密不可分的任务：第一，将《圣经》的权威限制在其自身的领域；第二，揭示《圣经》的教诲。斯宾诺莎宣称《圣经》是神圣的启示，可是，《圣经》的文字并非总是彼此协调一致。

> 这些矛盾无法借助寓意解释（allegorische Auslegung）予以消除，因为考虑到圣经传递着超理性的教诲这一事实，圣经的字面含义决不能遭受干扰。这样就可以得出结论说，圣经不可能在所有情形中都既正确又神圣，只有在那些毫无矛盾的教诲中才是如此。圣经通篇毫无矛盾地教诲道，对拯救而言，遵循上帝"要彼此爱护"——它体现在正义与爱（Gerechtigkeit und Liebe）的行为当中——这一诫命就完全足矣。②

换言之，如果《圣经》要教诲所有人，那么，《圣经》的教诲必然只存在于彼此协调一致之处，只有清晰而普遍的教诲才是《圣经》的真正教诲。因此，斯宾诺莎得出结论，这个清楚且普遍的教诲就是彼此相爱。

如此一来，斯宾诺莎就将《圣经》的学说限定为道德政治教诲。对《圣经》做出道德政治解释是斯宾诺莎《圣经》科学"的关键意图，他由此得出的

---

① 斯宾诺莎，《神学政治论》，前揭，页110。
② 施特劳斯，《斯宾诺莎的宗教批判》，前揭，页166。

关键结论是：

> 圣经是虔敬的基础，并且只是虔敬的基础。圣经不是哲学的基础，因为哲学追求的不是虔敬，而是真理。神学的根基是圣经，因而神学与哲学在基础与目的上截然不同，二者之间没有交流，没有相互沟通的桥梁。因此，当神学家们带着愤怒与憎恶迫害哲人时，他们就显得尤其荒唐，因为他们除了教授关于正义与爱的教理之外，本不该有其他的目标。于是，以圣经为根据，哲学就从神学的监督下解放了出来，它不再作为神学的婢女而遭受束缚。①

施特劳斯认为，斯宾诺莎力求以此完成其"前哲学批判"，也就是说，在不诉诸形而上学的情况下，借助对《圣经》的批判或解释证明其"前哲学立场"——作为斯宾诺莎哲学"第一原则"的哲学的自由。从表面上看，这种批判肯定《圣经》启示的神圣性，并且严格遵循《圣经》的权威，从而一方面排除了正统神学的偏见，另一方面证成了哲学的自由。在《神学政治论》中，斯宾诺莎将《圣经》与自然认识区分开来：《圣经》不包含关于自然的知识，关于自然的知识应该诉诸自然。

但是，施特劳斯关于斯宾诺莎的"前哲学批判"提出的问题是：斯宾诺莎的批判是否真的以《圣经》为权威？面对斯宾诺莎的正统批判的"策略"，施特劳斯的策略是追踪斯宾诺莎以何种假设为前提。施特劳斯发现，当斯宾诺莎以《圣经》的字面意思为权威之时，这个原则实际上是一条理性主义原则："真理的标准是共识（consensus）。"②

> 斯宾诺莎运用这条原则作为揭示《圣经》包含的真理的手段。他对此的理解是，只有以理性为指导，人才能达成共识。③

由此出发，《神学政治论》中关于《圣经》学说的一个基本观点是，在整个《圣经》中不包含矛盾的普遍学说是一种道德要求，亦即对上帝的道德原则的服从。

---

① 施特劳斯，《斯宾诺莎的宗教批判》，前揭，页166~167。斯宾诺莎的解释力图解除《圣经》对哲学智慧的限制，可与施特劳斯对《创世记》的解释对照。关于施特劳斯的解释，参陈建洪，《耶路撒冷抑或雅典：施特劳斯四论》，前揭，页1~87。

② 施特劳斯，《斯宾诺莎的宗教批判》，前揭，页168。

③ 同上。

如此一来，应该如何理解《圣经》中超出道德原则的学说呢？斯宾诺莎的《神学政治论》对此作出了回答，即，《圣经》的根本目的是所有人的救赎，因此，《圣经》的根本学说必然是所有人都能理解的学说。斯宾诺莎十分清楚一个古老的区分：哲人与大众理解知识的能力有明显的差异。但是，既然这种区分是如此自然且显而易见，那么，对《圣经》学说的理解必然不要求思辨知识，正如《神学政治论》第十三章所言，《圣经》唯一推崇的知识是一种使所有人顺从上帝的知识，关于自然事物的知识，别的思辨问题和《圣经》不相干，因为，如果《圣经》及其道德原则要求思辨知识，普遍的救赎就绝无可能。斯宾诺莎由此对《圣经》的"哲学部分"与"非哲学部分"做出了区分，这种区分的实质是思辨理解与大众理解的区分。施特劳斯相信，斯宾诺莎的真实观点当然是否定《圣经》对世界的思辨理解，不过，"前哲学批判"的性质要求斯宾诺莎暂时搁置《伦理学》关于实体的思辨知识，从而显得是在"前哲学"层面排除《圣经》的思辨知识。

根据斯宾诺莎的说法，思辨知识必然与《圣经》作者的意图无关，只要《圣经》的意图是救赎所有人，《圣经》必然不可能将思辨知识作为救赎的条件。《神学政治论》甚至进一步说，既然救赎的条件是合乎《圣经》道德的"行为"，必然要限制知识本身的意义：

> 正如雅各清楚地这样说（第二章第十八节）："离开你的善行单把你的信仰让我看看，我就要用我的善行让你看看我的信仰。"约翰在第一书第四章第七节中也说："凡爱人的人都是为上帝所生，都了解上帝。不爱人的人不了解上帝；因为上帝就是爱。"我再说一遍，从这些原文看来，我们只能就一个人的事功来判断他信神或不信神。如果他做好事，他就是信神的，不管他的教义和其余的信神者的教义差多少。如果他做坏事，尽管他说的没有什么不合，他是不信神的。①

斯宾诺莎由此得出结论，《圣经》仅仅传授对于虔敬的行为必要的知识，而这种知识必须能够为"非哲学"的大众所理解。另一方面，博学与虔敬的行为无关，思辨知识并非必然带来虔敬，反之，虔敬也并非必然要求思辨知识。施特劳斯在此补充说，"能够为哲学提供证据支持的，并不是全部的《圣经》，而仅仅是《圣经》中本身就是哲学的那些部分"，②因为，斯宾诺莎认为，

---

① 斯宾诺莎，《神学政治论》，前揭，页196。
② 斯宾诺莎，《斯宾诺莎的宗教批判》，前揭，页170。

《圣经》的哲学部分关乎上帝与自然的属性，但它事实上并未体现出明确的教诲——保罗与其他使徒的观点相冲突，神学家们之间同样彼此相冲突：

> 这个批判的核心概念是：《圣经》如若对某些事物的说法彼此矛盾，那么就等同于《圣经》没有相应的教导。在那些《圣经》没有教导的地方，理性可以给出任何教导，只要理性依据其自身的标准能够予以回答。关于所有的神学信条，圣经所提供的教义都相互矛盾。围绕着那些信条，启示宗教与哲学彼此争执不休。《圣经》无法或者说——由于上帝能做任何他所愿之事——无意告诉我们任何有关上帝本质的东西。因此，关于上帝本质的思索就从神学的监督中完全解放出来。基于同样的理由，对宇宙的研究也获得解放。《圣经》所包含的哲学部分——这里，斯宾诺莎所求助的并不是保罗，而是《传道书》，即"哲人"所罗门的书——教导说，自然保持了一种固定且不可变更的秩序，因而不存在神迹。这样，有关神迹的说法就不是《圣经》本来的教义。因此，信仰神迹对拯救而言并不是必要的。对自然原因的探寻并不受限制。①

斯宾诺莎力求将《圣经》的学说限定在虔敬的道德领域，他明确表述的观点是，《圣经》与思辨哲学无涉，因此，神学与哲学并无从属关系，神学的目的是道德行为，哲学的目的是真理，神学无须服从哲学，哲学也不是神学的婢女。但是，我们根据上述分析可以发现，斯宾诺莎的结论及其对《圣经》的解释和限定都建立在一个根本前提之上：《圣经》的学说必然且仅仅是在理智上不包含矛盾的学说。施特劳斯恰恰在此提出问题：此种"前哲学理解"是否真正以《圣经》的权威为前提，它的真实前提究竟是什么？

施特劳斯认为，斯宾诺莎的出发点显然不是《圣经》的权威，而是对《圣经》的疏离，尤其重要的是，这种疏离以斯宾诺莎的理论科学为前提。可是，从正统的观点看，《圣经》乃是上帝的启示，同时，启示之真实性的证据是奇迹——在自然世界中发生的奇迹是作为创世者的上帝的最重要证据。这种情况的原因在于，"先知与使徒并不仅仅对信徒宣讲，他们更多的时候是面向不信者宣讲的"，因此，必须有一种能够说服不信者的迹象（Zeichen），这种迹象将"最终对信与不信之间的冲突作出裁决"。②

---

① 斯宾诺莎，《斯宾诺莎的宗教批判》，前揭，页172~173。
② 同上，页178、179。

斯宾诺莎要求这种迹象必须为感觉所知，只有一种能够为人的共通的感觉所知的迹象，而非圣灵的纯粹内在见证，才能作为启示的证据。因此，斯宾诺莎实际上要求在一个共同基础上检验启示的真实性，这个共同基础必须是纯粹经验的。这样一来，从经验的立场检验奇迹就成为斯宾诺莎与启示正统展开一场有意义的争论的共同基础，事实上，这也是启蒙与启示宗教展开一场有意义的争论的共同基础。① 施特劳斯由此指出：

> 启示宗教乃是一种实定的宗教（positive Religion），它扎根于经验当中。因此，针对它的批判亦是实证性的批判。以经验为基础，这种批判反对为启示提供经验基础的尝试，它不仅反对个别《圣经》启示的个别经验基础，而且——通过成为实证性意识的自我理解（diese Selbst-Verstandigung als positives Bewuβtsein）（它因此成为实证性的意识）——它根本就驳斥启示的任何经验基础。由于在《圣经》主流的意义上，启示是建立在经验基础之上的，因而这种实证批判的矛头指向了启示宗教本身。②

由此可以得出两个结论：第一，就斯宾诺莎与正统之争论的性质而言，"奇迹批判是实证批判的核心部分，也是最重要的部分"。③ 第二，斯宾诺莎将其批判理解为实定的批判，换言之，斯宾诺莎认为其批判忠实于实定精神（positivistische Geist）。

问题的关键因而在于，斯宾诺莎是否能够基于实定精神否定奇迹。施特劳斯认为，实际情况对斯宾诺莎十分不利，因为，一种真正忠实于实定精神的理论科学无法否定奇迹的可能性。无疑，严格意义上的实定精神只承认被经验到的事物，但是，正是在这个意义上，实定精神无法否定奇迹的可能性。根据施特劳斯的辨析，对启示宗教的严格意义上的实定批判必须证明，过往的先知对奇迹的经验不可能是真实的，同时，未来也没有任何发生奇迹的可能，可是，一种完全从经验出发的实定精神不应该断言，先知的经验绝非对奇迹的经验，尚未被经验到的事物也绝无可能发生。因此，在施特劳斯看来，斯宾诺莎对奇迹的批判的真正基础不是经验，而是他自己的理论科学和对理性之充足性的信念。

根据斯宾诺莎的理论科学，上帝实质上等同于自然世界，自然世界中的

---

① 克吕格在书评中强调了这一点。见同上，页 498。
② 同上，页 180。
③ 唐格维，《列奥·施特劳斯：思想传记》，前揭，页 33。

所有事物都是同一个自然之中的某种样态，自然之中没有超自然、非自然的变化。斯宾诺莎将其理论科学看作对自然本质的真实知识，这里隐含的前提正是对理性之充足性的信念。与经验立场不同，对理性充足性的信念使斯宾诺莎相信，一种彻底从自然立场解释世界的理论科学既是对既有经验的正确解释，也排除了任何在未来出现的非自然奇迹的可能。

如此一来，施特劳斯就揭示了斯宾诺莎宗教批判的深层基础。在斯宾诺莎这里，对奇迹之可能性的否定并非基于彻底的经验态度，而是基于一种事先将超自然事物排除在外的自然观念，这种自然观念的最终保证是对理性之充分性的信念——根据这种信念，对超自然的、不可理解的事件的经验实际上是理性未臻完善的结果。施特劳斯由此得出结论，斯宾诺莎的正统批判的基础不是严格意义上的实定科学，而是新的自然观念和对于理性进步必然臻于充分的信念：

> 所以，不是一点一点前行的实证方法的推进，而仅仅是实证精神对其自身的反思、实证精神认为自己代表了超越此前流行的意识形式的进步这样一种认识（最初呈现为一种粗糙的反题形式的发现：一方面是迷信、成见、无知、野蛮、愚昧，另一方面是理性、自由、文化、启蒙），创造了一个在奇迹的证据面前不为所动的立场。①

斯宾诺莎对理性本身甚至自身理性的信念，使他从一开始就将新的自然观念确立为真理，从而在一开始就将启示视为不可能之事。

> 他完全信任他自己的理性所知晓的东西。这种信任是"第一原则"，是所有哲学活动之前提条件，先于一切实质性的思考而存在。对启示的信仰质疑人的理性，在哲学甚至能够开始之前，必须首先质疑对启示的信仰。在这个意义上，对启示宗教的批判不是自由科学的成果，而恰恰是其基础。②

一旦将斯宾诺莎正统批判的基础追溯到上述"前哲学"的基础，我们就能看到至关重要的事情：斯宾诺莎对启示宗教的批判是一场信念行动。

在《斯宾诺莎的宗教批判》中，施特劳斯在更大范围内考察了斯宾诺莎

---

① 施特劳斯，《斯宾诺莎的宗教批判》，前揭，页194。
② 同上，页163。

的现代前辈，这个考察进一步证实了施特劳斯的如下结论，现代宗教批判并未在理论上驳倒启示宗教，相反，这里的对立实质上是一种新信仰（Glaube）与旧信仰的对立，尤其重要的是，新信仰的追随者并非不清楚上述事实。如此一来，施特劳斯必然要问，如果启蒙针对启示的斗争并非以理论真理为最终基础，那么，启蒙的宗教批判的最终基础究竟是什么？我们可以推想，无论这个最终基础是什么，它必然是一个前理论的基础。

三、伊壁鸠鲁主义与现代启蒙

让我们回到克吕格 1931 年为《斯宾诺莎的宗教批判》所写的书评，克吕格在一个重要段落中谈到：

> 施特劳斯揭示出：启示宗教的即便是论证严密的"反驳"也是多么成问题，而对科学的信仰（faith）又在多大程度上帮助科学取得了胜利。施特劳斯的做法颇为公正，他从批评家们的**各种学说**出发，进而返回到他们那些有争议的**动机**（motives）上，这些动机界定了他们有关真理宣称的具体历史结构。通过把那些动机——这些动机在今日依旧有影响力——揭示出来，施特劳斯恢复了那一斗争的历史生命力。①

克吕格十分清楚地指出，施特劳斯在考察启蒙之时的做法是从各种学说返回到其根本动机，几年以后，施特劳斯将这些动机称为启蒙的"隐秘前提"。②

启蒙的根本动机是伊壁鸠鲁主义！在 30 年代关于霍布斯的宗教批判的一部书稿中，施特劳斯写下了一个纲领性段落：

> 我们所理解的伊壁鸠鲁主义主要不是伊壁鸠鲁及其学派的**学说**，而是人的一种自然的兴趣，一种统一的基本**取向**（Gesinnung），它只是在伊壁鸠鲁的哲学中得到了经典的表达。③

---

① 施特劳斯，《斯宾诺莎的宗教批判》，前揭，页 496～497。
② 施特劳斯，《哲学与律法》，前揭，页 11。
③ GS-3, 316. 施特劳斯在 20 年代后期做出的这个判断，此后始终没有改变。在《哲学与律法》的著名"导言"中，施特劳斯集中表达了同样的判断。对这篇"导言"的一个解释，参 Laurence Lampert, *The Enduring Importance of Leo Strauss*, Chicago: The University of Chicago Press, 2013. 在《斯宾诺莎的宗教批判》的"英译本前言"中，施特劳斯再次表达了同样的观点。

古代传统中的伊壁鸠鲁派致力于追求幸福(Glück),这派哲人之所以批判宗教,是因为宗教给人带来恐惧——伊壁鸠鲁将幸福理解为心灵的安宁(Ruhe),而"超人类的力量"是这种安宁的最大威胁。① 就此而言,伊壁鸠鲁的理论哲学只是让人消除恐惧、获得安宁的手段(Mittel),伊壁鸠鲁派的宗教批判本质上源于一种道德动机。施特劳斯认为,从启蒙的开端到法朗士的思想史轨迹表明,伊壁鸠鲁式的批判乃是启蒙批判的根据。在这个意义上,启蒙的根本动机与伊壁鸠鲁派在本质上是一致的,因为,启蒙的根本动机同样是追求幸福,这个动机在本质上同样是一个道德动机。

但是,启蒙关于幸福的新观念引发了一个重大转变。启蒙的首要追求不是心灵的安宁,而是更实际的好(Güter)——启蒙主要将幸福理解为安全而舒适的生活状态。从启蒙的幸福观念出发,由深不可测的神意支配的世界是一个对人抱有敌意的(feindliche)世界,它时刻将人置于不可预见的恣意力量之下,所以,启蒙必须取消启示宗教。不仅如此,从同样的观念出发,启蒙也必须向自然开战,因为,启蒙认为自然同样对人抱有敌意,自然本身对人过于"严苛",无情的自然使人承受了太多不幸的"糟糕经验"。因此,启蒙对幸福的理解使启蒙对异己世界怀有深刻的疑虑,只有摆脱启示的世界、改造自然世界,人才能长久而牢固地获得真正的幸福。②

根据施特劳斯的判断,启蒙意味着西方思想的一个根本转变:启蒙将实践生活置于沉思的生活之上,从而使西方思想从沉思的生活转向行动的生活。从此以后,实践生活成为理论生活的尺度,人的实际福祉成为科学和知识的尺度。如果说这种转变仍然是伊壁鸠鲁式取向的复兴,那么,启蒙对幸福的理解则在一个根本方面超出了古代伊壁鸠鲁派的观点。在启蒙这里,实践生活必须是进取的生活,它不再是内遁的生活,而是改造世界的行动——启蒙要用人为的世界取代整个非人为世界,换言之,启蒙的追求是一个文化的世界。施特劳斯在 30 年代有一段凝练的表达:

---

① 施特劳斯在《哲学与律法》中写道:
伊壁鸠鲁的确是宗教批判的经典传人;与他人不同,他的全部哲学假定,对超自然力量和死亡的恐惧,乃是威胁人类幸福安宁的祸端;是啊,这种哲学几乎只是平息神灵恐惧和死亡恐惧的古典手段,它证明这种恐惧"毫无理由可言"。伊壁鸠鲁式的批判对于启蒙的影响表明,如果一步步追究启蒙的轨迹,从启蒙的开端到法朗士(Anatole France),就会发现,伊壁鸠鲁式的批判乃是启蒙批判的根据,或者更准确地说,是启蒙批判的前景(Vordergrund)。[见施特劳斯,《哲学与律法》,前揭,页 19。]

② 参 Leo Strauss, *Hobbes's Critique of Religion and Related Writings*, ibid., pp. 109~113。

伊壁鸠鲁式的批判在启蒙时期经历了一个根本转变。尽管对于启蒙而言,重要的是人类的幸福安宁,这种安宁主要或尤其受到宗教想象的威胁;但启蒙理解的这种幸福安宁、这种和平,与原初的伊壁鸠鲁主义根本不同;启蒙这样理解"和平":为了文化之故,征服自然、改良自然,尤其是征服和改良人的自然,是必要的。伊壁鸠鲁派反对宗教的恐惧幻觉时,主要针对这种幻觉的恐惧特点,而启蒙则主要针对这种幻觉的幻觉特征:启蒙认为,不管宗教想象令人恐惧还是令人安慰,宗教想象作为幻觉,隐瞒了真实的好(Güter),隐瞒了享有真实的好的快乐,它们诱使人放弃真实的"此世"而转向想象中的"彼岸",诱使人自愿受靠幻觉生活的贪婪教士的欺骗,以为自己拥有并享有了真实的、"此世的"好。摆脱宗教幻觉,觉醒并转向对自身的真实状况的清醒认识,由受一个贫瘠、敌意的自然威胁的糟糕经验而获得教训,人认识到:作为他唯一的救赎和义务,与其"耕种自己的花园",还根本不如首先设法搞到一个"花园",在其中人可以成为自然的主人和所有者。①

根据施特劳斯的看法,从启蒙的根本动机出发,启蒙甚至不能容忍启示宗教对人的安慰,启蒙对启示宗教采取比伊壁鸠鲁更为激进的态度,根源正是启蒙自身的动机。

施特劳斯同样看到,启蒙对宗教的激进态度也与17世纪的宗教状况有关,或者说,17世纪的历史状况彻底激化了启蒙与宗教的张力。与伊壁鸠鲁时代的古代宗教不同,启示宗教的一个重要性质是其"神学-政治性质",它力求凭借精神力量干预国家和法律秩序,从而建立以精神秩序为权威的神学-政治秩序。② 基督教世界诸教会和诸君主的复杂联合以及争夺神学-政治秩序的宗教战争,导致了欧洲早期现代的一场大混战,使社会秩序陷入极端动荡,这种状况历史性地激化了启蒙对启示宗教的敌意。从启蒙的原初立场看,具有神学-政治性质的启示宗教对社会秩序、从而对人的幸福构成持续的

---

① 施特劳斯,《哲学与律法》,前揭,页17~18。这段清晰的概述弥补了《斯宾诺莎的宗教批判》的写作形式给读者造成的困难,在《斯宾诺莎的宗教批判》1965年的"英译本前言"中,施特劳斯几乎完全搬用了1935年的这个段落。见《斯宾诺莎的宗教批判》,第55页。施特劳斯的做法表明,他没有改变早年对启蒙之根本动机的看法。

在1932年评论施米特(Carl Schmitt)《政治的概念》之时,施特劳斯就施米特对文化哲学的批判表达了赞赏,但是,施特劳斯认为,施米特的批判仍然不够彻底,因为,奠定现代文化哲学的正是霍布斯,只有超越霍布斯的视域,才能最终超越文化的世界。关于施特劳斯与施米特的"对话",参迈尔,《隐匿的对话:施米特与施特劳斯》,前揭。

② 施特劳斯,《斯宾诺莎的宗教批判》,前揭,页499~500。

潜在威胁,早期现代的极端神学-政治状况高度强化了启蒙对启示宗教的激进态度,这种状况成为启蒙针对启示宗教展开激烈斗争的历史原因……

正如施特劳斯在1965年所言,"神学-政治问题"是其整个思想生涯的根本主题。在施特劳斯这里,永恒的基本问题是"什么是正确的生活"(what is the right life),哲思(philosophizing)是人凭借自然理性对基本问题的思考,真正意义上的哲思是在基本问题的地基上自由地提问(questioning)。施特劳斯认为,在思想史上,自由哲思最初发端于希腊人的思想活动,这种自由哲思的典范是苏格拉底-柏拉图的哲思,同时,柏拉图也在《理想国》中借助"洞穴喻"表达了自由哲思的困难:

> 柏拉图表达了哲思的自然困难(natural difficulties)。也就是说,[这是]人之为人、人之为一种感性-理智存在者(sensitive-intellectual being)自然面临的那些困难,根据柏拉图的观点,这些困难是由人的感性(sensitivity)带来的。①

在施特劳斯看来,柏拉图通过描述"自然洞穴"表达了哲思的"自然困难"——柏拉图也用"意见"概念总括这些困难——因此,苏格拉底-柏拉图的自由哲思,仅仅需要克服哲思的自然困难,它仅仅需要与意见作斗争。然而,启示宗教突进西方历史,深刻改变了哲学的处境:

> 一个基于启示的传统进入了哲学的世界,由于这个事实,哲思的困难在根本上被扩大了,哲思的自由在根本上受到了限制。②

从此以后,自然理性的思考活动不再仅仅面临自然的困难,它必须同时面对启示的神学-政治观念,而且,启示宗教成为自然理性的首要困难——这是一个历史性的、非自然的困难。

自由哲思应该如何面对启示宗教的挑战,一直是青年施特劳斯思考的根本主题,对于施特劳斯而言,这一问题的实质是:自由哲思与启示宗教的原初关系或自然关系是什么?毋庸赘言,启蒙针对启示宗教的激进批判属于西方思想应对启示宗教的现代方案,但是,施特劳斯认为,启蒙不仅未能

---

① Leo Strauss, "Religious Situation of the Present," ibid., p. 315.《当代的宗教状况》是施特劳斯打算在1930年12月21日宣读的一份学术报告,他生前没有公开发表这份报告,德文原版见"Religiöse Lage der Gegenwart," in GS-2, 377~91。

② Leo Strauss, "Religious Situation of the Present," ibid., p. 315.

克服启示传统带来的困难,亦即未能将哲思恢复至其原初自由,反而由于与启示传统的纠缠(entanglement)在柏拉图的"自然洞穴"之下制造了一个更深的、非自然的洞穴——施特劳斯称之为"第二洞穴"。①

施特劳斯用"第二洞穴"概念表达了这样的思想状况:经过启蒙针对启示的斗争,哲学与启示都失去了原初的、自然的思想方式,只在一个降低的水平上、在一个局限的视域内思考和争论。根据施特劳斯的分析,现代思想落入"第二洞穴"的起因在于,启蒙最初在针对启示的斗争中就使哲学与启示传统纠缠在一起,从而既破坏了哲学的原初思想方式,也破坏了启示的原初思想方式。

就此问题而言,启蒙对创世的批判既是重要例证,也是问题的重要根源。由于上帝创世的证据是奇迹,启蒙对创世的批判最终必然是针对奇迹的批判,可是,由于奇迹以全能的上帝为前提,启蒙对奇迹的批判无法否定奇迹的可能性,只能针对其可知性。为了否定奇迹的可知性,启蒙否定了自然理性认识世界本身的可能,如此一来,启蒙就将世界看作"人的理智的建构",从而将真理观念化或"内在化"了。② 另一方面,面对启蒙对创世和奇迹的批判,启示宗教最终放弃了正统的创世学说,从此以后,启示宗教失去了最重要的根基,上帝也随之迅速"内在化"了。

施特劳斯相信,现代哲学与启示宗教的纠缠以下述机制造成了现代思想逐步陷入了比自然洞穴更深的"第二洞穴":

就现代哲学而言:(一)早期启蒙与启示的纠缠——无论是笛卡尔与启示传统的妥协,还是霍布斯对启示传统的激烈批判——造成了一个哲学思考的视域,极大制约了现代哲学此后的思考方式。(二)现代哲学或被动或主动、或无意或有意地"接受"了启示宗教的各种预设,由于启示宗教的诸预设本身就在启蒙之后失去了原初性——经过种种调整,这些预设已经"走样"——现代哲学由此进一步偏离了哲思的自然地基。(三)在极端情况下,现代哲学甚

---

① 前文已经表明,施特劳斯最晚在 1930 年已经表达了"第二洞穴"这一概念的含义,尽管他没有使用相同的语词。在《哲学与律法》中,施特劳斯使用了类似的表述:

一个基于启示的传统侵入了哲学的世界,这一事实为哲思的自然困难增加了历史性的困难,这种自然困难是由人的"洞穴"——此在带来的。[见施特劳斯,《哲学与律法》,前揭,页38。]

亦参《迫害与写作艺术》中的表述:

人们或许变得如此害怕上升到太阳光下,如此渴望让这种上升对于所有后来人都变得彻底不再可能,以至于他们在他们出生的洞穴之下挖了一个更深的洞,并且缩进了这个洞里。[见 Leo Strauss, *Persecution and the Art of Writing*, ibid., p. 115。]

② 施特劳斯对这一结论的表述,见 Leo Strauss, "Religious Situation of the Present", ibid., pp. 316~317。这一结论尤其源于施特劳斯对霍布斯的宗教批判的研究。

至直接站立在启示传统的地基上，因而成为启示传统的世俗化形式。

就启示宗教而言，情况同样如此：（一）自启蒙的激进批判以来，启示宗教只能在一个受到限制的视域内思考。（二）启示宗教或被动或主动、或无意或有意地"接受"了现代哲学的各种预设，由于现代哲学的预设本身失去了原初性，启示宗教的思考也进一步偏离了原初的地基。（三）在极端情况下，启示宗教甚至直接站立在现代哲学的地基上，使启示宗教彻底成为一种哲学学说——无论它是一种哲学体系、道德观念还是内在体验。

"第二洞穴"的概念极为凝练地涵盖了整个现代思想运动的基本性质，青年施特劳斯无意停留在现代思想运动的视域内，正如他本人所言：

> 一言以蔽之：自启蒙以来，每一代人通常都只是对此前的一代人作出反应，未曾质疑根基。①

在施特劳斯看来，根本之事不是继续在"第二洞穴"之中兜圈子，而是回到理性与启示各自的原初视域，亦即从启蒙之后的"第二洞穴"回到原初的自然洞穴，就这种回归而言，彻底理解启蒙——彻底理解启蒙对"神学-政治问题"的思考——是思想上的必要准备和精神上的必要训练。通过对启蒙的彻底理解，青年施特劳斯看清了现代思想的性质和纹理，也看清了现代思想的困惑及其根源，从而站在了超越现代思想的门槛上……

对于身在启蒙洞穴之内的斯宾诺莎，施特劳斯相信，斯宾诺莎的宗教批判实际上以霍布斯这一代人的批判为前提，前一代人的激进批判使斯宾诺莎坚定了对"理智正直"的信念。这种信念不同于伊壁鸠鲁式动机，它并非出于幸福的原因拒斥宗教，而是凭借勇于接受现实的信念拒斥宗教——无论现实本身是否让人幸福：

> 在接下来的时代，那种思想方式的取胜也要归功于此：对乌托邦的嫌恶之情在更严格的智性训诫中、在更深层的智性正直中意识到了自己的基础。这样一来，反对乌托邦无非就是反对宗教。宗教之所以遭到摈弃，乃是因为它将自己的基础建立在愿望之上。不要企望，而要求是（was ist）；不要等待幸运的降临，而要控制运气；因此不要对命运提出要求，而要热爱命运；从而不要对人、对别人提出要求。②

---

① Ibid., p. 316.
② 施特劳斯，《斯宾诺莎的宗教批判》，前揭，页303。

正如施特劳斯多年以后所言,"斯宾诺莎的批判的最后定论和最终正当性就是这种出于理智正直的无神论",在启蒙的伊壁鸠鲁式道德信念之外,现代哲学最终凭借理智正直——凭借一种勇敢的新型道德——据守阵地。[1] 在施特劳斯看来,以理智正直为根基的哲思本质上是"一个意志行动、一个信仰行动,而以信仰为根基对任何哲学都是致命的"。[2]

施特劳斯在 20 年代中后期对斯宾诺莎的研究,从属于施特劳斯对现代思想的彻底理解,这种理解对于这位青年哲人的根本意义在于,它让施特劳斯清楚地看到了现代思想的非原初性,看到了这种非原初性的原因。施特劳斯由此看到了超越现代思想的必要性和可能性,这种超越的目的是回归原初的、自然的哲思,并且基于自然的哲思重新思考哲学与启示的自然关系。可是,什么是自然的哲思,理性的哲思与启示宗教究竟是否具有某种自然的关系?

早在 20 年代,施特劳斯已经将目光投向了前现代思想,力求在前现代思想中获得启发,不过,施特劳斯在整个 20 年代都尚未洞见前现代思想的真正力量,这种情况使施特劳斯在此期间始终受制于一个"偏见":"回到前现代哲学是不可能的。"[3]直到施特劳斯发现了中世纪理性主义者的柏拉图传人身份,施特劳斯才真正战胜了这个偏见,并且确信,前现代思想决定性地优于现代思想。

---

[1] 施特劳斯将斯宾诺莎、尼采、海德格尔作为"理智正直"的代表,在施特劳斯看来,这种道德本身就是《圣经》传统的后裔。见施特劳斯,《哲学与律法》,前揭,页 18~19。对这个段落的解释参唐格维,《列奥·施特劳斯:思想传记》,前揭,页 52。另参施特劳斯,《斯宾诺莎的宗教批判》,前揭,页 24、56。

[2] 施特劳斯,《斯宾诺莎的宗教批判》,前揭,页 56。

[3] 同上,页 57。

第四章 霍布斯与现代世界的根基

施特劳斯1930年1月7日致克吕格的那封长信，没有在当天寄出。在第二天补充的一封短信中，施特劳斯说：

> 我今天才想到把信寄出。因为，我想以分析霍布斯人学（Anthropologie）的形式继续我在送给您的书中已经开始的考察，所以，除了您的原则性意见以外，我也特别关注您对我在书中（"导言"第4节和页222以下）只是一般提及的霍布斯观点的思考。①

这里所谓"一般提及的霍布斯观点"，指的是《斯宾诺莎的宗教批判》所提及的霍布斯的观点。我们已经提到，施特劳斯在1月7日的信中对克吕格说，他的思考的"固有的核心"是"启蒙（Aufklärung）怎么居然可能取得胜利？"②正如施特劳斯本人和克吕格所言，《斯宾诺莎的宗教批判》的真实意图是通过考察斯宾诺莎的宗教批判从根本上认识启蒙。要彻底从根本上认识启蒙，施特劳斯必须从斯宾诺莎追溯到霍布斯。

何以对启蒙的彻底认识必须从斯宾诺莎追溯到霍布斯？关于这一问题，有必要引述施特劳斯在30年代的两段话。第一段话见于《霍布斯的宗教批判》，③谈论斯宾诺莎与霍布斯的宗教批判的关系：

> 如果信仰与不信仰之间的斗争是"全部世界历史和人类历史真正、唯一且至深的主题"，那么，霍布斯的宗教批判就值得最大的关注。就

---

① 施特劳斯等，《回归古典政治哲学：施特劳斯通信集》，前揭，页9。
② 同上，页7。
③ 30年代初，施特劳斯计划写作一部关于霍布斯的宗教批判的著作，在1934年10月10日的一封信中，他说这部著作已经写了三分之二。然而，施特劳斯此后没有完成这部书稿。现存文稿见GS-3，263～373，标题是《霍布斯的宗教批判：论理解启蒙》（*Die Religionskritik des Hobbes：Ein Beitrag zum Verständnis der Aufklärung*）。英译本见Leo Strauss, *Hobbes's Critique of Religion and Related Writings*, ibid., 2011. 中译本见施特劳斯，《霍布斯的宗教批判：论理解启蒙》，前揭。

17和18世纪这一宗教批判的经典时代对宗教——无论启示宗教还是自然宗教——提出的众多挑战而言,历史效果能与霍布斯《利维坦》匹敌者不多,否定的坚决性能与之匹敌者甚少,理由的彻底性能与之匹敌者绝无仅有。正如霍布斯本人承认的那样,斯宾诺莎的《神学政治论》确实比《利维坦》更"大胆",也就是说,在得出其结论和表达其结论时更鲁莽,但是,这种大胆是以放弃真正的批判基础为代价换来的,与《神学政治论》相比,这一基础更多地出现在《利维坦》中。①

第二段话见于施特劳斯1931/1932年的未刊文稿,谈论斯宾诺莎与霍布斯、笛卡尔奠定的现代思想传统的关系:

> 从斯宾诺莎开始理解霍布斯的倾向妨害了对这位英国人的理解,即使这没有使理解不可能。只有通过澄清斯宾诺莎著名的"大胆"意味着什么,才能成功地反对这一倾向。斯宾诺莎之所以比霍布斯更大胆,主要因为他站在霍布斯和笛卡尔的现代哲学基础上,比这二人更加坚定地得出了这个基础的某些最早要到19世纪才得到普遍公认的结论。斯宾诺莎之所以能比他的老师们更大胆,是因为他不再需要进行现代哲学的奠基;他的勇气是以彻底性为代价换来的:他已经被现代传统束缚起来。这根本不是承认他比霍布斯离开前现代传统走得更远。如果人们考虑到,传统的理论理想(das traditionelle Ideal der Theorie)以及与这个理想不可分割的幸福概念(beatitudo-Begriff)对斯宾诺莎具有何等重要的意义,并从另一方面考虑到,霍布斯明确放弃了这个支撑前现代哲学的前提,人们就会看到一幅与通常图景——即使是斯宾诺莎比霍布斯"进步"的图景——不同的图景。霍布斯的哲思处在一个孕育的时刻,此时,从古代产生的传统已经开始动摇,现代科学的传统尚未建立和巩固起来——斯宾诺莎在他已经遇到的现代传统中救出了他从不怀疑的传统的理论理想:与斯宾诺莎相比,霍布斯无可比拟地更原初。②

根据施特劳斯的看法,斯宾诺莎思想——包括其宗教批判——站立在已经由霍布斯和笛卡尔奠定的现代思想地基上。关于霍布斯和笛卡尔对现

---

① GS-3, 267.
② 转引自迈尔,《隐匿的对话:施米特与施特劳斯》,前揭,页158,这是迈尔在施特劳斯1931/1932年文稿中发现的段落。译文据GS-3有所改动。

代思想的意义,施特劳斯有一段凝练的表述:

> 如果我们不为当代的种种表面景象(Vordergründe)和借口所欺骗,则当代所特有的全部现象,都可以追溯到作为其源头的启蒙,即追溯到17、18世纪的思想运动,此运动是由笛卡尔的《沉思录》(Meditationen)和霍布斯的《利维坦》(Leviathan)所开创的。①

值得特别注意的是,在现代启蒙的两位奠定者之间,施特劳斯更看重霍布斯对理解现代思想而言的意义。1934年春天,已经身在英国的施特劳斯在查茨沃思(Chatsworth)查阅了霍布斯的早年文稿,此事促使他动笔撰写霍布斯道德观的发展史。1934年6月23日,施特劳斯写信对克莱因说:

> 霍布斯越来越使我感兴趣。从他出发可以理解许多东西,大大胜过以其他人,甚至最伟大的人物为基点可以理解的。他写第一本书时已经五十有二。迄今为止的描述没有提出任何关于他实际上是怎么回事的观点。②

这一年10月10日,这本关于霍布斯的书已经接近完成,施特劳斯写信对克莱因说,他最迟将在两周内完成这本书——信中说书名是《霍布斯政治科学的形成》(Hobbes' politische Wissenschaft in ihrer Genesis)。③ 他在同一封

---

① 施特劳斯,《哲学与律法》,前揭,页4。
② 施特劳斯等,《回归古典政治哲学:施特劳斯通信集》,前揭,页198。在1933年12月7日给索勒姆的信中,施特劳斯说:
    我关于霍布斯的书尚未完稿,原因——姑且不说外在的困难——在于,这位哲学家真的太深刻了,比人们寻常所设想的要深刻得多,我不愿在从事如此重要的研究时仓促行事。〔见同上,页154。〕。
③ 迈尔在GS-3编者前言中梳理了《霍布斯政治科学的形成》的成文史,见GS-3,Ⅶ~ⅩⅩⅩⅧ,中译本见迈尔,《隐匿的对话:施米特与施特劳斯》,前揭,页150~174。30年代初,施特劳斯计划完成一部关于霍布斯的著作,1931年11月前后,这部著作已经有了一份长达一百页的详细《提纲》(Disposition),施特劳斯将书名定为《霍布斯的政治科学:自然法导论》(Die politische Wissenschaft des Hobbes. Eine Einführung in das Naturrecht)。11月16日,施特劳斯还告诉克吕格,他正在写一篇《前言》(Vorwort)。1934年春天,德文郡公爵慷慨应允施特劳斯在查茨沃思查阅霍布斯文献,查茨沃思的霍布斯早年文稿让施特劳斯决定写一部霍布斯道德观点的发展史,这就是他在这一年10月10日所说的《霍布斯政治科学的形成》(Hobbes' politische Wissenschaft in ihrer Genesis)——他说最迟在两周内完成这部德文书稿。据迈尔比对,《霍布斯政治科学的形成》大概不超出最初计划完成的书稿的三分之一。施特劳斯此时身在英国,由于英国人不愿意将一本尚未刊行的著作译成英文出版,他起初考虑在德语区出版。不过,牛津大学出版社最后打破常规,在1936年出版了这部著作的英译本,并且在封面上标注:"译自德文原稿"。这个英译本就是学界熟(转下页注)

第四章 霍布斯与现代世界的根基

书信中说：

> 在此居留的结果是，我真正体认到了霍布斯的"精神气候"。我现在甚至能够及时了解相关细节。我相信，这对我原本关注的事大概[不至]有害。我从此也能够证明，霍布斯的人学和伦理学对于笛卡尔也是背景，并由此而成为整个现代发展的基础。"虚荣自负-恐惧"（Eitelkeit-Furcht）是 ego cogito[我思]之具体的、伦理的表述。霍布斯的"唯物主义"比笛卡尔的"唯灵论"（Spiritualismus）无可比拟地更激进。前者的唯物主义无非说明，人的本质并非"实体性的"（substanziell），而是自由。反过来也可以说，他的机械论物理学是一切真正的自由哲学的关联体（Korrelat）。"决定论"（Determinismus）并非其反证，而是证明。正是霍布斯而非笛卡尔将一切自我意识哲学的基本前提作为论题。①

因此，对于施特劳斯来说，现代思想最重要的奠定者是霍布斯，要彻底理解

（接上页注）知的 Leo Strauss, *The Political Philosophy of Hobbes: Its Basis and Its Genesis*, translated by E. M. Sinclair, Oxford: Oxford University Press, 1936。中译本见施特劳斯，《霍布斯的政治哲学：基础与起源》，前揭。《霍布斯的政治哲学：基础与起源》奠定了施特劳斯在英语学界的声誉。德文原书《霍布斯政治科学的形成》直到1965年才在德国出版，施特劳斯为这个德文版本撰写的《前言》极为重要，见 GS-3, 7～10。关于《霍布斯的政治哲学：基础与起源》一书的目的和影响，见陈建洪，《耶路撒冷抑或雅典：施特劳斯四论》，前揭，页 1～87。对施特劳斯的霍布斯研究的一个整体梳理，见陈建洪、赵柯，《论施特劳斯视野中的霍布斯》，见《云南大学学报》，2015(5)，页 62～69。

施特劳斯生前没有出版1931年所写的《提纲》和《前言》，文稿由迈尔编入 GS-3。此外，GS-3 还收录了施特劳斯在30年代的另外两种作品：一篇是1932至1933年在巴黎成文的《对霍布斯政治学的几点评注》("Einige Anmerkungen über die politische Wissenschaft des Hobbes")，另一部是1933～1934 年先后在巴黎和伦敦所写的《霍布斯的宗教批判》(*Die Religionskritik des Hobbes: Ein Beitrag zum Verständnis der Aufklärung*)，此书最终没有完稿。

另有一篇可能写于1937年的论文《现代政治思想的起源》("The Origin of Modern Political Thought")，见 J. A. Colen and Svetozar Minkov ed., *Toward Natural Right and History: Lectures and Essays by Leo Strauss, 1937～1946*, Chicago and London: The University of Chicago Press, 2018, pp. 163～206。

① 施特劳斯等，《回归古典政治哲学：施特劳斯通信集》，前揭，页 209。关于这里提到的"虚荣自负-恐惧"，施特劳斯在《霍布斯政治科学的形成》中有这样一段论述：
> 要恰当地认识和理解霍布斯的意义，必要条件是把握那个基本的、从根本上独立于现代自然科学的、至少就此而言"前科学的"（vorwissenschaftliche）区分，它区分的是霍布斯政治学的"实质"（Material）——亦即对于霍布斯具有决定性的态度（Gesinnung）——与古代的和《圣经》基督教的态度。那个对于霍布斯具有决定性的态度是现代所特有的——我们可以说，它是现代意识的最底层和最深层。在霍布斯的政治科学中，它得到了最直白的表达。[见 GS-3, 17。]

启蒙，必须彻底理解霍布斯。在这个时期，霍布斯成为了施特劳斯关心的基本问题的聚焦点，施特劳斯关于人的正确生活、关于哲学与启示的争执、关于古典思想与现代思想的争执、关于神学-政治问题的思考都要求他必须彻底理解霍布斯思想。

一、霍布斯政治哲学的基础

施特劳斯 1932 年 12 月 27 日从巴黎给克吕格寄出了一封信，大约半个月前，他在这封信的"第一稿"中写下了这样一个段落：

> 我们产生分歧的原因在于，我不可能信仰，我必须寻求一个在无信仰的情况下生活的可能性。这类可能性有两个：古代的，即苏格拉底-柏拉图式的；现代的，即启蒙的（霍布斯和康德提供的可能性，别的不说）。因而必须问：谁正确，古代人还是现代人？必须恢复古今之争。①

这封信表达了施特劳斯对启蒙的一贯看法，启蒙与古典思想立足于不同的地基，启蒙在根本上是与古典思想的决裂。写这封信的时候，施特劳斯正在推进前一年构想的一个关于霍布斯的研究计划，《霍布斯政治科学的形成》部分地实现了这个计划。这部著作意在表明，霍布斯造成了政治哲学与古典政治哲学的决裂，不应高估霍布斯的自然科学和数学对于这场决裂的意义，而应查明霍布斯政治哲学的真正根基。为了查明霍布斯政治哲学的真正根基，《霍布斯政治科学的形成》在一定程度上揭示了霍布斯整个思想的根基。

在《霍布斯政治科学的形成》中，施特劳斯这样判断霍布斯政治哲学的思想史位置：

> 霍布斯的政治哲学是第一个尤其现代的尝试（der erste eigentümlich moderne Versuch），尝试连贯、全面地回答人的正确生活问题——这同时也是人的共同生活的正确秩序问题。它是第一个这种尝试——我的意思是，所有后来的尝试都明确地或隐秘地、以赞同或反

---

① 施特劳斯等，《回归古典政治哲学：施特劳斯通信集》，前揭，页 60。

对的方式(zustimmend oder ablehnend)、进步或回归的方式利用了霍布斯完成的基础(Grundlegung)。①

在施特劳斯看来,整个现代政治哲学——甚至整个现代哲学——都源于霍布斯肇始的一场决裂。根据施特劳斯的看法:

> 现代政治学与古代政治学的根本区别在于,现代政治学从"权利"(Recht)出发,反之,古代政治学从"法"(Gesetz)出发。②
> "自然法"的全部尊严仅仅归功于这个事实:它是"自然权利"的必然结果。由此出发,人们最能认识霍布斯这一方与柏拉图以及柏拉图和亚里士多德奠定的整个传统这另一方之间的对立,因而也最能认识霍布斯政治学的划时代意义。③

霍布斯造成了西方自然法理论的一场根本转变,这场转变造成了现代自然法与传统自然法的根本区别。霍布斯的自然权利理论深刻影响了现代道德哲学和政治哲学的性质,凭借自然权利理论,霍布斯造成了政治哲学传统的断裂,开创了政治哲学的新传统。

问题在于,自然权利学说只是霍布斯政治哲学的结果,要从根本上理解霍布斯的政治哲学,必须追溯霍布斯政治哲学的基础。施特劳斯1934年春天在查茨沃思的图书馆发现了一个题为《文集》(*Essayes*)的手稿,这部手稿是1620年匿名发表的《荏苒悠暇》(*Horae subsecivae*)的一个更早的简短版

---

① 同时参照这个段落:
为了表明它的广泛影响,不妨回想一下,霍布斯阐述并且奠定了现代形式的文明理想——如果它不是对古代传统的继承的话——以及无论市民-资本主义还是社会主义运动的决定性理想,其深刻、清晰和直言不讳达到了空前绝后的程度。为了描述它的深刻影响,不妨指出,没有霍布斯的工作,不仅启蒙——包括卢梭——的道德,甚至康德和黑格尔的道德也是不可能的。不过,首要的是:作为对人的正确生活问题的根本回答,霍布斯的政治科学不仅对于诸学科之中的一个哲学学科,而且对于现代哲学本身都具有根本意义,只要人的正确生活的问题是根本而决定性的问题。[见GS-3, 13。]
② GS-3, 177. 亦见1936年英文版《霍布斯的政治哲学》的《前言》中的说法:
传统的自然法,首先和主要的是一种客观的"法则和尺度",一种先于人类意志并独立于人类意志的、有约束力的秩序。而近代自然法,则首先和主要的是一系列的"权利",或倾向于是一系列的"权利",一系列的主观诉求,它们起始于人类意志。[见施特劳斯,《霍布斯的政治哲学》,前揭,页2。]
顺带一提,《霍布斯的政治哲学》与《霍布斯政治科学的形成》在行文上略有差异,此《前言》不见于《霍布斯政治科学的形成》。
③ GS-3, 176.

本。施特劳斯判断,《文集》的作者正是霍布斯。① 这份意外发现的文献印证了施特劳斯的想法:霍布斯政治哲学的根本观点在"人文主义时期"已经形成,不仅早于霍布斯1640年在《法的原理》(The Elements of Law)中做出的第一次系统表述,而且早于他对"新科学"的"发现"。施特劳斯认为,无论从实质还是方法上看,霍布斯政治哲学的决定性因素都不是新科学,相反,在"早期著作"中,②霍布斯的决定性根基已经形成——霍布斯对新科学的"借用"甚至在一定程度上掩盖了这个根基。

大约在1636年底或1637年初,霍布斯已经构想了一个"哲学之诸原理"(Elementa Philosophiae)的体系,该体系包含三个部分:论物体(De corpore)、论人(De homine)、论公民(De cive)。根据霍布斯在1655年出版的《论物体》(De corpore)中的说法,哲学划分为自然哲学、道德哲学与政治哲学。霍布斯的哲学体系及其对哲学的划分造成了这样的印象:霍布斯的实践哲学建立在自然哲学的基础上,霍布斯构想了一个从自然哲学顺利"过渡"到政治哲学的体系。这种印象造成了一个在30年代中期占据统治地位的结论,认为霍布斯的政治哲学以自然哲学为根基——"或者基于方法

---

① 为了避免手稿作者身份引起的争论,施特劳斯在德文书稿和英文版中没有依赖手稿进行论证。他甚至没有在德文书稿提到这部手稿,只在英文版《前言》中略作交代。晚近研究部分证实了施特劳斯的判断。

② 施特劳斯将"早期著作"的范围确定为《法的原理》之前的所有文献。除了关于霍布斯早期生活的传记、自传和书信,这些文献还包括《伯罗奔半岛战争志》英译本导言、题为《峰峦观止》(1627)的诗作、《关于第一原理的短论》以及为亚里士多德《修辞学》所作的两篇英文汇编(约1635年)。施特劳斯认为,第二、第三两部作品与他的目的"不太相干"。

我们值得在此对《关于第一原理的短论》(A Short Tract on First Principles)略作交代。施特劳斯见到的这部作品是德国杰出的霍布斯学者滕尼斯(Ferdinand Tönnies)在查茨沃思发现的一份匿名手稿。滕尼斯认为手稿的作者正是霍布斯,并且认为它的写作时间在1630年左右。1889年,滕尼斯将手稿作为附录与霍布斯《法的原理》一同出版,并将它命名为《关于第一原理的短论》。如果滕尼斯的判断正确,《关于第一原理的短论》就是迄今所知最早的霍布斯自然哲学著作。不过,《关于第一原理的短论》的作者身份和写作时间在20世纪引起了很多争议,在20世纪霍布斯自然哲学研究的一部开山之作中,布兰特(Brandt)没有怀疑手稿出自霍布斯之手,并且认为手稿的写作时间当在1636年之前。见Frithiof Brandt, *Thomas Hobbes' Mechanical Conception of Nature*, Copenhagen: Levin & Munksgaard, 1928, p. 9. 布兰特的重要依据是霍布斯1636年10月致纽卡斯尔伯爵的信,信中已经明确反对流射论的光学理论,主张中介解释,而《关于第一原理的短论》的观点恰恰是流射论。大部分学者接受了滕尼斯和布兰特对手稿作者身份的观点,一个强烈的挑战来自塔克(Richard Tuck),塔克认为布兰特错失了手稿与霍布斯后来自然哲学著作最根本的差异:手稿关于偶性(accident)内在于物体(body)之中的观点与霍布斯的感知理论不相容,这个差异至关重要。结合历史考证证据,塔克认为手稿的作者不是霍布斯,它很可能出自霍布斯的好友派恩(Robert Payne)之手。见Richard Tuck, "Hobbes and Descartes," in *Perspectives on Thomas Hobbes*, edited by G. A. J. Rogers and Alan Ryan, Oxford: Clarendon Press, 1988, p. 18. 施特劳斯认为手稿"不太相干",如果塔克的看法正确——事实很可能正是如此——它将支持霍布斯理论哲学的一个重要结论:就霍布斯理论科学的形成而言,最重要的影响是笛卡尔怀疑论的挑战。

(methodisch),或者基于实质(sachlich),或者基于两者"。①

但是,这个结论事实上面临极大困难。在《霍布斯政治科学的形成》和《霍布斯的政治哲学》中,施特劳斯提出了20世纪中后期以来的霍布斯研究以不同方式接受和证实的诸多判断。② 根据施特劳斯的看法,霍布斯的三部系统哲学著作——《法的原理》(1640)、《论公民》(1642)和《利维坦》(1651),均以关于人之自然或人性的知识为前提阐述政治哲学,在这三部著作中,霍布斯对人性的根本理解没有改变;霍布斯的早期著作表明,1640年以后阐述的根本理解事实上是从早期开始一以贯之的观点。在施特劳斯看来,霍布斯关于人性的观点源于"经验",而非霍布斯的机械论自然科学。③

施特劳斯相信,霍布斯政治哲学的决定性基础应该"先于"霍布斯的自然科学著作和观点。1642年,霍布斯将其"哲学原理"的第三部分以《论公民》先行出版——由于英格兰内战,霍布斯决定"打乱"原理体系三个部分的出版顺序。但是,霍布斯在《论公民》中明确宣称,政治科学是一门独立科学,在更晚的《利维坦》和《论物体》中,他宣称政治科学的原则不是从自然科学借来的,而是源于"经验",源于对人性的经验考察。施特劳斯在1935年5月12日致伽达默尔和克吕格的信中说:

> 在简短的导论中,我首先提出我的论断:霍布斯政治学的重要意义普遍被低估;接着指出,这种低估来源于数学和自然科学对于这种政治学所具有的意义被高估,来源于霍布斯伦理学(Moral)的原创性被低估,狄尔泰关于"从属性"的论证尤其推进了这种低估。为衡量霍布斯

---

① GS-3,16. 关于霍布斯政治哲学的自然主义解释,一个经典研究见 J. W. N. Watkins, *Hobbes's System of Ideas: A Study in the Political Significance of Philosophical Theories*, London: Hutchinson University Library, 1965。

② 例如 Tom Sorell, *Hobbes*, London: Routledge and Kegan Paul, 1986。

③ 事实上,霍布斯十分清楚,机械论自然学——或者决定论的物质论——既支持又阻碍政治哲学。一方面,机械论自然学支持从霍布斯原初意图而来的对人之自然特别是激情的观点,另一方面,一旦彻底坚持这种自然学的决定论,不仅霍布斯对道德与国家之正确形式的学说变得不可能,一般而言的道德哲学与政治哲学也将不再可能。在《霍布斯政治科学的形成》中,施特劳斯分析了霍布斯哲学的两个对立。第一个对立是霍布斯对全部事物的划分,霍布斯将全部事物划分为自然事物与人为事物,这种划分的前提是第二个更根本的对立:自然与人的对立。在第二个对立中,霍布斯哲学面对的一个根本问题才表现出来:人在多大程度上是自然事物,或者,作为自然之一部分的人在多大程度上应该被理解为一般而言的自然物,是否应该对人及其正确生活作彻底机械论、决定论的理解。霍布斯实践哲学的根本含混,几乎全部归结为这一根本问题对霍布斯构成的困难,关于这个困难,施特劳斯的结论是:霍布斯始终未能解决这一困难。毋宁说,霍布斯在划分全部事物之时的两个对立表明,霍布斯的真正意图是人与人为事物,霍布斯真正关心的是人在自然世界中的那个特殊地位,是人凭借人为事物在整全自然面前创造人为世界的意志和能力。

的意义,重要的是理出对于他具有决定意义的态度,并将之与古代的以及《圣经》的态度对立比照。解释这种态度是第二章("道德基础")的任务,我在这一章指出,主导霍布斯的态度的特点是虚荣自负(Eitelkeit)与对暴死的恐惧这一基本对立(Antithesis)。①

信中随后说,霍布斯的道德态度从理论逻辑和生平史上看都先于数学和自然科学。正如我们已经看到,施特劳斯在《霍布斯政治科学的形成》中将这个道德态度称为前科学的(vorwissenschaftliche)态度。

在这里提到的第二章中,施特劳斯呈现了作为霍布斯实践科学之决定性态度的"道德基础"。根据施特劳斯的分析,霍布斯政治科学的基础是关于人性的理论,霍布斯就此提出的第一条公理是"自然欲望公理"。霍布斯反复强调,人本能地怀有无尽的欲望——人本能地(spontan)且持续地(kontinuierlich)渴望越来越大的力量(Macht),这种出于本能的无尽欲望是非理性的欲望,所谓人的自然欲望正是指这种非理性的欲望,这种非理性的欲望使人忘乎所以、舍生忘死。人的自然欲望与动物的机械式欲望的本质区别在于,前者不仅仅是感觉知觉引起的反应,不仅仅是对于外部刺激的回应,更是人的自然本能。如此一来,霍布斯对"人的欲望"的解释就不是机械论的,而是人文主义生机论的(vitalistische)。② 在霍布斯看来,

> 人的这种贪婪的力量追求、这种自然欲望的根源是人在观看他自己的力量时拥有的快乐,亦即虚荣自负。自然欲望的源头不是知觉,而是虚荣自负(Eitelkeit)。③

霍布斯关于人性的第二条公理是"自然理性"公理。由于保全生命是一切欲望的绝对必要条件,所以自我保全就是首要的善。因此,自然理性公理教导人保全生命。施特劳斯在这里注意到一个事实:霍布斯宁愿使用逃避死亡这样的消极表述,而不是使用保全生命。这一事实源于两个原因。第一个原因在于,霍布斯认为世上不存在最高的善,只存在最高的恶:

> 幸福(Glück)是最大的善(das größte Gut);但是,不存在一种最高

---

① 施特劳斯等,《回归古典政治哲学:施特劳斯通信集》,前揭,页238。
② 关于人的欲望的这两种解释,区别在于,机械论的解释立足于感觉,继而立足于运动的一般理论,生机论的解释则立足于对人性的观察,亦即人对自身的自我认识和自我观察。
③ GS-3, 24.

的善(ein höchstes Gut)——亦即一种享有了它心灵就可以变得宁静的善。相反,死亡既是首要的恶,又是最大的恶,也是最高的恶。因为,死亡不仅是对首要的善(des ersten Gutes)的否定,而且因此是对所有的善包括最大的善的否定;同时,因为在不存在一种至善(ein summum bonum)的情况下死亡是至恶(summum malum),它是唯一的绝对标准,参照这个标准,人能够条理清晰地安排他的生活。在诸善的秩序中没有真正的极限(Grenze),而且,首要的善与最大的善完全不同,在恶的序列中首要的、最大和最高的恶(Übel)却是一回事。因此,只有考虑恶,欲望才有一个极限,人的生活才可能有一个条理清晰的取向;只是由于死亡,人才有一个目的,因为,他只是由于死亡才有一个目的——亦即那个由于瞥见死亡而强加于他的逃避死亡(der Vermeidung des Todes)的目的。①

根据伦理学的传统理论,若要确立诸善的秩序或者等级(hierarchy),必须以最高的善为标准,但是,霍布斯无法确认何为最高的善,只能确认何为最高的恶:对于霍布斯来说,死亡就是最高的恶(Übel),或者说,死亡就是最大的坏事(Übel),死亡取代至善成为了伦理学的标准。第二个原因在于,霍布斯相信"理性之无力(Ohnemacht)"。

> 理性(Vernunft),只有理性,说,保全生命是最大的善,相反,一种激情——惧怕死亡的激情——说,死亡是首要的恶。由于理性自身是无力的(ohnmächtig),人不会愿意想到保全他的生命是首要且最紧迫的好事,倘若不是恐惧死亡的激情迫使他如此。②

由于理性之无力,人实际上不是凭借自然理性认识到保全生命的意义,而是凭借恐惧死亡的激情选择逃避死亡。因此,霍布斯的消极表述一方面揭示了至善在霍布斯伦理学中付诸阙如,另一方面揭示了自然理性源于恐惧死亡的激情,正如自然欲望源于虚荣自负的激情。

施特劳斯由此认为,霍布斯政治学的出发点是虚荣自负(Eitelkeit)与对暴死的恐惧(Furcht vor gewaltsamem Tod)的对立。在霍布斯看来,虚荣自负使人盲目,使人成为最贪婪、最危险的动物,使人陷入不知休止、不计

---

① GS-3, 28～29.
② GS-3, 28.

后果的欲求和争斗,只有对死亡的恐惧才能使人有所戒惧,从而和平、安全地追求欲望,只有对死亡的恐惧才能驯化桀骜不驯的人,使非理性的欲望追求成为理性的欲望追求。正如施特劳斯所说:

> 一旦霍布斯通过将人的自然欲望归结为虚荣自负而归咎(Schuld)于人,从而从道德上(moralisch)看待这种归结,那么,肯定与虚荣自负对立的对死亡的恐惧必然也有道德含义。①

因此,关于霍布斯的虚荣自负与恐惧死亡的对立,施特劳斯有一个关键判断,他判定霍布斯为这两种激情赋予了道德意义:

> 因此,霍布斯政治学的基础,不是道德中立的动物欲望(或者,道德中立的人的力量欲望)与道德中立的追求自我保存之间的对立,而是根本上不正义的虚荣自负与根本上正义的对暴死的恐惧之间的对立。②

在同一个段落中,施特劳斯明确说,这个道德对立是霍布斯政治学的"本质性基础"(das wesentliche Fundament)。借助斯宾诺莎与霍布斯的差异,施特劳斯更清楚地呈现了霍布斯政治哲学的一个关键特征:霍布斯的政治学具有道德性质。斯宾诺莎的政治哲学是彻底的自然主义,它"必然取消作为一个概念的正义本身",相反,霍布斯的政治哲学具有一个道德基础,这使他"保留了谈论正义以及区分强权与正义的可能"。③

根据1935年致伽达默尔和克吕格的那封信,《道德基础》一章在《霍布斯政治科学的形成》中无疑占据十分重要的位置。不过,霍布斯关于恐惧暴死以及由此而来的"自我保存"的道德哲学,只是部分地揭示了霍布斯政治学的根基。施特劳斯必须继续回答的问题是:究竟是何种前提使霍布斯转向一种全新的道德哲学,从而与整个传统"决裂";更具体地说,如果霍布斯道德哲学的基础在"先于数学和自然科学"的人文主义时期已经形成,那么,他如何可能在人文主义地基上与传统决裂。

为了揭示霍布斯的最终根基,施特劳斯决定借助霍布斯政治学的发展史考察霍布斯逐渐与传统决裂的过程,从而追踪在此过程中起决定作用的诸前提。在1935年那封书信的纲要中,施特劳斯指出,霍布斯在人文主义

---

① GS-3, 36.
② GS-3, 41.
③ GS-3, 41~42.

时期的哲学权威是亚里士多德。因此，霍布斯与传统的决裂尤其可以被看作与亚里士多德决裂。霍布斯究竟如何从亚里士多德的权威开始、最终达到与亚里士多德的决裂，这场决裂的前提究竟是什么？

要澄清这个问题，必须首先回答的问题是：亚里士多德在这个时期对于霍布斯的权威属于何种性质。事实上，早在牛津求学之时，霍布斯已经对经院的亚里士多德主义抱有深刻怀疑，这种怀疑后来贯穿霍布斯的全部思考——1630 年代以后的自然哲学研究使霍布斯得以彻底与之决裂。施特劳斯在信中继续谈道，对于人文主义时期的霍布斯，亚里士多德的权威在于伦理学和政治学，尤其是修辞学。在《霍布斯政治科学的形成》中，施特劳斯指出，霍布斯很早就在实行与经院哲学的决裂，因为霍布斯的"兴趣从亚里士多德的自然学和形而上学转向了他的伦理学和政治学，转向了他关于人类事物的哲学"。[①]《霍布斯政治科学的形成》对霍布斯与亚里士多德《修辞学》的比较，呈现了施特劳斯书信中一个言简意赅的看法："霍布斯人学的中心章节无非是对《修辞学》有关部分的自由改编。"[②]倘若上述观点成立，那么，亚里士多德的道德哲学与政治哲学对霍布斯的权威当属确凿无疑，霍布斯在《伯罗奔半岛战争志》的"导言"中关于亚里士多德的说法表明，直到霍布斯人文主义时期结束之时，他仍然视亚里士多德为哲学的最高权威。

然而，倘若亚里士多德对于霍布斯的权威性质系于实践科学，那么，这个作为权威的亚里士多德实际上是一个从人文主义观点理解的亚里士多德。人文主义的亚里士多德对亚里士多德的修改，事实上至关重要。根据施特劳斯的判断，从形而上学转向道德哲学和政治哲学以后，霍布斯将贵族德性（Adelstugend）看作最高的德性，但是，意大利的卡斯蒂利奥内（Castiglione）、尼夫斯（Niphus）、皮科洛米尼（Piccolomini）等人在 16 世纪使亚里士多德主义经历了根本变化，这种变化的特点是，英雄德性获得了中心地位。霍布斯从一开始就将英雄德性等同于贵族德性；在霍布斯这里，英雄德性与荣誉的意思完全重合，两者所指的德性就是贵族德性，霍布斯对荣誉的分析可以被认为是对贵族德性的分析。如此一来，霍布斯道德哲学的发展就表现出逐步抛弃贵族德性的趋势，一旦霍布斯将恐惧暴死和自我保全作为全部道德的基础，他就彻底与人文主义的亚里士多德分道扬镳了。

受人文主义的亚里士多德主义影响，霍布斯最初从英雄德性或荣誉出发将优越意识——自豪或骄傲——看作荣誉的来源，于是，作为正确的优越

[①] GS-3，49.
[②] 施特劳斯等，《回归古典政治哲学：施特劳斯通信集》，前揭，页 239。

意识,气度恢宏(magnanimity)就成为全部德性的来源。霍布斯的成熟理论当然放弃了这个理想——他的成熟理论恰恰与荣誉针锋相对,但问题的关键在于,以气度恢宏取代亚里士多德的正义,已经表现了霍布斯最初与亚里士多德的一个重要差异。在《尼各马可伦理学》中,虽然气度恢宏也是德性之一,但是,它同时以其他德性为前提,气度恢宏是所有其他德性的一种装饰,一旦以气度恢宏取代正义,优越意识就取代了对正义法则的服从。这个变化在根本上意味着,德性已经不再被构想为一种举止(Haltung),而仅仅是一种原因(Grund)、动机(Motiv)或态度(Gesinnung):

> 对霍布斯来说,态度成为唯一的道德原则,因为他不再相信一个"客观的"原则的真实性——人必须依赖这个原则安排诸行为的秩序,他也不再相信一个先于全部人类意志的自然法的真实性。①

因此,重要的事实不是霍布斯是否最终放弃了气度恢宏的道德意义,而是,以荣誉或优越意识取代正义法则,源于霍布斯对法则的否定。在霍布斯的成熟理论中,对荣誉的安全的追求,仍然以追求荣誉的激情之核心地位为前提,所以,道德德性并没有先于人的激情和意识的根源,霍布斯明确否认自然法是真正意义上的法。

人文主义对亚里士多德道德哲学的另一个根本改变是使英雄德性或贵族德性优先于理论德性,这意味着在根本上转变亚里士多德关于实践生活与理论生活之关系的理解:实践生活相对于理论生活获得了优先性。亚里士多德对于霍布斯的权威的性质,从一开始就受制于人文主义传统对亚里士多德的这个转变。

施特劳斯在这个转变中看到了霍布斯与亚里士多德决裂的核心前提。实践生活相对于理论生活的优先性,意味着以人类事物为中心的生活,在人世之中、以人世此生为全部目的的生活,优于沉思永恒秩序的具有神性的生活。倘若理论生活的优先性以整全的永恒秩序之恢宏肃穆为前提,那么,霍布斯与亚里士多德的决裂必然基于一个根本前提:

> 这种与亚里士多德的对立,最终的原因在于霍布斯对人在宇宙中的位置(der Stellung des Menschen im Universum)的看法,这种看法与亚里士多德的看法[截然]对立。亚里士多德选择了理论科学相对于

---

① GS-3, 72.

第四章　霍布斯与现代世界的根基

道德和政治科学的优先性,理由在于人不是宇宙中最杰出的存在。霍布斯否定了最后这个理论优先的前提;据他论断,人是自然的最杰出的作品。①

关于这个段落,有两点值得特别强调。第一,施特劳斯在此指出了霍布斯与亚里士多德决裂的最终原因,这个原因涉及"人在宇宙中的位置"。不过,就霍布斯与亚里士多德的看法来说,这里存在一个至关重要的差异:亚里士多德的看法以其宇宙论为前提,霍布斯将人看作宇宙中的最高存在,这个看法却不以霍布斯的宇宙论为前提,因为,霍布斯关于物质和运动的宇宙论不支持这个看法,换言之,以霍布斯的理论哲学而论,这个看法是一个前理论的观点。第二,在施特劳斯看来,这个看法并非霍布斯首创,而是已经出现在新近传统中,它并不必然导致与亚里士多德的决裂,这种决裂还需要一种"革命性"(revolutionär)要素。② 考虑到这一点,施特劳斯在《霍布斯政治科学的形成》的"历史"一章中说:

> 部分甚至大幅度修正亚里士多德,霍布斯从一开始就认为有必要或者理所当然接受,可是,即使人们可以说,这种修正为后来与亚里士多德的决裂做了准备,这个决裂仍然需要对亚里士多德和整个传统哲学的一个根本缺陷(eines grundsätzlichen Mangels der Aristotelischen und überhaupt der traditionellen Philosophie)的认识:这个根本认识首先使霍布斯不可能满足于对亚里士多德的修改,它迫使霍布斯将目前的修正(Modifikationen)理解并发展为根本反对(Einwände)。这个根本认识[这个对传统哲学的深刻不满]就隐藏在从哲学向历史(Geschichte)的转变之中,而这个转变是霍布斯人文主义时期的特征。与我们到目前为止所谈论的他的原初立场中的传统因素相对立的,是历史在这种立场中具有的作用,这个作用原则是革命性的。③

所谓历史的革命性作用是什么意思呢?根据施特劳斯的思想史考察,16世纪以来,政治科学在博丹(Jean Bodin)、帕特里奇(Francesco Patrizi)

---

① GS-3,50.
② GS-3,97. 实践生活的优先性本身不足以造成霍布斯与亚里士多德伦理学的决裂,这一点在一个关于《圣经》道德的段落中表现得尤其突出。《圣经》宗教同样否认理论生活的优先性,但这并未使《圣经》宗教转向霍布斯的道德学说。见 GS-3,110~111.
③ GS-3,97.

尤其培根（Francis Bacon）这里发生了一次"向历史的根本转向"：

> 历史最初因之而侵入哲学的问题，是理性准则的实行（der Wirksamkeit von Vorschriften der Vernunft）问题。应该注意的是：受到怀疑的只是这些准则的实行，而非其正确性；这里涉及的仅仅是准则的运用（Anwendung）。这至少清楚地表明了霍布斯转向历史的否定性条件：其正确性未受怀疑的这些准则，实际上是来自亚里士多德伦理学的准则。①

因此，早期现代政治科学的历史转向，事实上以"首要的哲学问题（das primäre philosophische Problem）已经解决"为前提，②在对霍布斯具有深远影响的培根这里，这一点体现得尤其充分。哲学对历史的关注，最初源于实行亚里士多德道德准则的意图，对历史的兴趣究其实质而言是对实行的兴趣。③

根据施特劳斯在《霍布斯政治科学的形成》中的解释，对实行的兴趣源于哲学思想的兴趣从永恒秩序向人的转移，因此，思想兴趣从永恒秩序向人的转移是霍布斯转向历史的前提。然而问题在于，对实行的兴趣并非必然导致对历史的兴趣，后者还需要一个前提：理性之无力。理性无力驯服激情，理性之无力导致人不顺从道德准则，从而导致哲人对历史的兴趣。④ 施特劳斯援引了培根关于激情的一处评论，培根批评亚里士多德"从未探讨作为伦理学首要论题的情感问题"。⑤所以，

> 人们恰恰在培根这里清楚地看到了对历史所有部类的日益增长的兴趣，原因在于对实际问题日益增长的兴趣。这个兴趣以同样的方式激发了历史研究，因为它直接研究个性、激情、气质、幽默等，一言以蔽之，它直接研究人的实际情况，按照培根的论断，传统哲学为了——他也认为是首要之事的——人应该成为什么的研究而忽略了这个研究。⑥

---

① GS-3, 99.
② Ibid..
③ 参施特劳斯等，《回归古典政治哲学：施特劳斯通信集》，前揭，页240。
④ 参同上，页240、241。
⑤ GS-3, 106.
⑥ GS-3, 108.

在培根看来，传统哲学的根本缺陷在于，关于如何实行道德准则的知识，古典哲学几乎无所作为。施特劳斯所谓霍布斯对传统哲学的深刻不满，或者"亚里士多德和整个传统哲学的一个根本缺陷"，指的是传统哲学不可实行。

因此，施特劳斯在"历史"一章中说，哲学转向历史有两个前提。第一个前提是思想兴趣从永恒的超越秩序转向人，继而转向实行。第二个前提是关于理性之无力的信念。必须特别注意，施特劳斯暗示，这两者之间并非没有"直接关系"(unmittelbarem Zusammenhang)。① 在整个《霍布斯政治科学的形成》中，施特劳斯关于这个直接关系仅有一次提示，这一章末尾说：

> 对指导人类理性的超越的永恒秩序的怀疑，因而对理性之无力的信念，首先造成了哲学转向历史，继而造成了哲学本身的历史化。②

这里的"因而"一词提示我们，理性之无力的信念源于对永恒秩序的怀疑，这意味着，对永恒秩序的怀疑是哲学转向历史的两个前提的共同前提——对永恒秩序的怀疑造成了思想兴趣从永恒秩序向人的转移，也造成了理性之无力的信念。关于这一点，需要留意施特劳斯在致伽达默尔和克吕格那封书信中的说法：哲学转向历史的前提是"古代宇宙论（以及基督教神学）的衰微"。③ 不仅如此，信中还明确说，理性之无力的信念是"宇宙论和神学衰微的必然结果"(die notwendige Folge des Verfalls der Kosmologie und Theologie)。施特劳斯的意思是，对永恒秩序的怀疑等于传统宇宙论的衰微，或者，对永恒秩序的怀疑源于传统宇宙论的衰微？无论何种情形，传统宇宙论的衰微都是哲学转向历史的根本前提。

在此需要特别强调传统宇宙论的衰微对于霍布斯政治科学的意义。正如前文所言，霍布斯与亚里士多德的对立的最终原因是霍布斯对人在宇宙中的位置的看法，尽管霍布斯的看法并不以新宇宙论为前提，但它必须以传统宇宙论的衰微为前提——后一个前提是一个必要的否定性前提，也是一个根本前提。不仅如此，施特劳斯在书信中还提到，《霍布斯政治科学的形成》第二章讨论的霍布斯伦理学也以传统宇宙论的衰微为前提。④ 施特劳斯的意思是，虚荣自负与恐惧的对立是对霍布斯的政治科学具有决定性的道德态度，但是，这个道德态度仍然有更根本的前提。只有在传统衰微的前

---

① GS-3，110.
② GS-3，126.
③ 施特劳斯等，《回归古典政治哲学：施特劳斯通信集》，前揭，页240。
④ 同上。

提下,"死亡是最大的坏事"才是可能的,而虚荣自负与恐惧的对立正是以"死亡是最大的坏事"为前提。同时,虚荣自负与恐惧的对立是两种激情的对立,霍布斯的伦理学是一种立足于激情的伦理学,这种伦理学以"理性之无力的信念"为前提,而后者以传统宇宙论的衰微为前提。所以,霍布斯的伦理学必须以传统的衰微为前提。

但是,这并不意味着传统的衰微必然导致霍布斯的伦理学。根据传统观点,死亡不是最大的坏事,因此,传统的衰微只是从消极方面使霍布斯有可能将死亡看作最大的坏事,至于霍布斯何以特别将死亡而非其他事情看作最大的坏事,仍然需要解释。这就意味着,除了传统的衰微这一根本前提,霍布斯的伦理学还有其他来源。《霍布斯政治科学的形成》的第二章没有交代这个来源,在第八章中,施特劳斯给出了这样的回答:

> 这种不彻底性(Unradikalität)源于这一点,霍布斯认为政治科学的观念是理所当然的(selbstverständlich)。霍布斯没有追问政治科学的可能性和必要性,换言之,霍布斯没有追问德性是否可教,他没有事先追问德性的本质,因而没有追问国家的目的,因为对他来说传统或者更确切地说通常意识(das gemeine Bewußtsein)已经回答了这些问题。对他来说,国家的目的"理所当然"是和平——亦即不惜一切代价的和平。这种理所当然的前提在于,(暴力造成的)死亡是首要、最大且最高的恶。①

这个段落表明,在施特劳斯看来,霍布斯的"死亡是最大的坏事"的观点源于通常意识,换言之,霍布斯这个观点源于通常看法。

我们先回到霍布斯对历史的兴趣。霍布斯对历史兴趣的一个关键原因是对实行的兴趣,在施特劳斯看来,如果坚持要求准则必须可实行,最终必然导致与传统准则的决裂:

> 正如我们已经看到,兴趣从永恒秩序首先转移到人,然后转移到实行,此前已经在哲学向历史的转向中得到了表达。它的彻底化将导致霍布斯的政治科学。霍布斯不满足于如此提问:传统道德的规范如何能够实现?他的意图不是仅仅以一种比传统哲学的方式更适合实行的

---

① GS-3, 173. 正如我们已经提到,《霍布斯政治科学的形成》与1936年的英译本《霍布斯的政治哲学》在行文上略有差异,德文版中的"不彻底性"一词不见于英译本,这个词更好地表达了施特劳斯的霍布斯研究的意图。参迈尔,《隐匿的对话:施米特与施特劳斯》,前揭,页160。

方式奠定传统规范,他全盘否定传统道德的可行性,无论希腊哲学的道德、《圣经》-基督教的道德还是贵族德性的道德。他甚至走得更远:他不仅宣称亚里士多德不懂得实现规范的途径,而且宣称亚里士多德甚至没有正确地确定规范。①

在霍布斯看来,"亚里士多德和整个传统哲学的一种根本缺陷"就是不可实行。正如施特劳斯在信中所说,霍布斯的政治学与传统政治学的显著对立在于前者要保证"绝对可实行"(unbedingte Anwendbarkeit)。② 在《霍布斯政治科学的形成》中,施特劳斯认为"绝对可实行"对于霍布斯的政治学始终是决定性的(maßgebend)原则。

这种决定性对于解释如下关键问题十分重要:何以恐惧暴死会成为霍布斯政治学的道德基础。霍布斯认为死亡是最大的坏事,就避免死亡而言,理性绝非可信赖的力量,只有恐惧暴死才是最普遍、最自然的激情,所以,只有恐惧暴死才适合作为霍布斯政治学的道德原则——这个原则"绝对可实行"。因此,施特劳斯认为,必须将"绝对可实行"添加到霍布斯的根本道德态度之上,霍布斯的政治科学才能达到其最终形式。③ 正是由于这个原因,施特劳斯才说:

> 新的态度是一回事,对其新颖性的意识以及与此意识密不可分的对整个传统的反叛则是另一回事。霍布斯与传统的决裂无疑首先是他转向数学和自然科学的结果。正是因此,新态度与所有传统态度的对立只是作为新科学(Wissenschaft)与传统科学的对立被他意识到的。④

霍布斯所意识到的新科学与传统科学的对立是什么呢?霍布斯将数学看作新科学的典范,根据施特劳斯的看法,无论自然科学还是数学都应以前科学的知识为前提,科学的数学不反对前科学的数学,但是,霍布斯明确宣称要摆脱前科学的意见,使政治学成为一门科学。施特劳斯认为,对于霍布斯而言,新科学与传统科学的对立是由新科学的方法造成的,新科学的方法是欧几里德或者伽利略的数学方法。在施特劳斯看来,欧几里德数学方法对于霍布斯政治学的意义体现为一种精确政治学的构想;霍布斯以数学方法作

---

① GS-3, 119.
② 施特劳斯等,《回归古典政治哲学:施特劳斯通信集》,前揭,页240。
③ GS-3, 150.
④ GS-3, 156.

为政治学的方法，这表达了他将政治学建立为"精确科学"的意图。如此一来，理解数学方法对于霍布斯之意义的实质问题就是，霍布斯出于何种考虑追求一种精确的政治科学。显然，这个问题无法由科学方法本身给予回答。

根据施特劳斯的观点，霍布斯之所以力求建立精确的政治科学，原因正是确保实行的意图，更确切地说，霍布斯力求建立一种"在任何情况下"（unter allen Umständen）都能实行的政治科学。在霍布斯看来，这个意义上的政治科学不可能从人的本质（Wesen）出发，甚至不可能从依赖教化的品质出发，它只能从人的自然（Natur）出发，在这个确定无疑的基础上发现政治体的形式。霍布斯的政治科学由于以数学为范本显得具有精确科学的形式，不过，十分清楚的是，这里决定性的前提不是科学方法本身，而是确保实现的意图。因此，对于霍布斯来说，新道德态度、新政治科学因其绝对可实行而与传统对立。①

施特劳斯在这一语境中引入了霍布斯与亚里士多德特别是柏拉图的对比。在一度以亚里士多德为权威之后，霍布斯将目光转向了柏拉图，霍布斯相信，亚里士多德对于道德德性的理解，受制于言辞，受制于日常语言对德性的命名与描述，因此，亚里士多德对德性的看法，不是源于德性的实质，而是源于关于德性的意见。就此而言，霍布斯向欧几里德或精确科学的转向，显得是转向柏拉图——霍布斯力求以德性的实质取代关于德性的意见，换言之，以基于理性的真正的德性取代德性的意见。可是，这场转向并非对柏拉图的真正回归，而是依据截然不同的取向。

柏拉图对"真正的德性"的揭示，本身恰恰以言辞或意见为基础。根据柏

---

① 毋庸赘言，施特劳斯后来将现代政治哲学的开端从霍布斯追溯到马基雅维利，但是，他并未改变看待这一问题的视角。正如《霍布斯的政治哲学》的《美洲版前言》所言：
我曾经认为，霍布斯是近代政治哲学的创始人。这是一个错误：这个殊荣，应该归于马基雅维利，而不是霍布斯。然而，我还是宁愿保留这个容易纠正的错误，或者说宁愿保留这个错误的特定前提，而不愿认可那些更为人们所普遍接受的观点。[见施特劳斯，《霍布斯的政治哲学》，前揭，页9。]
根据施特劳斯的视角，实行问题是古今决裂的一个关键。参施特劳斯在《论僭政》中的说法：
古典政治哲学将人的完善或人应该如何生活作为它的方向，它的顶点是关于最佳政治秩序（best political order）的描述。这种秩序指的是这样一种秩序，实现它的可能并不需要人性的奇迹或非奇迹的改变，但是，它的实现被认为并不可行（probable），因为它被认为依赖于机运。马基雅维利一则要求人们不应该基于人应该如何生活而应该基于他们实际上如何生活来确定其方向，再则认为可以或应该掌控这种机运，他以此攻击这个[古典]见解。为所有真正的现代政治思想奠定基础的正是这个攻击。关心实现"理想"（ideal）的保证导致人们降低政治生活的标准，并且导致了"历史哲学"的出现：即使马基雅维利的现代对手们也不能恢复古典作品关于"理想"与"现实"之关系的头脑清醒的见解。[见 Leo Strauss, *On Tyranny*, edited by Victor Gourevitch and Michael S. Roth, Chicago and London：The University of Chicago Press，p. 128。]

拉图，德性——包括一般意义上的事物——的原因不能从机械论上发现，不能从先于道德行动本身的"别的事物"之中发现，但是，"柏拉图并没有马上以心灵论-目的论（eine spiritualistisch-teleologische Physik）的自然学反对物质论-机械论的自然学"，而是从"雅典人所言"出发。① 雅典人关于正义的言辞或意见表明，正义本身比所有正义的行动更完整，在每一个正义行动中表现出来的正义，是正义本身的一个部分，并且因为正义本身而正义，因此，一个正义行动的原因，在于它以某种方式符合正义本身或正义的标准，符合完整的正义。对完整的正义的探究，在柏拉图这里成为对正义的哲学或科学的探究，不过，这种探究不可能借助机械论进行，只能借助辩证术进行。

在言辞或意见中表达的正义，尽管不是完整的正义，但是，它们是完整正义的一个部分，借助辩证术，这些部分有可能揭示正义之所是或正义之"理念"（eidos），所以，借助辩证术对理念的认识，就成为苏格拉底哲学探究的核心。在苏格拉底这里，存在一种关于事物的严格科学，这种严格科学不是对先于此物的机械论原因的探究，而是从作为真理之部分的"所言"或意见出发，借助辩证术发现关于此物之原因的完整论述——发现其完整原因、"理念"或"所是"（ousia）。由于这种探究的意图是发现真正的"所是"，它是一种借助辩证术展开的严格、理性的科学，以发现真正的"标准"为目的，但是，柏拉图同时强调，这种探究本质上是理论性或静观的探究，借助辩证术对完整原因的发现究其根本是一个上升的过程，与此相关，"所是"在处境中的呈现永远是不完整的，用技术化的语言来说，"理念"与"分有者"之间的差异，构成真理认识的基本困难。

正如施特劳斯在书信中所说，霍布斯的政治科学缺乏"苏格拉底问题"的彻底性，它以苏格拉底问题已经得到回答为前提，霍布斯以死亡为至恶，由此不惜一切追求和平，视之为政治科学理所当然的目的。霍布斯的精确科学不是苏格拉底的严格科学，而是以确保实现上述目的为前提的科学，如此一来，恐惧暴死就成为唯一真正"理性的"德性。霍布斯十分清楚，这种激情就其本身而言不是理性的，但是，它的结果是理性的，之所以如此，是因为它受到一个理性的政治科学肯定，成为唯一正当的激情。从此以后，霍布斯要以真正"理性的德性"取代前科学的自然德性，霍布斯将这种取代看作对柏拉图式理性主义的回归，看作对"言辞之魔咒"的摆脱。

霍布斯宣称，新科学之方法使他发现了真正的政治科学，或者说，他的政治科学采用了伽利略的"分解-组合方法"（resolutiv-kompositiven Meth-

---

① GS-3，162～163.

ode)。但是,在施特劳斯看来,这种方法不是决定性的,霍布斯并未、也未能在严格意义上采用这种方法。根据霍布斯的说法,他通过"分析"现存国家得到构成国家的质料,去除有碍于理想国家的质料,最后使用有利的质料组合成理想国家。在施特劳斯看来,霍布斯关于国家目的的观点对这一"分解-组合"过程产生了决定性影响,只有基于这一目的,霍布斯才能设想理想国家的形式,才能对国家的质料加以取舍。

施特劳斯因而看到,霍布斯将政治科学与几何学归为一类,并且将两者与自然学加以区分,因为,这两者本质上是"创造"科学,无论就其质料还是原则而言。① 如此一来,霍布斯在17世纪开启了一个以人为政治体取代自然德性的政治哲学传统,这个传统的最初根源,正是霍布斯以"理性的"政治科学取代亚里士多德对"言辞"的依赖,这种政治科学事实上否定了自然的道德德性,对于霍布斯而言,只有政治德性才是真正的、唯一的德性。

从霍布斯开始,德性不再是人的自然义务,而是以保全生命的权利为基础的一系列权利,霍布斯由此造成了自然法理论的根本转变,从而使现代政治哲学建立在全新的基础上。当霍布斯将激情作为政治共同体的基础,他就舍弃了政治哲学的理性主义传统,同理,他对理性主义的舍弃,促使主权成为现代政治哲学的最重要的概念之一,主权者的权威取代了智慧之人对生活的指导。在现代世界的开端,霍布斯将权利、非理性主义和主权概念植入了现代政治思想的根基,从而从根本上改变了整个现代政治世界。

二、霍布斯思想的根基

施特劳斯在1935年5月12日的信中告诉伽达默尔和克吕格,《霍布斯政治科学的形成》最后且最长的一章"新政治科学"回答这样的问题:欧几里德的方法对霍布斯政治学的意义究竟是什么。信中还说:

> 关于现代自然科学对于霍布斯的意义(die Bedeutung der modernen Naturwissenschaft)的一个评价构成了结尾,它将导向关于霍布斯宗教批判(Religionskritik)的一个进一步考察。②

在《霍布斯政治科学的形成》的结尾,施特劳斯讨论了机械论物质论与霍布

---

① 参 Sorell, *Hobbes*, pp. 1~28。
② 施特劳斯等,《回归古典政治哲学:施特劳斯通信集》,页241。

斯政治哲学的关系,他在此处说道:

> 如果只有不自洽的自然主义(ein inkonsequenter Naturalismus)才与霍布斯的政治哲学相容,那么,霍布斯在其科学作品中阐述的那种自洽的(konsequente Naturalismus)自然主义(consistent naturalism)就不能是他的政治学的基础,这个基础必须是另一种自然的观念(eine andere Natur-Auffassung)。这个自然观念尽管与自然主义有关联,却与自然主义绝不是一回事,阐述这种自然观念对于彻底分析霍布斯的政治科学来说是最紧迫的任务。①

所谓霍布斯的自洽的自然主义将人看作与其他自然物同等的自然物,亦即一种一元论的物质论,这种看法的关键在于,人不在世界中占据一个特殊位置。这种自洽的自然主义是一种彻底的自然主义。施特劳斯认为,霍布斯政治学的基础不是这种彻底的自然主义,而是"另一种自然观念"。

在《霍布斯政治科学的形成》中,施特劳斯没有完成这个对于彻底分析霍布斯的政治科学来说最紧迫的任务,这个任务在很大程度上被留给了《霍布斯的宗教批判》——正如施特劳斯在信中所说,《霍布斯政治科学的形成》的结尾导向关于霍布斯宗教批判的考察。1933年7月17日,当时身在巴黎的施特劳斯告诉克吕格:

> 眼下我正在修订一篇叫 La critique religieuse de Hobbes(《霍布斯的宗教批判》)的论文,作为高级研究实习的资格论文。我趁此机会重温了我以前已知的某些东西,此外也学习了这样和那样一些我以前所忽略的东西。《利维坦》的宗教批评部分"在审美上"给人一种高尚享受:与霍布斯的讽刺相比,培尔和伏尔泰真可谓相形见绌了。总的来看,讽刺这个事实——正如书本身所告诉我们的("嘲讽者的长椅")——以某种方式成为宗教批判的中心。将讽刺与柏拉图的 παιδιαζειν[διαπαιζειν]相比较,②必将引出有趣的结果。"笑"无论如何在本质上属于所有的启蒙,不论柏拉图的还是现代的启蒙。③

---

① GS-3,191~192。
② παιδιαζειν 似为施特劳斯笔误,正确的词是括号中的 διαπαιζειν,意为"开玩笑"。
③ 施特劳斯等,《回归古典政治哲学:施特劳斯通信集》,前揭,页105~106。参施特劳斯,《哲学与律法》,前揭,页11~12,这里说道:
最激进的启蒙体会到,即虽然并非清楚地知道,但每每强烈地感觉到:由于正(转下页注)

到了12月3日，施特劳斯对克吕格说，"我关于霍布斯的宗教批判的工作离完成还远"。①施特劳斯此时即将前往英国，没有必要再上交此文。在当月31日给克莱因的信中，施特劳斯言及此文："我的工作虽始终未停却进展缓慢。我目前在写一篇关于霍布斯宗教批判的论文。"②

1934年2月14日，施特劳斯从英国写信对克莱因说："我的《霍布斯的宗教批判》一书正在继续。我在撰写霍布斯与笛卡尔的对比。"③在我们看到的《霍布斯的宗教批判》文本中，霍布斯与笛卡尔的比较位于文本尾声——倒数第二节，题为"霍布斯与笛卡尔"。可以推测，施特劳斯随后暂时搁置了此书的写作，此事与3月初在德比郡（Derbyshire）的查茨沃思对霍布斯早期文稿的阅读有关，他在4月9日写信对克莱因说："我的工作因纵情语文学而进展缓慢。关于霍布斯的宗教批判的著作还没写完。"④"纵情语文学"——对霍布斯早期文稿的阅读——促使施特劳斯着手撰写霍布斯伦理学的发展史，到10月10日，他写信对克莱因说：

> 至迟两周之内我就完成关于霍布斯的第一本著作（《霍布斯政治科学的形成》）。接着我将结束已经完成三分之二的关于霍布斯宗教批判的著作。⑤

施特劳斯后来没有完成这部关于霍布斯宗教批判的著作，信中的说法表明，如今我们看到的《霍布斯的宗教批判》大致是一部完成了三分之二的残稿。⑥

（接上页注）统的最终前提无法反驳，所有以此前提为根据的个别主张都坚不可摧。这一点，再清楚不过地表明了启蒙主要运用的斗争方式，启蒙对此斗争方式得心应手，施行得十分出色，以至于这种斗争方式——人们或许会说，仅仅这种斗争方式——决定了启蒙之于正统的胜利；这种斗争方式就是嘲讽（Spott）。借助嘲讽，如必定知道这种嘲讽的莱辛之所言，启蒙企图将正统从一个位置上"笑"出去；因为，凭圣经证据和理性证据，无法将正统逐出这个位置。

① 施特劳斯等，《回归古典政治哲学：施特劳斯通信集》，前揭，页149。
② 同上，页159。
③ 同上，页171。
④ 同上，页176。
⑤ 同上，页208。
⑥ 关于《霍布斯的宗教批判》未能完稿的原因，迈尔认为有两种解释：
其一，施特劳斯为发表第一部霍布斯专论遇到重重困难，这使得他没有干劲再用德语写一本关于霍布斯的书——在可预见的时间里落实出版的前景极其渺茫。其二，正如施特劳斯1935年12月致克吕格的信中所说，他要"暂时搁置霍布斯"，以便"先理清柏拉图主义在伊斯兰教和犹太教的中世纪时代的历史"。施特劳斯集中精力研究"柏拉图主义的历史"。[见迈尔，《隐匿的对话：施米特与施特劳斯》，前揭，页162。]
巴特莱特（Gabriel Bartlett）和闵科夫（Svetozar Minkov）猜测，这部书稿过于切中一个核心问题：现代性是解决奇迹的挑战的结果。见 Leo Strauss, *Hobbes's Critique of Religion and Related Writings*, ibid., p. xi。

第四章　霍布斯与现代世界的根基

施特劳斯在书信中说，现代自然科学对于霍布斯的意义问题导向了关于霍布斯宗教批判的考察。何以如此？《霍布斯的宗教批判》中有这样一个说法：

> 启示批判是霍布斯政治学的必要先导（Prolegomenon）：它的——实际上霍布斯全部哲学的——真正的奠基（Grundlegung）隐藏在启示批判之中。①

施特劳斯在《霍布斯的宗教批判》中最终得出的结论是，霍布斯的全部哲学立足于非启示、无神论的根基，这种根基决定了霍布斯对政治学、自然科学与启示宗教的态度，它"隐藏"在霍布斯的启示批判中。关于这种隐藏，施特劳斯在上文解释道：

> 对于霍布斯，启示信仰不只是一个偶然的错误——不管个人还是整个那些时代造成的，也就是说，它是典型的、人性本身之中既有的障碍的理想情形，这个障碍是认识真理和建构真正的国家的障碍。所以，霍布斯对启示的批判不是对应于苏格拉底-柏拉图对早前时代希腊神法（göttlichen Gesetze）的"批判"，毋宁说，启示批判对于霍布斯政治学具有智术批判（die Kritik der Sophistik），对于柏拉图政治学具有的同样的建构（konstitutive）意义。启示批判对于霍布斯本人的意义仅限于此。但是，迫于启示对他的时代——如果说不是对他的话——施加的力量，在他进行启示批判之后，对于他的批判的特征和意义具有决定性的就不仅仅是他的观点，而是也包括他的批判的对象（der Gegenstand seiner Kritik）。②

施特劳斯认为，启示的力量决定了霍布斯的批判的一个特征：霍布斯较少显明他的思想根基，而是将其隐藏在重重论证之中。③

在《霍布斯的宗教批判》中，施特劳斯由表及里"重建"了霍布斯宗教批判的层次。在施特劳斯看来，霍布斯的原初动机是摧毁启示宗教，但是，霍布斯"不想公开否决他的《圣经》信仰"。④ 因此，霍布斯的宗教批判看起来

---

① GS-3，274～275.
② GS-3，273.
③ 参阅小枫，《西学断章》，北京：华夏出版社，2014年，页171～176。
④ 参柯利，《我可不敢如此肆意著述》，王承教译，见刘小枫主编，《经典与解释：阅读的德性》，北京：华夏出版社，2006年，页82～163。

是对传统的批判,是以《圣经》的权威为基础对教会传统及其神学做出的批判。不过,这种批判显然不是真正以《圣经》为基础,它"只是假装、只是事后才以《圣经》为基础",它"事实上本来以哲学的前提为基础",这里的哲学前提是物质的一元论以及以之为基础的权力一元论。①可是,无论霍布斯如何以哲学前提重新解释《圣经》,只要霍布斯承认《圣经》的权威,他就不得不承认《圣经》关于上帝与被造物的二元论,这个学说从根本上威胁霍布斯的政治学。如此一来,霍布斯必须从以《圣经》为基础的批判进入对《圣经》的批判——霍布斯必须"动摇《圣经》的权威"。②

根据正统的理解,《圣经》是在启示中被给予的上帝之言,《圣经》的权威源于启示,因此,对《圣经》权威的批判实质上最终是对启示的批判。施特劳斯认为,"霍布斯不知道(weiss),实际上甚至不相信(glaubt)《圣经》是启示之物",③由于霍布斯不能直接宣称不信启示,他只能否定启示的可知性(Erkennbarkeit)。根据霍布斯的说法,启示的可知性或者源于教会,或者源于圣灵的内在证据,霍布斯在《利维坦》第43章反驳道:

> 关于我们为什么相信《圣经》是上帝之言,极多争议,以至于没有得到很好的说明,正如一切必然引起争议的问题一样。因为,他们不是去问我们为什么相信它,而是去问我们怎么知道它;仿佛相信与知道是一回事一样。所以,一方面将他们的知识建立在教会无错误(Infallibility of the Church)之上,另一方面将其建立在个人灵性的证据之上,两者都是强不知以为知。因为,除非事先知道《圣经》无错误,一个人如何知道教会无错误?或者,一个人如何知道他自己的个人灵性不是一个基于他的教师们的权威和言论或者基于他自己与生俱来之推断的信念?不仅如此,《圣经》中也没有任何地方能推出教会无错误;对于任何特定的教会,更不可能;对于任何特定的人,则最无可能。④

根据施特劳斯的分析,霍布斯十分清楚,要彻底动摇《圣经》的权威,仅仅反驳启示的可知性远远不够;信任经验和理性之人能通过这种抵挡启示,但是,"要攻击那些相信《圣经》的启示特征之人","霍布斯被迫不仅仅质疑启

---

① GS-3, 314.
② GS-3, 313.
③ GS-3, 324.
④ GS-3, 325.

示的可知性,也要质疑启示的可能性"。①

对启示之可能性的批判是霍布斯的宗教批判的更深层面。根据正统学说,启示的可能性源于上帝的全能和不可理解:

> 如果上帝是全能且不可理解的(allmächtig und unbegreiflich),那么,人们能够证明人关于上帝的活动的说法是荒谬的;但是,人们绝不能否定如下论断:上帝的活动是以一种人完全不可理解的方式实现的,因而,上帝尤其以一种超自然的、完全不可把握的方式造成梦境和形象,它们与想象的自然产物相反,它们的目的和内容是对人的神圣引导。换句话说:只要以上帝之不可把握的全能为前提,只要奇迹的可能性未受动摇,人们就尚未证明预言和启示之不可能。因此,启示批判进一步导向对奇迹的批判:对奇迹的批判是宗教批判的中心。②

启示批判最终要求奇迹批判,但是,奇迹的可能性以全能且不可理解的上帝为前提。施特劳斯认为,为了让信仰者放弃奇迹信仰,霍布斯"必须接过对手们的前提,在相信上帝之全能的基础上争辩"。③ 霍布斯"完全清楚奇迹的可能性无法直接反驳",④因而,霍布斯只能从结果来反驳它,霍布斯的反驳针对的是奇迹的可知性。霍布斯的反驳推论是,根据"对手们的前提",一切存在物皆出自一个不可理解的全能上帝,因此,人不能理解任何事物,从而根本不能区分奇迹与自然事物,如此一来,奇迹本身根本无法认识,任何关于奇迹的宣称都不可信。

可是,这种以全能上帝为前提的反驳带来了巨大的麻烦:

> 一旦霍布斯让自己站在信仰上帝之全能的基础上,他从一开始就放弃了使宗教批判成为可能的唯一基础。为了能够攻击启示宗教,他必须从其对手们的前提——一切存在者的根据都是不可理解的上帝——得出如下结论:无物可被理解;所以,他也必须从一开始就使自

---

① GS-3, 334. 施特劳斯在这段正文的脚注中提示读者对照《斯宾诺莎的宗教批判》的两处论述,指向以经验和理性为基础的"实定精神"(positivistische Geist)在反驳启示之时遇到的两个困难。第二处论述位于《对加尔文的批判》一章之中,这里指出的困难是,实定精神不可能对不可认识的上帝给出充分的批判。

② GS-3, 338.

③ GS-3, 343.

④ Ibid..

己否定理解任何东西的任何可能。换言之,为了反驳他的对手们,他从其对手们的前提出发,进而完全放弃了作为一个可理解的秩序的自然(Natur als einer begreiflichen Ordnung)的观念。①

在施特劳斯看来,霍布斯的反驳从根本上取消了人理解任何事物的可能性,这种做法从一开始就放弃了批判启示宗教的可能,这意味着霍布斯的宗教批判的"根本性失败"。② 但是,霍布斯并没有意识到这种根本失败,在霍布斯这里,更重要的毋宁说是这样的问题:为了反驳奇迹的可知性,霍布斯同时连根拔除了启示宗教和自然理性,从而"完全放弃了作为一个可理解的秩序的自然观念",这意味着取消自然科学的可能。对于霍布斯来说,以上述方式摧毁启示宗教势在必行,现在的任务是在此情形下建立自然科学。

施特劳斯在《霍布斯的宗教批判》中说,世界是一个不可理解的上帝的造物,这种看法与加尔文神学的看法一致,③这种立足于启示宗教的极端立场意味着世界在根本上是不可理解的,这构成了所有自然科学的根本困难。不过,施特劳斯同时说,霍布斯的这种看法并不是来自加尔文,而是来自笛卡尔。施特劳斯随后以"霍布斯与笛卡尔"为题专辟一节讨论霍布斯与笛卡尔的关系,并且将这一节看作最终揭示"霍布斯宗教批判的真正基础"的关键环节。在"霍布斯与笛卡尔"中,施特劳斯相信,根据霍布斯的自然哲学,尤其是霍布斯对笛卡尔《沉思集》(*Meditationes*)的反驳,霍布斯从不怀疑事物自身的存在,换言之,形而上学的物质论在霍布斯这里始终是不言自明的。在笛卡尔的怀疑论中,决定性的论证立足于"欺骗之神(Deus deceptor)的可能性",对于霍布斯而言,笛卡尔怀疑论的真正挑战只是这个"欺骗之神"。④至关重要的是,霍布斯之所以如此严肃对待这个论证,"是因为欺骗之神的可能性只是特别尖锐地表达了完全不可理解的上帝的可能性"。⑤施特劳斯此时认为,笛卡尔对于霍布斯的影响在于,正是由于笛卡尔的怀疑论,"不可理解的上帝"真正在哲学上构成了对霍布斯的挑战,笛卡尔的怀疑论迫使霍布斯将原初怀疑作为哲学的起

---

① GS-3, 345.
② Ibid..
③ 施特劳斯认为,霍布斯的上述观点与加尔文神学具有如下一致性:从特殊天意的极端情况(dem extremen Fall der providentia specialis)理解自然事件。见 GS-3, 344。从极端情况理解世界,这是施特劳斯对启蒙的基本特征和基本局限的判断,见施特劳斯,《哲学与律法》,前揭,页7~9。
④ GS-3, 352.
⑤ GS-3, 363.

点,笛卡尔迫使霍布斯从原初的物质论在知识论上走向"现象主义"(Phänomenalismus)。①

这种"现象主义"意味着"退到意识之中",②在霍布斯看来,"退到意识之中"意味着"退到一个不在上帝掌控中的维度",③知识或科学将在这个维度中得以重建:

> 这个维度就是意识的世界(die Welt des Bewusstseins),也就是说,一个在多大程度上由被给予人的质料构成,就在多大程度上由人自由创造的原则构成的世界。上帝或许可以任意支配自然——在极端情况下,他甚至可以消灭自然,但是,只要还有一个我(ich),就还有我对自然的表象,以及由此而来的科学的质料和基础。根据我们自己想要创造的原则——所以这些原则在更大程度上在我们的力量范围之内,而不是诸多表象(即使假设世界已经毁灭,这些原则仍然存在)——加以加工,这个质料就具备了科学的形式:即使自然被消灭了,科学的可能性依然存在,只要我还存在,只要科学的质料(给予我们的观念)以及它的形式(我们创造的知识原则)还在我们的力量范围之内。④

因此,霍布斯的知识论在根本上是一种内在论,与笛卡尔的内在论一样,这种知识论在根本上源于启示宗教,亦即不可理解的上帝导致的极端怀疑论。但是,霍布斯在一个最重要的地方坚决反对笛卡尔:霍布斯不同意笛卡尔的"理性神学"方案。因为,霍布斯不同意笛卡尔解决"欺骗之神"问题的方案,在霍布斯看来,"被上帝欺骗的可能性原则上无法排除"。⑤

由此带来的结果是,霍布斯的内在论自然哲学就不是笛卡尔式的理性神学,而是一种独立于上帝的人为创造。正是在不可理解的上帝创造的世界与人为创造的世界的二元对峙中,施特劳斯看到了追踪霍布斯宗教批判

---

① GS-3,362. 伯恩斯(Timothy Burns)认为,施特劳斯在 30 年代相信笛卡尔的怀疑论源于启示的挑战,但他后来改变了对笛卡尔的看法,认为笛卡尔的怀疑论不是神学挑战的结果。因此,施特劳斯仍然认为霍布斯的怀疑论是笛卡尔挑战的结果,但不再认为它源于神学挑战。见 Timothy Burns, "Leo Strauss on the Origins of Hobbes's Natural Science," in *The Review of Metaphysics*, Vol. 64, No. 4, 2011, pp. 844~848. 另见 Leo Strauss, *Hobbes's Critique of Religion and Related Writings*, ibid., p. x.

② GS-3,351.

③ GS-3,345.

④ GS-3,345~346.

⑤ GS-3,362.

真正基础的通道,因为,霍布斯在上述二元对峙中做出的决断,必须以一个根本取向(Gesinnung)为前提。① 也就是说,施特劳斯现在对霍布斯提出了这样的问题:倘若退到意识之中是为了建立自然科学,那么建立自然科学又是为了什么呢?

沿着这一问题,施特劳斯最终展开了对霍布斯的前科学观念的分析。根据施特劳斯的看法,霍布斯始终坚持的物质论观念"不是原初性的,而是对前科学的物体观念的科学解释的结果",这种前科学的物体观念在于,"将存在者区分为有阻力和无阻力之物(分为'物体'和'精神')"。② 但是,这种立足于阻力的存在者区分还有其原初前提:

> 因为,这种存在者区分意味着这样一种区分:它着眼于存在者——在我们通过行动作用于它之时——给我们的努力带来的阻力。然而,这意味着将存在者区分为有阻力和无阻力之物的做法立足于一个根本区分,这个区分的一方是作为存在者的我们——通过行动与世界对立的人(Menschen),另一方是我们与之对立的世界(Welt)。这个区分对霍布斯始终是决定性的。③

因此,霍布斯的一元论物质论在根本上立足于人与世界的二元论区分,这个区分是一种前科学的区分,是对于霍布斯始终具有决定性的"根本区分"。施特劳斯继而认为:

> "现象主义"也属于霍布斯的原初前提。因为,在将存在者区分为人与自然之时,人被理解成了这样一种存在者——它在自身之中具有存在者的印象,他被理解成了一种存在者——它可以利用一个"内在世界",亦即它的表象的世界,它能够从"外在世界"退到它的"内在世界"。"现象主义"和"物质主义"两者都源于霍布斯的原初前提:我们人身处一个[与我们]抵触的世界的力量之中,但是,我们以下述方式身处其中,我们能够从这个世界退到我们的内在世界。④

---

① 参 GS-3,364。
② GS-3,364.
③ GS-3,364～365.
④ GS-3,365. 霍布斯的内在论一般被称为"现象主义"。《霍布斯的宗教批判》最后一节题为《霍布斯宗教批判的基础》,任务是彻底追踪霍布斯自然哲学的前哲学基础。施特劳斯认为,现象主义不是霍布斯宗教批判的基础,它几乎不见于霍布斯的宗教批判著作,对于其宗教批判根本无关紧要。

第四章 霍布斯与现代世界的根基

在《霍布斯政治科学的形成》的尾声，施特劳斯说霍布斯政治哲学的基础不是物质论，而是另一种自然观念。正如施特劳斯在书信中所说，对这一自然观念的考察导向《霍布斯的宗教批判》，在这部书稿中，施特劳斯更细致地揭示了这一观念。① 这个自然观念就是人与世界的二元论区分——在施特劳斯看来，霍布斯全部哲学的决定性根基是人与世界的区分，在这种区分中，霍布斯将人看得高于世界。霍布斯的哲学是人的哲学，是在人与世界的区分中站在人的立场上的哲学，是身处深不可测的世界之中的人以恐惧之眼审视世界的哲学。"世界是一个完全不可理解的上帝的作品，因此它不仅阻挡人、压制人，而且完全不可理解"，这种状况对于人是一种"威胁"（Bedrohung）。②霍布斯对启示宗教的根本不满，不在于启示是一种理论上的谬误，而在于启示的世界对人构成威胁。事实上，当霍布斯以人的恐惧之眼审视世界，无论启示的世界还是自然的世界，也无论自然的世界是否具有永恒秩序，只要世界及其秩序与人的特殊幸福相抵触，霍布斯就将它们看作威胁，看作对人有敌意的世界。③在霍布斯眼中，人不应接受世界自身的秩序，而应凭自己的力量创造一个世界，创造一个人为的、适宜于人的世界。

人身处一个与人相抵触的世界，这个被深不可测的世界环伺的人具有退到内在世界的可能。人可以凭内在世界的表象和理性创造知识和事物，这一事实就是技艺（Kunst）。事情现在清楚了，当霍布斯选择退到内在世界之时，霍布斯据以做出决断的取向是"朝向技艺"，"技艺这一事实对于霍布斯哲学具有权威性"。④ 之所以如此，是因为"霍布斯的哲学是一种文明的哲学，它意在通过关于文明之条件的知识致力于保护和推进文明"⑤——在霍布斯这里，技艺的取向源于文明的取向，而文明的取向在根本上意味着以人为创造的世界应对那个与人相抵触、对人有威胁的世界，无论启示的世界还是自然世界。这一切都源于霍布斯整个哲学的根本取向，站在人的立场上面对世界的取向。

关于霍布斯对"文明之条件"的理解，仍然需要专门解释。在霍布斯看来，最高的生活不再是对世界的沉思，而是享受此世的、真实的好，霍布斯在这里与苏格拉底-柏拉图对幸福的理解决裂，他接受伊壁鸠鲁将好与快乐相等同的观点，从而将好理解为快乐。但是，霍布斯在一个关键之处拒绝伊壁

---

① 《霍布斯政治科学的形成》对这一观念有所提及，但并未展开分析。
② GS-3，365.
③ 参施特劳斯，《苏格拉底问题与现代性：施特劳斯讲演与论文集（卷二）》，前揭，页36～38。
④ GS-3，366.
⑤ Ibid..

鸠鲁对幸福的理解，施特劳斯1937年在《现代政治思想的起源》一文中谈到了这个关键问题：

> 前现代无神论的基础是对人为谋划的限度的知识：人若要幸福，必须在自身之中寻求幸福，他首先必须尽可能摆脱外在的好，摆脱所有仅仅靠自己的意志无法获得的一切好。这个看法不可能带来征服自然和对社会进行革命的任何兴趣。当人们不再信奉这种内在幸福的可能，当人们拒绝幸福（beatitudo）概念并且认为它与人的生活、与其无休止的运动和静止不相容之时，事情就发生了根本改变。如此一来，人不再被认为应该面对自足（self-sufficiency）的可能，而是被认为在本质上——亦即就幸福的核心而言——依赖于外在条件。伊壁鸠鲁会以同样的口吻说，由于死亡，每个人都生活在一个不设防的城邦中，死亡不关心我们。霍布斯的出发点则是，死亡是最大、最高的恶，最高的好无法抵消它。然而，这意味着，幸福依赖的本质条件不仅是外在的、独立于人的意志，这些条件甚至与人的意志为敌：自然使人不仅依赖于彼此，它甚至"分化"他们，使其彼此敌对。①

根据施特劳斯的看法，伊壁鸠鲁将幸福理解为内在的自足，因此，克服死亡不构成幸福的核心。对于霍布斯来说，幸福本质上"依赖于外在条件"，因此，人若要获得幸福，就必须凭借自己的力量创造幸福的条件。正是由于这个原因，施特劳斯才在《霍布斯的宗教批判》中说："霍布斯的哲学是一种文明的哲学，它意在通过关于文明之条件的知识致力于保护和推进文明。"

在《霍布斯的宗教批判》中，施特劳斯致力于揭示隐藏在启示批判中的霍布斯全部哲学的根基，毋庸赘言，这种揭示将更好地揭示霍布斯的宗教批判与政治哲学的性质。施特劳斯现在可以宣称，霍布斯的宗教批判究其根本不是理论的批判，而是一种伊壁鸠鲁主义（Epikureismus）。关于这种伊壁鸠鲁主义，施特劳斯解释说，这个伊壁鸠鲁主义主要不是"伊壁鸠鲁及其学派的学说"，而是"一种统一的、基本的态度（Gesinnung）"：

> 这个伊壁鸠鲁式态度是摆脱自然决定着人的对神圣事物和死亡之恐惧的意志，目的是凭借明智地计算摆在人面前的快乐和痛苦的

---

① 施特劳斯，《苏格拉底问题与现代性：施特劳斯讲演与论文集（卷二）》，前揭，页36。

机会,凭借小心地消除或避免一切烦恼、纷扰、痛苦而过上彻底幸福的生活。①

因此,霍布斯对启示宗教的批判在根本上基于霍布斯对此世幸福的考虑和特定理解。通过《斯宾诺莎的宗教批判》,施特劳斯表明,斯宾诺莎的宗教批判的根基并非理论真理,而是道德前提或意志决断——在施特劳斯看来,基于道德前提或意志决断对于哲学来说是致命的。通过《霍布斯的宗教批判》,施特劳斯达到了对现代启蒙之根基的理解,他让人们看到,霍布斯的启蒙在根本上同样不是基于理论真理,而是基于霍布斯关于人之生活的前科学决断,这种前科学决断袒露了启蒙的根基,这也意味着,倘若施特劳斯的判断是正确的,那么,他现在已经将古典思想和启示传统与现代启蒙争执的地基袒露在人们眼前。

就霍布斯的政治哲学而言,《霍布斯的宗教批判》也推进了《霍布斯政治科学的形成》对霍布斯政治哲学根基的考察。我们已经看到,在《霍布斯的宗教批判》中,施特劳斯更细致地分析了《霍布斯政治科学的形成》仅仅一笔带过的霍布斯的二元论自然观念。不仅如此,对于"死亡是最大的坏事"这一霍布斯政治科学的出发点,《霍布斯的宗教批判》中的分析也必不可少。施特劳斯在《霍布斯政治科学的形成》中说,霍布斯的这个观点源于通常看法,根据施特劳斯在书信中的说法,霍布斯接受这种通常看法的前提是古代宇宙论和神学的衰微。在《霍布斯的宗教批判》中,施特劳斯揭示了霍布斯这一观点的另一个前提:霍布斯拒绝内在幸福,他相信幸福本质上依赖于外在条件。正是霍布斯对于幸福之条件的考虑,共同促成了霍布斯对通常看法的接受。

三、启蒙、启示与"第二洞穴"

正如我们已经看到的那样,到 1934 年 10 月 10 日,《霍布斯的宗教批判》大约完稿三分之二,但是,施特劳斯此后没有写完这部书。《霍布斯的宗教批判》未能成书的原因很多,就思想问题而言,最重要的原因可能是中世纪的"柏拉图派"对施特劳斯的强烈吸引;受到阿维森纳启发,施特劳斯在中世纪伊斯兰和犹太传统中发现了柏拉图的真正传人,从而看到了以柏拉图

---

① GS-3, 316.

的理性主义终结"我们时代的困惑"的可能。施特劳斯在 1935 年 12 月 25 日给克吕格的信中说：

> 为了先弄清柏拉图主义(Platonismus)在伊斯兰和犹太中世纪的历史，我暂时搁置了霍布斯。这种哲学的创始人($\dot{o}$ ἀρχηγός τῆς τοιαύτης φιλοσοφίας)法拉比太让人惊叹了(ganz erstaunlich)。①

施特劳斯随后说，"这是一个我必须长时间在其中潜游的海洋"，以便对"柏拉图本身"有所理解。②

关于此事，有一个事实值得特别留意。1935 年 3 月，施特劳斯的《哲学与律法》在德国邵肯(Schocken)出版社刊行，六周以后，他致信当时身在巴黎的科耶夫，请科耶夫特别注意这本书"大胆的""导言"(Einleitung)——信中说道："在我看来，这是我写过的最好的东西。"③施特劳斯特别看重的这篇"导言"大约成文于 1935 年 2 月，晚于未完成的《霍布斯的宗教批判》。《霍布斯的宗教批判》的思想意图是"理解启蒙"，而"导言"的一个基本主题正是彻底剖析启蒙。事实上，施特劳斯对霍布斯的理解极大支撑了"导言"对启蒙的剖析，反过来说，"导言"对启蒙的剖析也深刻揭示了施特劳斯究竟如何理解霍布斯思想的性质——我们甚至可以推测，尽管施特劳斯没有写完《霍布斯的宗教批判》，《哲学与律法》的"导言"已经将《霍布斯的宗教批判》想说的事情公之于众了。④

正如我们已经看到，施特劳斯在"导言"中说，"当代所特有的全部现象"的源头都是启蒙，施特劳斯力图通过"导言"表明，现代思想的全部复杂运动都受制于启蒙，无论现代神学还是现代哲学，都深刻受制于启蒙——启蒙的

---

① 施特劳斯，《回归古典政治哲学：施特劳斯通信集》，前揭，页 258。
② 同上。参施特劳斯在 1935 年 10 月 2 日对索勒姆所说的话：
如果我有时间和精力，我想花十年工夫写一本关于《迷途指津》的书。目前我正在撰写一篇关于《迷途指津》的引论，题目是：Hobbes's political science in its development(《霍布斯政治科学的发展过程》)，它将于明年在牛津大学出版社出版。[施特劳斯等，《回归古典政治哲学：施特劳斯通信集》，前揭，页 256。]
③ 朗佩特，《施特劳斯的持久重要性》，刘研译，北京：华夏出版社，2019 年，页 219。克莱因认为这篇"导言"是"'划时代'的"，并且说：
它无疑属于你所写过的最精彩的东西。我本人对它简直无可挑剔。除了最后几页，我认为，所写一切都正确无误、不容辩驳，表达具有"经典性"，行文优美、流畅。[见施特劳斯，《回归古典政治哲学：施特劳斯通信集》，前揭，页 228～229。]
④ 这篇"导言"凝结了施特劳斯长期思考启蒙得到的主要结论，施特劳斯对霍布斯的理解对于这些结论具有决定性意义。对"导言"的一个细致而精彩的解释，见朗佩特，《施特劳斯的持久重要性》，前揭，页 219～262。

激进宗教批判和观念论哲学深刻决定了现代神学和哲学的视域。就霍布斯而言,霍布斯不仅集激进宗教批判和观念论哲学于一身,更是现代道德政治哲学的奠定者,无怪乎施特劳斯认为霍布斯比笛卡尔对于理解现代启蒙和现代思想的意义更大。

在此我们需要提到施特劳斯的一封重要书信。在1932年12月给克吕格的信的第一稿中,施特劳斯这样写道:

> "第二洞穴"——我们产生分歧的原因在于,我不可能信仰,我必须寻求一个在无信仰的情况下**生活**的可能性。这类可能性有两个:古代的,即苏格拉底-柏拉图式的;现代的,即启蒙的(别的不说,由霍布斯和康德提供出的可能性)。因而必须问:谁正确,古代人还是现代人?必须恢复古今之争。①

这封书信稿清楚地表明,施特劳斯思想的根基不是启示信仰,而是哲学理性。在紧接的一个段落中,施特劳斯明确表示:"我倾向于相信古代人的优先地位"②——施特劳斯思想的根基是苏格拉底-柏拉图式思想方式,在施特劳斯这里,真正意义上的古典思想等于苏格拉底-柏拉图式思想方式。

从30年代初期开始,"第二洞穴"概念就成为施特劳斯对现代哲学基本特征的概括,在这封书信稿的结尾,施特劳斯写道,"第二洞穴"这个词要指出的是现代哲学"不可救药的错综复杂性、暧昧性和不彻底性"。③ 在30年代初,施特劳斯连续在《当代的宗教状况》《当代的思想状况》和关于埃宾豪斯的评论中表示,古典哲学与现代哲学根本的、最重要的区别在于古典哲学的自然性,换言之,苏格拉底-柏拉图式思想方式是自然的哲思。施特劳斯之所以在古代人与现代人的争执之中倾向于古代人,最根本的原因正是古典哲学的自然性。

所谓"错综复杂性、暧昧性和不彻底性"是对现代哲学基本特征的描述,这个基本特征正是现代哲学的非自然性——它在一个非自然的"洞穴"中哲思。然而,我们应该考虑一个由此引出的问题:启蒙难道不是一场恢复自然哲思的思想行动,启蒙的哲思何以不具备古典哲学的自然性?

事实上,施特劳斯明确说过,启蒙的目的是恢复哲思的自然性,亦即恢

---

① 施特劳斯等,《回归古典政治哲学:施特劳斯通信集》,前揭,页60。
② 同上。
③ 同上,页61。

复自然的提问和回答。① 但是，由于启示传统在古代世界晚期侵入了哲学的世界，这种情况从根本上改变了哲学的处境，为哲学造成了历史性的困难，所以，启蒙必须通过针对启示传统的斗争才能重新获得自然的哲思——回到柏拉图意义上的"自然洞穴"。在 20 年代关于斯宾诺莎的研究中，施特劳斯发现，现代宗教批判最终辩护的是"理智的正直（Redlichkeit）"，②可是，这种信念恰恰是启示传统的产物。即使是最强硬的现代思想，也没有摆脱与启示传统的纠缠，"即便是在尼采身上，也遗留了基督教的东西"，在尼采批判基督教时，引导尼采的正是"(世俗化的)基督教的正直信念"。③

施特劳斯对启蒙以及由此而来的现代哲学的思想史考察，关键意图是考察现代思想的自然性或彻底性，作为这种考察的结果，施特劳斯发现了现代思想的"第二洞穴"性质，而这种发现与他的霍布斯研究密切相关。施特劳斯在 30 年代展开了大规模论述霍布斯思想的活动，十分值得注意的是，他此时站立的思想地基相对于 20 年代已经有重要变化。此时，施特劳斯已经重新发现了中世纪的柏拉图传统，根据他此时的看法，以法拉比和迈蒙尼德为代表的中世纪哲人实际上对启示宗教采取了无神论理解。

正如施特劳斯对科耶夫所言，《哲学与律法》的"导言"是大胆的。事实上，这篇"导言"对于理解施特劳斯对霍布斯的看法极为重要，完全可以说，只有结合"导言"中最大胆的观点，人们才能彻底理解施特劳斯此时对霍布斯的看法。"导言"中最大胆的观点涉及施特劳斯对启示传统的理解，根据这种理解，以法拉比、迈蒙尼德为代表的中世纪哲人并不相信创世、启示和奇迹，这些信念乃是"传统中作为冒险之言的极端表述"。④ 我们在此暂时不考虑传统何以要采取这些极端表述，这里最重要的事实是，中世纪哲人并未将这些极端表述看作传统的真正根基。施特劳斯由此给出了大胆的结论：

> 启蒙的标志正是：通过臆想的或只是所谓的对传统的"内在"批评和发展，启蒙把传统的极端（Extreme），变成了一种实际上与传统完全不相容的立场的基础。⑤

---

① 参施特劳斯，《哲学与律法》，前揭，页 8。
② 施特劳斯，《斯宾诺莎的宗教批判》，前揭，页 56。
③ 施特劳斯等，《回归古典政治哲学：施特劳斯通信集》，前揭，页 60。参施特劳斯，《斯宾诺莎的宗教批判》，前揭，页 56。
④ 施特劳斯，《哲学与律法》，前揭，页 6。
⑤ 同上，页 7。

与这个结论对应的一条注释是整个"导言"最长的一条注释,此处说道:

> 文本中提出的主张,比其乍看上去所能表达的含义要更为根本;此主张也扩展到了哲学传统,并且指出:启蒙运动——就其远非对更为古老的立场的恢复而言——从根本上把传统的极端(或抨击传统的极端),变成了一种与传统完全不相容的立场的基础。启蒙运动的意图是通过否定(或限制)超自然以复原自然;但结果却发现了一个新的"自然"基础,这个基础完全缺乏自然性,反倒像是"超自然"之残余。①

所谓"一种与传统完全不相容的立场"指的是启蒙,施特劳斯在"导言"中强调,启蒙并未理解传统的"隐秘前提",这一隐秘前提是律法的观念,更确切地说,传统的隐秘前提是柏拉图式律法观念——法拉比和迈蒙尼德理解启示宗教的主导观念正是柏拉图式律法观念。②

施特劳斯由此指出了一件极为重要的事情:由于"传统的极端"不是传统的真正根基,启蒙对传统的理解错失了传统的真正前提。在写作《霍布斯的宗教批判》之前,施特劳斯已经发现,法拉比和迈蒙尼德从柏拉图的视角理解启示传统,这种理解是哲学对启示传统的自然理解。倘若施特劳斯的判断是正确的,那么,启蒙对传统的理解就构成了"第二洞穴"的主要原因。根据施特劳斯描绘的思想史图景,启示传统历史性地侵入了哲学的世界,这种状况给哲学造成了一种非自然的、历史的困难。现代启蒙力图扫除这个历史性困难,从而恢复哲思的自然性,但是,这里出现了一个重大变故,由于现代启蒙对哲思之自然性的恢复仍然受制于启示传统,启蒙最终丧失了哲思的自然性。

在上述注释中,施特劳斯描述了启蒙受制于传统的两种方式:启蒙或者以传统的极端为基础,或者以反对传统的极端为基础。这一描述提醒人们注意,即使是针对传统的激进批判也并不意味着摆脱传统,它同样可能使启蒙受制于这种批判意图及其思想对手,从而未能站立在自然的基础上。在施特劳斯看来,由于受制于启示传统,现代启蒙就在哲学的自然洞穴之下构筑了一个"第二洞穴",此后,现代思想不仅未能超出启蒙的视域,反而由于现代神学与现代哲学的相互缠绕继续在"第二洞穴"中下沉。施特劳斯此时

---

① 施特劳斯,《哲学与律法》,前揭,页7。朗佩特认为,为了说明此处提到的观点,施特劳斯随后所举的四个例子"全部源自施特劳斯论霍布斯的书"。见朗佩特,《施特劳斯的持久重要性》,前揭,页226。

② 施特劳斯,《哲学与律法》,前揭,页11、21。

将启示传统大胆地称为哲思的历史性困难，由启示传统侵入哲学造成的思想史状况，被他看作层层累积的传统造成的障碍，在施特劳斯看来，"第二洞穴"的实质问题是现代思想受制于层层累积的传统，要走出这种层层累积的传统，就必须看清启蒙在面对启示传统之时究竟如何受制于启示传统，唯有如此，人的哲思才有可能穿透传统的障碍——历史的、人为的传统造成的障碍——回归自然的提问和可能的自然回答。①

如此一来，我们就可以理解，施特劳斯何以说他的霍布斯研究是迈蒙尼德研究的先导。这个说法表明，施特劳斯打算从一种受制于启示传统的、非自然的理性主义向柏拉图式自然的理性主义挺进。那么，与中世纪启蒙的典范迈蒙尼德相比，霍布斯的理性主义何以受制于启示传统呢？让我们回到《霍布斯的宗教批判》中的一个重要段落：

> 霍布斯针对两个经常但绝非总是相关联的传统建立了其政治科学的基础：哲学的政治学的传统，对他来说，**苏格拉底**是这个传统的创始人；以及神学的政治学的传统，这个传统诉诸**启示**。由于启示在他的时代是一个比古代政治学大得多的权威，他的攻击主要针对神学政治学的传统，更确切地说，针对它断言或确实没有彻底排除的世俗权力与精神权力的二元论。但是，在这一争执中，政治学的原初和基本主题没有进入讨论；因为，关于权力二元论或一元论的所有争执都以解释"权力"的含义、回答国家的含义和目的问题为前提；关于这个问题，霍布斯只能与哲学政治学的传统争执。因此，霍布斯的真正学说只是在他对古典古代的哲学政治学的批判中形成的。但是：倘若没有启示和对启示的否定，这种批判本是不可能的；正是启示或者说反对启示（die Polemik gegen die Offenbarung）使霍布斯不可能接受古代政治学。②

---

① 在这个意义上，施特劳斯对思想史或哲学史研究的价值做出了下述判断：

启蒙运动所主张、却又被它所抛弃的自然基础，只有以下述方式才有可能达成：启蒙反对"偏见"的斗争，尤其是由经验论和现代历史学所推进的斗争，按照其原意达成了下述目的，对传统的启蒙式批判，如尼采之所为，极端化为对传统（希腊的和圣经的）诸原则的批判，从而使得对这些原则的一种原初理解重新成为可能。因此，也只因为如此，对哲学的"历史化"才是合理的，也才有其必要：只有哲学史能使攀升出第二个"非自然"洞穴成为可能，我们陷入这个洞穴，较少因为传统本身，而是因为抨击传统的传统；我们陷入那第一个洞穴，即柏拉图用比喻描述的"自然"洞穴，以及攀升出这个洞穴而进入阳光下，则是哲学研究之本意。[施特劳斯，《哲学与律法》，前揭，页8。]

关于施特劳斯的哲学探究与思想史研究的关系，参迈尔，《施特劳斯的思想运动：哲学史与哲人的意图》，见迈尔，《隐匿的对话：施米特与施特劳斯》，前揭，页175～190。

② GS-3, 270.

第四章 霍布斯与现代世界的根基

根据施特劳斯的说法,正是启示和反对启示使霍布斯不可能接受古代政治学。这个说法意味着,倘若没有启示宗教,霍布斯仍有可能——尽管未必肯定——接受古代政治学。启示宗教如何影响了霍布斯对古代政治学的接受?在一个论述这一问题的长段落中,施特劳斯说:

> 为了评价启示批判对于霍布斯政治学具有的全部意义,人们必须想到这门科学出现的处境。由于宗教改革的结果,神学的政治学(die theologische Politik)变得比从前任何时候都可疑:神学政治学看起来必然导致宗教战争(Religionskriege)的恐怖,而不是秩序与和平。倘若要最终实现秩序与和平,人们看起来需要一种仅仅立足于对人的自足反思的政治学。古代哲学(der antiken Philosophie)已经阐述了这样一种政治学。但是,哲学的政治学(die philosophische Politik)立足于苏格拉底构想的基础,它不仅不拒绝与神学结合,而且未能(können)拒绝这种结合;无论如何,它给神学政治学提供过最危险的武器。因此,人们需要一种新的政治学,它不仅要独立于神学,而且要使未来所有时代都绝不可能回到神学政治学。换言之,人们需要的政治学,不能像古代政治学那样先于(vorherging)启示并且看起来因此无法面对启示的主张,而是从一开始就与启示的主张竞争并且因此接替了(folgte)启示。所以,启示批判不仅仅是霍布斯政治学的一个事后的、尽管必要的补充,毋宁说是它的前提,实际上是霍布斯整个哲学的前提。①

在施特劳斯看来,霍布斯的新政治学与古代政治学的处境具有一个关键差异,新政治学是一种后于启示宗教的政治学。由于古代哲学先于启示的时代,古代政治学未曾也无需面对启示的主张,因而也不能面对启示的主张,相反,新政治学必须先面对并摧毁启示的主张才能建立自身——在这个意义上,启示批判是霍布斯政治学的前提,由于古代政治学无法面对启示的主张,霍布斯无法接受古代政治学。

不仅如此,在霍布斯看来,古代政治学立足于苏格拉底构想的基础,换言之,古代政治学以主张无形实体的古代哲学观点为前提,这使古代政治学"不仅不拒绝与神学结合,而且未能拒绝这种结合;无论如何,它给神学政治学提供过最危险的武器"。因此,根据霍布斯的理解,接受古代政治学意味

---

① GS-3, 272.

着始终保留回到神学政治学的可能性，而神学政治学"看起来必然导致宗教战争（Religionskriege）的恐怖，而不是秩序与和平"。

神学政治学与宗教战争构成了霍布斯政治学的历史处境。17世纪欧洲的神学-政治状况对于霍布斯产生了十分重要的影响，这种影响的根源无疑在于，启示宗教本身具有"神学-政治性质"——启示宗教以神圣权威的名义干预国家，力求形成整体性的神学-政治秩序。在霍布斯生活的年代，欧洲各教会和各君主为了争夺神学-政治秩序的统治权而深陷混战之中，造成了欧洲社会秩序的极度动荡。在霍布斯眼中，英国内战本质上是一场宗教战争，是启示宗教的神学-政治问题在英国的反映，为了应对这一问题，霍布斯加紧了政治学研究，并且在英国内战刚刚开始之时就将一种新政治科学摆在了世人面前。正如施特劳斯所言，在霍布斯看来，新政治科学与传统政治学的显著对立在于前者要保证绝对可实行，传统政治学的根本缺陷是不可实行。施特劳斯在《霍布斯政治科学的形成》中没有充分解释霍布斯何以要求政治学绝对可实行，《霍布斯的宗教批判》在很大程度上解释了霍布斯这一想法的来源，它源于神学政治学造成的巨大社会动荡，霍布斯的新政治科学与尽快安定英国的社会秩序的想法具有深刻关联。

关于这一点，必须留意施特劳斯1937年在《现代政治思想的起源》中关于神意的论述。施特劳斯在此谈到，"一个接近两千年的传统已经使人习惯于相信他自己或者相信受到神意（Providence）保护"，① 这种观念使霍布斯不能接受生活的偶然性——人的生活"无休止的运动和静止"② ——它使霍布斯要求幸福必然能实现，这将使霍布斯进一步要求政治科学必然可实行。在施特劳斯看来，霍布斯诚然拒斥启示因而拒斥神意本身，但是，他接受了这种源于启示传统的观念，霍布斯的政治学深刻受制于启示传统。人们由此得以更深刻地理解霍布斯的政治学与传统政治学的决裂，用施特劳斯在1930年冬天的话说，霍布斯的政治学与传统的决裂"是经由更深地卷入传统之中而启动"。③

这种"更深地卷入传统之中"的情形，同样适用于霍布斯的理论哲学。正如我们已经看到，从其前科学观念出发，霍布斯始终相信形而上学的物质

---

① 施特劳斯，《苏格拉底问题与现代性：施特劳斯讲演与论文集（卷二）》，前揭，页37。
② 同上。
③ 施特劳斯，《犹太哲人与启蒙：施特劳斯讲演与论文集（卷一）》，前揭，页151。关于施特劳斯后来对霍布斯政治学与启示批判之关系的看法，见Leo Strauss, "On the Basis of Hobbes's Political Philosophy," in *What Is Political Philosophy?*, Chicago: The University of Chicago Press, 1959, pp. 170～196。

论,但是,为了驳倒启示,霍布斯必须驳倒奇迹,他为此从对手的立场出发,将世界看作一个不可理解的上帝的造物。一个不可理解的上帝迫使霍布斯从原初的物质论走向"现象主义",亦即退到意识之中,施特劳斯因此在"导言"中说,"针对奇迹的极端可能性的争辩,就变成了哲学的'观念化'转变的基础"。① 事实上,根据施特劳斯的看法,奇迹的极端可能性表达的是一个全能且不可理解的上帝的可能性,正是这种可能性在根本上迫使笛卡尔和霍布斯走向观念化……

施特劳斯在 20 和 30 年代长达十余年的霍布斯研究,基本意图是立足于哲思的自然性考察现代思想。这种考察让他发现,作为现代思想的源头和根基,尽管启蒙力求在启示传统之后恢复自然的哲思,但是,由于与启示的深度纠缠,启蒙未能在真正意义上实现其意图。由此造成的结果反而是,后启蒙时代的欧洲思想——无论哲学抑或神学——都陷入了非自然的第二洞穴。早在 1930 年冬天,施特劳斯就凝练地表达了这一问题意识:

> 迈蒙尼德的看法在某种程度上勾勒、概括了过去整整三个世纪的斗争,启蒙的斗争:为了使哲思能够在它自然的困境中成为可能,就必须把哲思的人为障碍清扫出去;必须与各种偏见进行斗争。在这点上,现代哲学在根本上不同于古希腊哲学。古希腊哲学只是与表象和意见作斗争,而现代哲学在此之前先要与偏见斗争。就这点而言,启蒙运动就是想要恢复古希腊的自由。它取得了什么呢?它取得了:回答问题的自由,而不是提问的自由,只得到说"不"的自由而不囿于传统之"是"(必死性对不朽,偶然对神意,无神论对有神论,激情对理智)。然而,从传统的"是"中解脱出来的过程却是经由更深地卷入传统之中而启动。②

正如施特劳斯在"导言"中所言,要认清启蒙与启示的纠缠,必须考虑一种极为重要的可能:启蒙或许未能理解传统的隐秘前提,而是陷入了与传统之极端的纠缠。倘若现代思想的第二洞穴源于启蒙与传统之极端的纠缠,那么,只有从根本上理解传统的真正前提,才能走出现代思想的洞穴。施特劳斯在"导言"中说,"只有新的、未曾听闻的、超越现代的思想,才能为我们消除困惑",③这种新思想的核心就是柏拉图式律法观念,它主导了迈蒙尼德和

---

① 施特劳斯,《哲学与律法》,前揭,页 8。
② 施特劳斯,《犹太哲人与启蒙:施特劳斯讲演与论文集(卷一)》,前揭,页 150~151。
③ 施特劳斯,《哲学与律法》,前揭,页 20。

法拉比对启示的理解，因而主导了一种有别于现代启蒙的中世纪启蒙，在施特劳斯看来，与霍布斯相比，迈蒙尼德和法拉比才是理性主义的典范。在写作《霍布斯政治科学的形成》和《霍布斯的宗教批判》之时，施特劳斯已经发现了这种新思想，正如他自己所言，他的霍布斯研究是迈蒙尼德研究的先导，我们现在从他的霍布斯研究转向《哲学与律法》。

第五章　犹太哲学的古今之争

1933年，德国柏林犹太科学研究院的掌门人古特曼出版了著名的《犹太哲学》。① 从1932年开始，施特劳斯受洛克菲勒基金会资助先后在巴黎和伦敦做研究。《犹太哲学》出版以后，施特劳斯在1933年9月15日对克莱因说："我写了想在我身后发表的关于古特曼的书的长篇书评。"②考虑到洛克菲勒基金会的资助恐在1934年9月30日结束，施特劳斯从1933年秋天开始争取耶路撒冷的学术任职。由于古特曼在1934年获得了希伯来大学的中世纪犹太哲学教席，索勒姆劝施特劳斯尽快发表一部犹太学著作，以争取另一个教授席位。此事促成了施特劳斯在1935年出版《哲学与律法》，他在1933年所写的"古特曼评论"遂成为《哲学与律法》的第一章，题为《犹太哲学的古今之争——评古特曼的〈犹太哲学〉》。③

从形式上看，《犹太哲学》是一部思想史著作，1933年德文版论述的范围自《圣经》时代开始，中经中世纪犹太哲学，下至启蒙时代，以新康德主义哲学家柯亨作结。施特劳斯相信，《犹太哲学》绝非只是一部思想史著作，古特曼对犹太哲学尤其中世纪犹太哲学进行解释的"真正意图"是哲学性的。④ 事实上，对古特曼哲学意图的思考从属于青年施特劳斯推进个人思想的既定计划。根据施特劳斯后来的说法，"神学-政治问题"是其哲学思想的"真正论题"。⑤在

---

① Julius Guttmann, *Die Philosophie des Judentums*, Munich: E. Reinhardt, 1933.
② 施特劳斯等，《回归古典政治哲学：施特劳斯通信集》，前揭，页127。
③ 由于施特劳斯思想在30年代发展迅速，《哲学与律法》的成书史十分重要。关于《哲学与律法》的成书史，参迈尔为GS-2撰写的"编者前言"。见GS-2, IX~XXXV。迈尔的"编者前言"是一篇关于施特劳斯这一时期思想推进的重要研究，英译本见Yaffe, M. D. and Ruderman R. S., ed., *Reorientation: Leo Strauss in the 1930s*, ibid. p. 35~59, 迈尔此文位于这部文集首篇，中译本见迈尔，《隐匿的对话：施米特与施特劳斯》，前揭，页129~149。
④ 施特劳斯，《哲学与律法》，前揭，页23。
⑤ GS-3, 8。关于"神学-政治问题"在施特劳斯思想中的核心位置，迈尔的立场最有代表性。迈尔认为"神学-政治问题"是施特劳斯思想的"核心"或"主线"。见迈尔，《古今之争中的核心问题：施米特的学说与施特劳斯的论题》，林国基等译，北京：华夏出版社，2004年，页198。可以说，从迈尔对"神学-政治问题"的解释看，"神学-政治问题"是苏格拉底-柏拉图式思想方式的一种以问题为形式的表达。

《哲学与律法》的纲领性"导言"中，施特劳斯谈到，尽管"神学-政治问题"是西方思想的传统问题，然而，正是现代启蒙造成了一个"没有出路"的"神学-政治困境"——正统与无神论的对立处境。① 直到1928年，施特劳斯仍然认为这一"神学-政治困境"根本无法解决。②

问题的关键取决于能否获得一个超出启蒙视域的更原初、更少前提的思考方式。根据施特劳斯的自述，恰恰是在完成《斯宾诺莎的宗教批判》之后不久，阿维森纳的《论科学诸部分》意外地引发了一场转向。直到《斯宾诺莎的宗教批判》，施特劳斯仍然没有摆脱一个"强有力的成见"："重返前现代的哲学已然不复可能。"③ 阿维森纳对柏拉图《法义》（Laws）的解释，启发施特劳斯发现了一条经过迈蒙尼德和法拉比最终回到柏拉图式政治哲学的思想线索：1931年5月，施特劳斯在"柯亨与迈蒙尼德"中正式尝试通过回归前现代哲学克服"现代理性主义"造成的神学-政治困境。施特劳斯相信，从批判柯亨的新康德主义哲学开始，借助迈蒙尼德的中世纪理性主义走向柏拉图式政治哲学，有可能最终揭示一个理解人类生活基本问题的原初视域：一种针对启示宗教的苏格拉底式提问方式。

正是在从柯亨返回"犹太中世主义"的道路上，施特劳斯遭遇到古特曼的犹太中世主义。正如施特劳斯所言，古特曼对中世纪犹太哲学具有"非同寻常的高度兴趣"——《犹太哲学》全书共约360页，其中245页专门讨论中世纪犹太哲学，尤以迈蒙尼德为中世纪犹太教理性主义的典范；另一方面，《犹太哲学》最后一章正是对柯亨的批判性论述。因此，单从结构上看，古特曼的《犹太哲学》也展示出一条从柯亨的新康德主义观念论返回中世纪犹太哲学的道路。同时，古特曼返回中世纪犹太哲学也基于一个至少在形式上与施特劳斯一致的"哲学意图"：借助中世纪哲学尤其是迈蒙尼德哲学突破现代启蒙造成的宗教困境。在《古特曼评论》中，施特劳斯说：

> 古特曼深知我们有向中世纪哲人学习的一切理由。为此，他最终甚至放弃讨论存在哲学，在这一点上他没有错，不是由观念论哲学向一种"新思想"的自然进步，而毋宁说是从最新的思想向古老思想的**坚决回归**，才能终结我们时代的困境。④

---

① 施特劳斯，《哲学与律法》，前揭，页20。
② 施特劳斯，《斯宾诺莎的宗教批判》，前揭，页57。
③ 同上。
④ 施特劳斯，《哲学与律法》，前揭，页33。

然而，施特劳斯同样断定，当代犹太教几乎绝不可能凭借古特曼的"宗教哲学"应对启蒙以来的现代处境，相反，只有彻底瓦解古特曼本人的"宗教哲学"，才有可能真正实现古特曼的哲学意图。在施特劳斯看来，古特曼的科学的"犹太哲学"决定性地受制于施莱尔马赫以来的宗教哲学传统，并且最终以柯亨的文化哲学为根基，因此，这种"犹太哲学"最终不仅不可能真正解决犹太教的神学-政治困境，反而遮蔽了以原初方式理解哲学与启示的张力的可能。"古特曼评论"是施特劳斯获得上述原初方式的重要努力，在这篇评论中，施特劳斯以一种"新的、未曾听闻的、超越现代的思想"与古特曼争辩，在施特劳斯看来，这种源于柏拉图的思想方式或许能消除现时代的困惑。

一、古特曼与柯亨

"一战"以后，现象学哲学在德国知识界强劲崛起。在接受卡西尔指导完成博士论文之后，施特劳斯在1922年来到弗莱堡，向同样身为犹太人的胡塞尔请教上帝问题：胡塞尔对上帝的存在不置可否，他的回答仅仅涉及一种现象学宗教哲学的可能性。① 同一年，古特曼接替陶伯勒（Eugen Täubler）执掌柏林犹太科学研究院，决定承接后者为研究院确立的"犹太科学"研究路向。施特劳斯在"古特曼评论"中指出，古特曼的犹太"宗教哲学"的哲学意图实际上在1922年发表的《中世纪和现代思想中的宗教与科学》中已经表达得十分清楚。

> 在这部著作末尾，他一方面明确指向康德，另一方面涉及施莱尔马赫，他认为"宗教哲学"的任务是就其"相对于知识和道德……的自主性"进行"宗教意识分析"，更确切地说，是"划定宗教相对于所有其他对象领域和意识领域的界限，突出特有的宗教世界及其真理"。在以此确立"宗教哲学"的任务时，他似乎认为哲学的任务主要是理解被划分为不同"领域"的"文化"。但是，现在引人注目的是，尽管古特曼显然偏爱文化哲学，但他完全有意避免使用"文化"或"文化领域"这类措辞，而宁愿选择"有效领域""真理领域""对象领域和意识领域"这些更为正式从而更少先入之见的措辞。②

---

① 施特劳斯，《苏格拉底问题与现代性：施特劳斯讲演与论文集（卷二）》，前揭，页481。
② 施特劳斯，《哲学与律法》，前揭，页23。

对古特曼哲学意图的这段剖析表明，施特劳斯在 1922 年已经认识到古特曼"宗教哲学"的前景：尽管古特曼很早就对犹太教中世纪传统具有理论兴趣，但是，康德与施莱尔马赫已经在实质上划定了古特曼"宗教哲学"的全部理论可能，古特曼力求借助现象学构想一种在胡塞尔那里并未正式出现的"宗教哲学"，以修正柯亨的观念论神学，①从而应对笛卡尔哲学引发的现代神学危机，但是，这种做法本身很可能进一步加深笛卡尔式的现代危机。在"古特曼评论"中，施特劳斯已经可以用"第二洞穴"来概括古特曼"宗教哲学"的问题性质。②此时，施特劳斯向中世纪犹太哲学的回归已经获得了一个超出柯亨体系的坚实立足点——柏拉图的神法观念。何以要依据柏拉图的神法观念理解中世纪犹太哲学，这个意义上的中世纪理性主义对于理解和应对现代神学-政治问题究竟有何意义？

对于在新康德主义知识氛围中成长起来的古特曼和施特劳斯，柯亨哲学体系的重要性不言而喻，柯亨的宗教哲学代表当代犹太思想应对现代性危机的最深刻、最系统的尝试，但这也意味着，对于魏玛时代的犹太思想而言，现代犹太哲学似乎已经在柯亨的体系中走到了尽头。因此，在形式上，对柯亨的批判是施特劳斯与古特曼回归中世纪传统的自然起点，③当然，批判柯亨的前提在于，柯亨的宗教哲学由于内在的重大缺陷无力应对犹太教的现代困境。至少，柯亨的体系已经无力阻挡韦伯"宗教社会学"在魏玛德国的胜利进军，德国精神再一次将依附于它的现代犹太思想抛入了窘境。

在新的时代精神下，古特曼力图通过批判柯亨使德国犹太思想站稳脚跟。《犹太哲学》就哲学意图而言直接来自《中世纪和现代思想中的宗教与科学》，古特曼将这个意图概括为"宗教在方法论上的内在价值"，④从这一点出发，古特曼可以忽略无关紧要的枝节，揭示柯亨体系的核心缺陷：柯亨体系的方法论基础使柯亨直到最后也无力肯定上帝的实在性（Realität）。⑤在柯亨的观念论神学中，上帝本质上被还原为一个"观念"，一个意识的规

---

① 关于胡塞尔对古特曼的影响，参 Julius Guttmann, *Philosophies of Judaism*, translated by David W. Silverman, New York: Anchor Books, 1966, p. ix.
② "古特曼评论"成文于 1933 年，正如本书前文所言，施特劳斯早在 1930 年就开始使用"第二洞穴"这一概念。
③ 施特劳斯博士论文的意图之一就是批判包括卡西尔在内的新康德主义学派，尤其是其"文化哲学"主张，见 Corine Pelluchon, *Leo Strauss and the Crisis of Rationalism: Another Reason, Another Enlightenment*, translated by Robert Howse, New York: State University of New York Press, 2014, p. 31.
④ 施特劳斯，《哲学与律法》，前揭，页 23。
⑤ 同上，页 31。另见 Julius Guttmann, *Philosophies of Judaism*, ibid., p. 415.

定,因此,虽然柯亨力求通过对康德的修正保留犹太教的独特性,但是,在柯亨这里,犹太教的独特性本质上仍然是"宗教假设"(Religiöse Postulate)——上帝的一神性、犹太教的弥赛亚主义都必须在康德的普遍伦理学中理解。[1]所以,作为犹太教独特核心的宗教性的"犹太意识",本质上只是康德观念论伦理学的"先导",是先知时代的康德伦理学。不过,对于柯亨而言,现代"德国精神"恰恰源于这种伦理的犹太教,只要作为"犹太性"的"犹太意识"致力于一种观念论转化,犹太教就能最终实现其完成形式——以观念论伦理学为内核的现代犹太教,相信犹太人与德国人具有共同的文化精神,在德国精神的康德式的观念论转化中,德国犹太教的现代危机将最终得到解决。柯亨解放现代犹太人的方案最终依赖于彻底获得普遍伦理意识的现代主体。

　　柯亨体系的核心缺陷可以用另外一种方式表达:柯亨的宗教哲学仅仅涉及"宗教经验"的主观方面,对于宗教经验的"客观方面"——尤其是"宗教对象的真实特质"——柯亨的体系无能为力。柯亨最终将启示的、超越的上帝内在地还原为伦理意识的规定,对于古特曼而言,柯亨的上帝观念清楚地体现了现代哲学相对于中世纪哲学的"根本缺陷",因为,现代哲学无力肯定一个作为外在自然创造者的上帝。柯亨的新康德主义神学在"一战"中遭到沉重打击,魏玛共和国建立这一年,正与罗森茨维格共同筹建柏林犹太科学研究院的柯亨离世……让魏玛共和国的犹太人感到困惑的是,已经获得公民权的犹太人实际上遭受的歧视正在加剧。宗教如今已是私人事务,共和国既没有理由干预德国人对犹太人日益增加的敌意,也没有理由以国家的名义引导一种对犹太人真正抱有好感的"文化",相反,对任何人怀有敌意乃是自由的德国人有权拥有的私人感情。

　　不过,对于古特曼和施特劳斯而言,即使柯亨的社会自由主义方案在现实层面行得通,它也并非对德国犹太人危机的恰当解决,相反,这恰恰意味着在根本上丧失"犹太性"。古特曼清楚地看到,柯亨的方案最终意味着用观念化的"德国性"瓦解"犹太性",在还原为伦理原则的上帝观念中,上帝的"客观方面"丧失殆尽。然而,更为困难的问题在于,柯亨的失败并不意味着有充分的理由选择诸多更为激进的解决方案,事实上,1933 年的古特曼和施特劳斯都很清楚,柯亨本身已经显明了现代犹太人危机的根源——启示与启蒙的冲突。古特曼意在超越柯亨的体系,在启蒙的时代处境下保存犹

---

[1] 参 Andrea Poma, "Hermann Cohen: Judaism and Critical Idealism," in *The Cambridge Companion to Modern Jewish philosophy*, edited by Michael L. Morgan and Peter E. Gordon, Cambridge: Cambridge University Press, 2007, pp. 80~101, esp. pp. 88~89。

太教的"犹太性",然而,犹太教的"犹太性"难道不是最终源于对启示的信仰,正统的犹太信仰难道不是信仰一个同时作为外在自然与内在灵魂创造者的上帝?如今,一切正统的犹太信仰都面临柯亨的体系所揭示的根本困难:几乎不可能在启蒙的法庭前为犹太信仰的启示根基和创世学说做出可靠的辩护,几乎不可能针对启蒙的真理证明启示的真理。在《哲学与律法》中,施特劳斯对于正统与启蒙的对立给出了一段著名结论:

> 最终,正统抑或无神论的抉择被揭示为正统抑或启蒙这一抉择的"真理"。这就是正统以敌对之眼从一开始就认识到的情形。从今往后,即使正统的敌人也不会否认这一点。由此造成的处境,这一现代处境,对于这样的犹太人似乎没有出路:他不可能成为正统派,却又必须承认,只有在无神论的基础上才可能的"犹太人问题解决方案",这种无保留的政治犹太复国主义,是一种尽管最可敬、但长远看来当真并不充分的解决。这一处境不仅看上去没有出路,而且,只要坚持诸多现代前提,就真的没有出路。①

正是这种既不可能成为正统派,又不可能寄希望于政治犹太复国主义的处境,正是正统与启蒙的两难抉择,使施特劳斯决定转向迈蒙尼德的中世纪理性主义。另一方面,古特曼基于自己对启示与启蒙之对立的理解,尝试借助中世纪犹太哲学克服现代犹太思想的困境,古特曼相信,从已经走到尽头的柯亨体系转向迈蒙尼德的中世纪哲学,可以建构一种更完整乃至更完善的"犹太科学",以超越现代犹太思想的两难处境。

二、批判文化哲学

1917年,身在"一战"前线的罗森茨维格给柯亨寄出一封信,希望后者支持他尽快在德国建立一所独立的犹太学术研究机构。罗森茨维格认为,19世纪以来兴起的"犹太科学"(Wissenschaft des Judentums)过多地受到德国历史意识的浸染,德国大学的现行体制也并不适合指导当代犹太人的信仰和生活。他希望犹太学术以更直接的方式为当代犹太人服务,从而在现代处境下为德国犹太人重建"拉比"传统。尽管柯亨在第二

---

① 施特劳斯,《哲学与律法》,前揭,页20。

年去世,柏林犹太科学院仍然在罗森茨维格和柯亨的支持下建立起来,不过,科学院的第一任掌门人是以"性格犹疑"著称的陶伯勒,陶伯勒改变了罗森茨维格建立现代拉比传统的初衷,他为犹太科学研究院制定了以历史学为主导的科学的犹太学问研究路向,意在使犹太科学尽快达到现代德国学术的水平。到古特曼继任执掌犹太科学研究院之时,罗森茨维格已经因为与陶伯勒的分歧愤然出走……①

罗森茨维格力求使犹太思想摆脱德国学术的历史学倾向,这种做法的哲学基础在他的"新思想"(neue Denken)中充分表达出来。与陶伯勒相比,古特曼更有能力在哲学上回应罗森茨维格,事实上,无论对于古特曼还是施特劳斯,罗森茨维格的"新思想"仍然是一种以犹太教形式体现出来的旧思想。如果说柯亨的上帝观念源于康德的观念论,"新思想"对于上帝存在的"直接经验"则源于施莱尔马赫所开创的现代宗教哲学传统。同时,施特劳斯相信,古特曼清楚地看到,罗森茨维格的"新思想"未能突破施莱尔马赫宗教哲学的固有难题,而且,古特曼力求借助中世纪犹太哲学对施莱尔马赫有所突破,不过,施特劳斯同样相信,古特曼由于其固有的立场未能彻底摆脱施莱尔马赫神学引发的难题。②

1799 年出版的《论宗教》集中表达了施莱尔马赫神学的主要观点,《论宗教》的副标题是"对蔑视宗教的有教养者的讲话",矛头指向康德和费希特。施莱尔马赫意在反击由康德哲学奠定的神学范式,建立一种能够克服康德神学缺陷的新神学。在第二讲《论宗教的本质》中,施莱尔马赫揭示了新神学的根本要点。第一,宗教(宇宙、上帝)本质上建基于直观(Anschauen),"它是宗教最普遍的和最高的公式"。③ 第二,对上帝的直观完全

---

① 关于柏林犹太科学研究院的创建与演变史,以及罗森茨维格与陶伯勒的分歧,参 David. N. Myers, "The Fall and Rise of Jewish Historicism: The Evolution of the Akademie für die Wissenschaft des Judentums (1919~1934)," in *Hebrew Union College Annual*, Vol. 63, 1992, pp. 107~144。施特劳斯与索勒姆的通信表明,施特劳斯对陶伯勒的学问和人品评价很低。

② 阿多里西奥(C. Adorisio)忽略了古特曼超越施莱尔马赫的意图。古特曼的努力最终并未成功的原因不在于对施莱尔马赫缺乏必要的反思,而在于古特曼未能从根本上突破"文化哲学"的视域,参 C. Adorisio, "Philosophy of Religion or Political Philosophy?: The Debate between Leo Strauss and Julius Guttmann," in *European Journal of Jewish Studies*, Vol. 1, No. 1, 2007, pp. 135~155。关于笛卡尔与康德的主体哲学给古特曼与施莱尔马赫"宗教哲学"造成的困境,参 Samuel Moyn "From Experience to Law: Leo Strauss and the Weimar Crisis of the Philosophy of Religion," ibid.

③ 见施莱尔马赫,《论宗教:对蔑视宗教的有教养者的讲话》,前揭,页 33 的说法:
　　对宇宙的直观(Anschauen des Universums),我请你们熟悉这个概念,它是我整个讲演的关键,它是宗教最普遍的和最高的公式,你们可以在我讲演的每个地方发现这个概念,宗教的本质和界限(ihr Wesen und ihre Grenzen)可以据此得到最准确的规定。

不以思想（康德式的知性或实践理性）为中介，宗教的全部根基是个别的、直接的直观对宇宙的"直接经验"（unmittelbaren Erfahrungen）。①

凭借一种最终以经验为绝对基础的上帝观念，施莱尔马赫在后康德时代开创了一个"内在化"的现代神学传统，这个传统从一开始就具有将"神性"收归"人性"的倾向，因此，施特劳斯和古特曼都清楚地看到，无论是作为其基督教形式的存在主义神学，还是作为其犹太教形式的罗森茨维格的"新思想"，实质上都是施莱尔马赫神学更为激进的表现方式。② 所以，从柯亨的新康德主义神学向罗森茨维格和存在主义的推进，实质上不过是在重演施莱尔马赫力求实现的对康德宗教哲学的推进。于是，随着"新思想"和存在主义神学将施莱尔马赫的"内在化"传统进一步推向极端，施莱尔马赫当初用来克服康德神学的"人性"概念的内在难题也被推向了极端：

> 人性本身对你们而言就是真正的宇宙，其他的一切只有当它们同人性有关联并环绕人性时，你们才把它们算作是这个宇宙。③

倘若犹太教独特的"犹太性"正是肯定一个外在的、超越的上帝，或者说，倘若正统信仰的根基正是在启示中现身的上帝与外在世界的创世关系，那么，无论是凭借罗森茨维格的"新思想"，还是从"新思想"上溯到施莱尔马赫的"直接经验"，都无法挽救在柯亨那里已经丧失的犹太教的"客观方面"，从而使正统信仰真正站稳脚跟。

正是在这个意义上，施特劳斯相信，古特曼已经清楚地看到柯亨相对于罗森茨维格的优越性，"存在主义甚至失去了对创世学说原初含义

---

① 施莱尔马赫，《论宗教：对蔑视宗教的有教养者的讲话》，前揭，页34。
② 关于罗森茨维格"新思想"与存在主义的关系，洛维特的研究具有开创意义。洛维特敏锐地探察到罗森茨维格的"新思想"与海德格尔的"新思想"之间"并不广为人知"的联系：这一联系的共同基础是，两者都力求摆脱实证主义和德国观念论传统，使人的思考从此在的"实际性"（Faktizität）出发。见 Karl Löwith, *Heidegger-Denker in Dürftiger Zeiter: Zur Stellung der Philosophie im 20 Jahrhundert*, Stuttgart: Metzler, 1990, s. 72. 施莱尔马赫对海德格尔存在论的影响十分深刻，海德格尔极为看重施莱尔马赫的《论宗教》，甚至在一次聚会场合朗诵过《论宗教》第二讲《论宗教的本质》。关于"宗教经验"对于早期海德格尔现象学的建构意义，见 Theodore Kiesel, *The Genesis of Heidegger's Being and Time*, Oakland: University of California Press, 1995, pp. 80～108. 同时，海德格尔哲学受到新教神学的深刻影响，这一点对于理解施特劳斯的海德格尔评价十分重要。施特劳斯对海德格尔的一个关键批评涉及的正是海德格尔与《圣经》传统的关系，施特劳斯认为海德格尔的此在解释由于受制于后者而在哲学上不够彻底。参维克利，《论源初遗忘：海德格尔、施特劳斯与哲学的前提》，前揭，页69～73。
③ 施莱尔马赫，《论宗教：对蔑视宗教的有教养者的讲话》，前揭，页52。

的记忆",①相反,尽管柯亨神学具有康德道德神学的固有缺陷,

> 但是,多亏与康德的联系,观念论哲学最清楚地记得"创世思想",尽管它"不(会)立即从神学上解释世界的起源",但它仍然首先涉及"上帝与世界的关系",上帝与外在于人的自然的关系。柯亨超出了其他所有人,不仅不容许模糊这一事实,而且甚至将它作为其神学讨论的起点:这种(当然只有从道德意识出发才能真正理解的)上帝观念与自然的"因果存在"有必然联系。因此,这表明观念论哲学在一个决定性的,甚至可以说唯一决定性的要点上优于存在主义:它由于对创世学说原初含义的记忆而优于存在主义。②

不过,一个十分清楚的事实仍然是,对于创世学说的原初含义,柯亨"只是尚且记得,却不再相信了",用古特曼的话说,柯亨无力"将上帝作为事实来理解"。③ 因此,正是当代宗教哲学的内在困境,必然要求古特曼从柯亨开始,越过康德和施莱尔马赫的神学传统,回到那种更有能力肯定上帝观念"客观方面"的中世纪犹太哲学。然而,施特劳斯现在要表明,由于在根本上几乎全盘受制于现代哲学的诸多前提,古特曼对中世纪犹太哲学的回归本质上并非对中世纪理性主义真正原初的回归,它事实上无力借助对中世纪理性主义的理解将启示与启蒙的对立还原到一种原初的、自然的提问方式中。

古特曼认为,由于中世纪理性主义不是以认识论为取向,而是以形而上学为取向,因此,中世纪犹太哲学更有能力在自然学与形而上学上考虑上帝的实在性,这种肯定上帝"客观方面"的"有启示信仰的理性主义"构成了中世纪犹太哲学的独特成就。然而,对于这种"有启示信仰的理性主义",古特曼认为应该在下述问题意识中加以理解:对于与科学意识相对的宗教意识的独立性,以及反过来,与宗教意识相对的科学意识的独立性,它"第一次提出了应该如何维护两者,从而将这两种独立性结合在一种真理意识的统一性中"的问题。④ 在这个意义上,古特曼回归迈蒙尼德的真正哲学意图是,基于对真理意识的内在划分寻找一种协调启示与理性的可能。

因此,古特曼实际上拒绝以非反思的方式真正接受中世纪哲学对启示宗

---

① 施特劳斯,《哲学与律法》,前揭,页31。
② 同上。
③ 同上。
④ 同上,页47。

教"客观方面"的肯定,事实上,古特曼所寻求的是对上述肯定性"宗教意识"的描述和分析,因此,古特曼的犹太科学的方法论根基所要求的是一种"宗教意识分析",而非重建"宗教意识"本身或者像中世纪哲人那样肯定在"宗教意识"中被给予的客观上帝。在施特劳斯看来,古特曼的做法实际上"以抛弃对启示权威的信仰为代价",①究其根本而言,古特曼同样无力肯定上帝的实在性。古特曼的"宗教意识"是施莱尔马赫的"宗教经验"的对应物,对宗教意识的分析以"宗教意识"为前提,这意味着,在古特曼这里"神性"最终仍然以"人性"的某个部分为中介和场所,是在"人性"中被给予的东西。

对于施特劳斯而言,古特曼显然未能在实质上突破施莱尔马赫神学的固有难题。事实上,由于施莱尔马赫的宗教"经验"在决定性的方面受制于康德的"经验"概念,因此,它是在宗教领域对康德知识论的完成,而非对康德的彻底突破。康德批判哲学对知识领域的划分,是柯亨新康德主义文化哲学的决定性来源,虽然古特曼有意避免用"文化领域"界定宗教,但是,"有效领域""真理领域"这类措辞已经表明,古特曼"宗教哲学"的最终方法论根基仍然是柯亨的体系。对于正统与启蒙的抉择,古特曼希望凭借宗教意识与科学意识的划分加以调和,这一做法完全停留在启蒙的视域内。对于古特曼而言,在后启蒙时代接受启示的权威已经不再可能,事情的关键在于宗教与科学各自意识到自身的"有效领域"和"真理领域",即使这必然以"放弃对启示权威的信仰为代价,以犹太教'生活方式'的巨大牺牲为代价"。因为,古特曼的信念是:

> 对犹太教的科学认识恰恰是犹太教的自我确证行动。犹太教在现代世界受到前所未有的威胁——这毫无疑问;然而,与其说犹太教的科学的自我认识是其病症,不如说这是减轻甚至治愈此病的最佳方法。犹太教无法通过必然是幻想式地退回到反思背后,而只能通过将反思本身坚决贯彻到底来克服危险,犹太教陷入这种危险是由于反思对原初性的胜利:从今往后,只有最不原初、最不天真的提问才适合保存原初事物。②

三、中世纪的柏拉图派

古特曼无疑属于自19世纪真正兴起的"犹太科学"在当代的伟大代表,

---

① 施特劳斯,《哲学与律法》,前揭,页27。
② 同上。

然而，古特曼的"问题提法"决定性地受制于康德、施莱尔马赫甚至韦伯的启蒙视域。① 在《犹太哲学的古今之争》中，施特劳斯说，古特曼诚然希望以理性方式保存犹太传统，但是，他毫不犹豫地将这个任务交给了作为宗教意识分析的"宗教哲学"，结果，"宗教真理问题作为理论的真理意识与宗教的真理意识之间的相互关系就成了'宗教哲学'的核心问题"，中世纪哲学则是这个意义上的"宗教哲学"的"萌芽"：

> 所以，他的描述给人的印象是：对于中世纪的理性主义者而言，传达真理而非宣示律法，才是启示的首要目的。而且，因为在这些理性主义者看来，启示所传达的真理，无助的理性也可以获知，如此便产生了更为可疑的印象：这些哲人最终确实将一种纯粹的民众教育意义归于了启示，而启示为共同体奠基、为国家奠基的（staatsgründende）意义，在古特曼那里，则变成了一种次要目的。因此，由于这种对中世纪哲人的主导思想的误判，正是古特曼的现代式问题提法的后果，而执着于这种问题提法，又是一种信念的后果：现代哲学对于中世纪哲学具有某种优越性。所以，我们想指出，中世纪哲学史家的正确做法应该是，至少启发式地假定中世纪哲学无条件地优于现代哲学。②

中世纪哲学如何可能"无条件地优于现代哲学"？根据思想史家对中世纪哲学的看法，以迈蒙尼德和法拉比为代表的中世纪哲人是亚里士多德哲学的传人——他们是犹太和伊斯兰的亚里士多德派，倘若如此，施特劳斯岂不在说，亚里士多德哲学无条件地优于现代哲学？

正如我们已经提到，写完《斯宾诺莎的宗教批判》之后，施特劳斯曾在1930年写信告诉克吕格，他的思考的固有核心是启蒙问题。1931年，克吕格在关于《斯宾诺莎的宗教批评》的书评中表明：这部作品的意图是对启蒙的根本讨论，"启蒙本质上将自身理解为对启示宗教的批判"，③但是，启蒙针对启示宗教的激进态度并非哲学面对启示的自然态度。

哲学是人凭靠自身获取真理的最根本方式，在哲学面对的所有挑战中，

---

① 关于古特曼与韦伯，参 Philipp von Wussow, "Leo Strauss and Julius Guttmann: Some Remarks on the Understanding of *Philosophy and Law*," in *Idealistic Studies*, Vol. 44, Issues 2 & 3, 2014, pp. 297~312.
② 施特劳斯，《哲学与律法》，前揭，页53~54。
③ 施特劳斯，《斯宾诺莎的宗教批判》，前揭，页496。

启示的挑战最根本,也最彻底——以自然理性为全部依托的哲学,究竟应该对启示采取何种态度,自然理性就其自身而言应该如何对待启示宗教?

在《斯宾诺莎的宗教批判》中,施特劳斯以迈蒙尼德与斯宾诺莎对峙,这场对峙的实质是亚里士多德科学与笛卡尔科学的对峙。根据施特劳斯此时的看法,迈蒙尼德以亚里士多德式科学为基础,对于迈蒙尼德来说,世界的明显秩序指向创世的可能,同时,先知灵魂中的"想象"部分使他们可以经由能动理智接受上帝的启示。如果这种亚里士多德式科学优于笛卡尔-斯宾诺莎式的现代哲学,那么,与斯宾诺莎对启示的激进批判相比,迈蒙尼德对哲学与启示的调和似乎更有道理。但是,施特劳斯在《斯宾诺莎的宗教批判》中承认,迈蒙尼德并不认为亚里士多德式科学可以最终证明创世和启示的真实性——"迈蒙尼德哲学原则上并且始终基于犹太教",①基于历史传统所认可的启示。这种不成功的托马斯主义调和路线让施特劳斯感觉到,回归前现代哲学是不可能的。②

在柏林国家图书馆,阿维森纳的《论科学诸部分》让施特劳斯恍然大悟:中世纪哲人在根本上不是亚里士多德派,而是柏拉图派!这件事情的根本原因在于,以法拉比和迈蒙尼德为代表的中世纪哲人对哲学自身采取了柏拉图的理解,正是由于这种理解,中世纪哲学才成为"有启示信仰的理性主义"。

在《哲学与律法》中,施特劳斯使迈蒙尼德向其伊斯兰前辈靠拢,施特劳斯此时认为,迈蒙尼德与伊斯兰亚里士多德派的先知论在本质上是一致的,只有理解了以法拉比为代表的先知论,才能恰当地理解迈蒙尼德的先知论。正是在先知论中,启示成为哲学研究的主题,中世纪的伊斯兰亚里士多德派正是在先知论中以哲学方式奠定了启示的正当性。可是,问题恰恰在于,中世纪哲人为什么要为启示奠定正当性?

施特劳斯发现,伊斯兰亚里士多德派之所以接受启示,是因为他们相信哲人就其自身而言需要启示:正是柏拉图哲学——而非亚里士多德哲学——让他们理解了这种需要。施特劳斯对这种需要的解释,导向了《哲学与律法》的根本结论。根据施特劳斯的看法,伊斯兰亚里士多德派相信,哲人可以凭借自然理性认识先知传达的所有理论真理,但是,哲人在一件至关

---

① GS-1, 213~214.
② 关于施特劳斯的"迈蒙尼德回归",目前最全面的研究是 Kenneth Hart Green, *Jew and Philosopher: The Return to Maimonides in the Jewish Thought of Leo Strauss*, Albany: State University of New York Press, 1993,关于《斯宾诺莎的宗教批判》对迈蒙尼德的理解及其困难,见 pp. 67~92。

重要的事情上需要先知：哲人需要先知的律法。伊斯兰的亚里士多德派认为，人在本性上是政治动物，因而需要针对共同生活的律法：

> 事实上，有两种律法，从而也有两种立法者：第一种律法的任务，无非是使一种和平的共同生活成为可能，从而只针对身体的幸福；而第二种律法不仅以身体幸福为目的，也同时以灵魂的幸福即完美为旨归。第一种律法是人性的律法。与此相对的律法，以灵魂的完美，更准确地说，以理智的完美为旨归，而且只为了这种人所特有的完美，并以此为前提，才追求身体安康，这种律法是**神性的**律法，它的宣告者只可能是**先知**。然而，先知无法为理智的完美给予正确指示，换句话说，先知无法唤起并教育适合从事哲学的人来研究哲学，除非他本人就是哲人。因此，先知必须**也**是哲人。事实上，如果由先知所给予的律法要对所有哲人都具有约束力，那么，先知就必须拥有完全的哲学洞见。但先知应当不**啻**是哲人；因为哲人本身不适合当立法者，因为立法的技艺以想象力的完美为前提，这种想象力不仅不是哲人的标志，亦非哲人所必需，相反，甚至会妨害哲人。所以，先知是集导师和管理者、哲人和立法者于一身的人。而且，因为若无预知未来和行奇迹的能力，先知就不可能成为管理者，所以，先知是集哲人-立法者-预言家-行奇迹者（Philosoph-Gesetz geber-Seher-Wundertäter）于一身的人。①

在伊斯兰亚里士多德派看来，哲学生活是人的最高生活，但是，人要过这种生活，需要一个不仅以身体的幸福为目的，也同时以理智的完善为目的的共同体，对于这种共同体的律法，哲人尽管能够认识其"整体原则"，却不能给予"具体的个别规定"并将它们神圣化。

施特劳斯发现，律法观念才是中世纪哲学的"主导观念"，引导中世纪律法观念的则是"原初的、古典的、作为统一而又整全的人类生活秩序的律法观念"——中世纪的伊斯兰和犹太哲人归根结底"都是柏拉图的学生，而非基督的门徒"。② 从整全的人类生活秩序出发，柏拉图考虑到以理智的完善为目的的城邦对神法的需要，从而考虑到哲人与神法的关系，正是凭借柏拉图的观念，中世纪哲人形成了对先知及其启示的看法：

---

① 施特劳斯，《哲学与律法》，前揭，页 51～52。
② 同上，页 54～55。

> 按照伊斯兰亚里士多德派的学说——此学说尤其经迈蒙尼德移植而进入了犹太教,先知作为集哲人和立法者于一身的人,就是某种律法的宣告者,而律法的目的在于人所特有的完美。然而,任何律法都以使共同生活成为可能为目的。因此,先知是某一致力于人的真正完美的社会的缔造者,故而先知也是理想国家的缔造者。理想国家的典范式构想是柏拉图式的城邦(Staat)。①

由此可以清楚地看到,中世纪哲人理解人类生活和哲学自身的最高视角是柏拉图哲学,而非亚里士多德哲学。

施特劳斯断言,伊斯兰亚里士多德派及其犹太后学在根本问题上追随柏拉图,中世纪哲人与柏拉图的最大差异仅仅在于:中世纪哲人相信,柏拉图最初针对神法在理论上所作的预示,在先知借助启示创立的国家中成为了现实,有预言能力的先知实现了柏拉图最初只能在理论上构想的国家。正如施特劳斯所言,伊斯兰亚里士多德派甚至明确以柏拉图哲学为纲领理解先知的律法,"他们将先知理解为柏拉图式的城邦的缔造者,理解为柏拉图式的哲人-王"。② 启示的现实性使中世纪哲人的律法哲学不再具有"柏拉图政治学的尖锐、淳朴、深刻与模棱两可",柏拉图最初就此进行的追问和探索被中世纪哲人"抹掉了",由于这个原因,这些哲人被误认为亚里士多德派,而非柏拉图的学生——只是以柏拉图的政治哲学为前提,中世纪哲人才能在律法之下安心探究自然学和形而上学真理……

施特劳斯于1933年9月完成了"古特曼评论",本来打算留到身后发表,几经犹豫,他在1934年将文章寄给了古特曼。结果出人意料,古特曼为此欣喜,并且愿意尽力促成文章的发表。为了到耶路撒冷的希伯来大学找工作,施特劳斯将此文与另外两篇文章集结起来,并且新写了一篇"导言",在1935年以《哲学与律法》为题公开出版。这使我们有机会清楚地看到施特劳斯到1935年为止的思考。此时,施特劳斯已经摆脱了《斯宾诺莎的宗教批判》面临的根本思想困境,借助柏拉图对整全人类秩序和美好生活的理解,施特劳斯突破了对前现代思想的亚里士多德式理解,从而终于确信:前现代思想决定性地优于现代思想,回归前现代思想不仅必要,亦有可能。

不过,要彻底理解施特劳斯的《哲学与律法》,仍然需要考虑两个至关重

---

① 施特劳斯,《哲学与律法》,前揭,页55。
② 同上,页55。

要的问题。倘若以法拉比和迈蒙尼德为代表的中世纪理性主义者本质上以柏拉图的政治哲学看待启示宗教,那么,这种看法已经不再是正统观点——至少在索勒姆眼中,《哲学与律法》的根基是一种无神论立场。正如《哲学与律法》大胆的"导言"所言,创世和奇迹只是犹太教传统中的"冒险之言",在传统的代表者迈蒙尼德这里,这些冒险之言是极端情况,而非犹太教的基础。① 由此我们可以看到,1935 年的施特劳斯对启示宗教已经采取了一种比较激进的理性主义观点。施特劳斯最初在 1931 年的"柯亨与迈蒙尼德"中开始表达这种观点,在《哲学与律法》中,他延续了这一观点——《哲学与律法》第三章"律法的哲学奠基——迈蒙尼德的预言学说及其来源"仅比"柯亨与迈蒙尼德"晚两个月。在"律法的哲学奠基"中,施特劳斯几乎原样重复了"柯亨与迈蒙尼德"的一个关键段落:

> 人的幸福和真正的完美在于纯粹的沉思和理解,在这一点上柏拉图的学说比亚里士多德的学说具有稍多的确定性。柏拉图与亚里士多德的根本差异仅仅在于他们将理论作为人的最高完善时采取的方式。亚里士多德赋予它完全的自由;更确切地说:他为它保留其自然的自由。相反,柏拉图**不允许**哲人做"他们如今被允许之事",亦即将哲学生活作为在对真理的直观中打坐。他"**强迫**"他们为别人操心并看护别人,以使国家成为现实的国家、真正的国家(《理想国》519d-520c)。在对美、正义和善本身的直观中,哲人使自己超出感性世界之上,他生活并且愿意生活在直观中,建国者的命令——它首先考虑整体的秩序而非部分的幸福——将哲人召回(zurückgeholt)国家中,并绑回(zurückgebunden)在国家上。②

正是施特劳斯对迈蒙尼德的理解,引出了我们要在此考虑的第二个问题。如果说中世纪哲人都是柏拉图政治哲学的学生,那么,直到 1935 年,施特劳斯都尚未弥合迈蒙尼德与伊斯兰哲人之间的一道裂缝:

> 关于迈蒙尼德的先知论,尤其需要澄清的是:其中处处透露出来的政治倾向,何以没有像伊斯兰亚里士多德派的先知论那样,以同样的方式淋漓尽致地表现出来;这一事实的缘由正在于:与其伊斯兰导师不

---

① 施特劳斯,《哲学与律法》,前揭,页 7~8。
② 同上,页 119。

同,对于迈蒙尼德而言,启示还具有传达教诲的功能,而理性无法充分保证做到这一点。①

这个段落表明,施特劳斯此时仍然为迈蒙尼德保留了启示作为理论真理的意义。然而,在1935年以后,施特劳斯笔下的迈蒙尼德迅速向法拉比靠拢,在50年代给索勒姆的一封信中,施特劳斯写道:

> 可以说,针对古特曼的温和理性主义,我曾经走在超越犹太托马斯主义通向彻底的"理性主义"的道路上。②

所谓"犹太托马斯主义"是什么意思,施特劳斯的"彻底的理性主义"又是怎么回事?为了探讨这一问题,我们继续围绕《哲学与律法》展开探讨。

---

① 施特劳斯,《哲学与律法》,前揭,页58,参页44~46、89~93。
② 施特劳斯等,《回归古典政治哲学:施特劳斯通信集》,前揭,页379。

第六章　回归中世纪柏拉图传统

大约在1929年或者1930年，施特劳斯在柏林国家图书馆读到阿维森纳的《论科学诸部分》，由此引发了施特劳斯思想的一次"意外"的转向，从阿维森纳这里，施特劳斯发现了一个回归"前现代理性主义"的地基。直到《斯宾诺莎的宗教批判》成书之时，施特劳斯尚未发现这个地基，正如施特劳斯多年以后所言，《斯宾诺莎的宗教批判》仍然相信，不可能回归前现代哲学。尽管施特劳斯已经在书中将迈蒙尼德的中世纪启蒙与斯宾诺莎的现代启蒙对峙，但是，此时他笔下的迈蒙尼德仍然是一个亚里士多德主义者，迈蒙尼德的理性主义也仍然是一种犹太教形式的经院哲学。凭借阿维森纳对柏拉图《法义》的理解，施特劳斯发现，迈蒙尼德及其伊斯兰前辈的中世纪理性主义真正的地基是柏拉图的政治哲学。

从30年代开始，施特劳斯在这个地基上坚决向前现代理性主义回归。1931年5月，施特劳斯在柏林做了题为"柯亨与迈蒙尼德"的报告，三天以后，他写信对克吕格说：

> 我在这个报告中第一次发表了我关于伊斯兰-犹太经院学（die islamisch-jüdische Scholastik）的命题（它是在柏拉图的国家和法划定的框架内理解启示的）。①

在"柯亨与迈蒙尼德"中，施特劳斯最早公开表达了如下观点：以迈蒙尼德为典范的犹太中世纪理性主义者是以柏拉图的思想方式理解理性与启示的关系的。

---

① 施特劳斯等，《回归古典政治哲学：施特劳斯通信集》，前揭，页12。这封信提到了柯亨20多年前的论断：迈蒙尼德在根本上是柏拉图派（Platoniker），不是亚里士多德派（Aristoteliker）。不过，施特劳斯在报告中表明，柯亨出于错误的理由得出了正确的论断，柯亨之所以认为迈蒙尼德是柏拉图派，是因为柯亨相信柏拉图和迈蒙尼德都将实践科学置于理论科学之上。关于柯亨对迈蒙尼德的解释，参 Hermann Cohen, *Ethics of Maimonides*, translated by A. S. Bruckstein, Madison: University of Wisconsin Press, 2003.

"柯亨与迈蒙尼德"标志着一个思想起点,由此展开了一条从迈蒙尼德、法拉比的"中世纪理性主义"追溯到柏拉图式理性主义的思想线索,更确切地说,从30年代初期开始,施特劳斯思想的一条重要线索是迈蒙尼德和法拉比的"柏拉图主义",这条线索事实上是施特劳斯这一时期思想探索的中心。

不过,由阿维森纳引发的这次思想转向,并非没有经历重要变化。在1952年6月22日致索勒姆的信中,施特劳斯说自己"曾经走在超越犹太托马斯主义通向激进'理性主义'的道路上"。① 这个说法表达的意思是:从30年代初开始,施特劳斯逐渐从关于中世纪哲学的亚里士多德式解释转向柏拉图式解释,并且在1935年以后对迈蒙尼德做出了彻底的理性主义理解。当施特劳斯在1937年底从欧洲远赴美国之时,他怀揣的正是这里所说的彻底的理性主义,这是一种尤其由法拉比所代表的柏拉图式思想方式,这也是施特劳斯欧洲时期思想的落脚点。

一、迈蒙尼德的"托马斯主义"

施特劳斯对迈蒙尼德的"重新发现"是20世纪犹太学术一个令人振奋的突破,凭借对迈蒙尼德长达半个世纪的解释,施特劳斯在很大程度上改变了学术界看待迈蒙尼德与中世纪犹太传统的方式。

施特劳斯在20年代已经将目光转向中世纪犹太哲学。据施特劳斯的朋友派恩斯(Shlomo Pines)说,施特劳斯"在这个时期已经熟悉柏拉图的《法义》,并且开始发现中世纪犹太哲人及其伊斯兰前辈。他由此逐渐得出结论,迈蒙尼德是一个比斯宾诺莎深刻得多的思想家"。② 施特劳斯对迈蒙尼德的解释行动长达半个世纪,《斯宾诺莎的宗教批判》是这场解释行动的第一个阶段,施特劳斯由此开始从斯宾诺莎转向深刻得多的迈蒙尼德。③

尽管施特劳斯没有明言,《斯宾诺莎的宗教批判》对迈蒙尼德的解释显然带有向迈蒙尼德回归的意图。作为中世纪理性主义者的典范,迈蒙尼德似乎是一个接受了启示信仰的理性主义者,因此,迈蒙尼德对理性与启示做

---

① 施特劳斯等,《回归古典政治哲学:施特劳斯通信集》,前揭,页379。
② Kenneth Hart Green. *Leo Strauss and the Rediscovery of Maimonides*, Chicago and London: University of Chicago Press, 2013, p. XIX.
③ Kenneth Hart Green, *Jew and Philosopher: The Return to Maimonides in the Jewish Thought of Leo Strauss*, ibid., p. 67.

出了调和。施特劳斯在《斯宾诺莎的宗教批判》中对迈蒙尼德的解释基于如下考虑:如果迈蒙尼德的前现代理性主义优于斯宾诺莎的理性主义,那么,迈蒙尼德对启示的接受就比斯宾诺莎的激进批判更有道理。

在《斯宾诺莎的宗教批判》中,施特劳斯接受了当时学界关于迈蒙尼德哲学的定见:迈蒙尼德哲学的根底是亚里士多德哲学。因此,施特劳斯此时从亚里士多德哲学出发对迈蒙尼德与启示的关系做出了解释,这种解释可以归结为两个方面。第一,迈蒙尼德认为,世界的明显秩序指向创世的可能。第二,在亚里士多德哲学中,包含一个与现代主体论对应的知识论,这一知识论的基础是亚里士多德对灵魂能力的分析。从亚里士多德的灵魂论出发,迈蒙尼德相信,灵魂的理智部分可以接受主动理智的流溢,灵魂的想象部分尤其适合直接接受先知启示的真理。施特劳斯认为,迈蒙尼德与斯宾诺莎的对峙本质上是亚里士多德式知识论与笛卡尔式知识论的对峙,这场对峙的胜负取决于如下问题:亚里士多德式知识论是否优于笛卡尔式知识论,或者说,前者是否比后者更科学(more scientific)?[1]

施特劳斯此时对此问题给出了肯定的回答,这一回答意味着,迈蒙尼德对启示的接受比斯宾诺莎的激进批判立足于更坚实的基础。根据施特劳斯的说法,迈蒙尼德与斯宾诺莎哲学的共同出发点都是,哲学生活是人的最完善生活,就此事而言,迈蒙尼德没有丝毫含糊。迈蒙尼德对启示的兴趣或接受以充分的理性主义为前提,从充分的理性主义出发,迈蒙尼德调和了哲学与启示的矛盾。由此我们可以看到,施特劳斯此时看到的迈蒙尼德哲学是托马斯主义的犹太形式。

然而,施特劳斯也意识到,这种托马斯主义的迈蒙尼德解释面临不少困难,最根本的困难在于,这种解释将使迈蒙尼德哲学包含一个根本矛盾:亚里士多德哲学相对于笛卡尔哲学的优越性归根结底是一种相对的优越性,这并不意味着亚里士多德哲学本身绝对与启示相容——例如,就理性与启示争论的基本问题来说,亚里士多德相信世界恒在论,亚里士多德并不认为世界的明显秩序证明了创世论。施特劳斯十分清楚上述矛盾,因此,他在《斯宾诺莎的宗教批判》中只能主张,迈蒙尼德的最终前提不是自然理性,而是"既定的犹太立场",[2]迈蒙尼德对启示的接受最终基于历史和传统。施特劳斯由此得出结论,迈蒙尼德首先是一个犹太人,然后才是一个哲人,迈蒙尼德只是用理性科学为传统信仰辩护。

---

[1] Kenneth Hart Green, *Jew and Philosopher: The Return to Maimonides in the Jewish Thought of Leo Strauss*, ibid., p. 77ff.

[2] 施特劳斯,《斯宾诺莎的宗教批判》,前揭,页 261。

亚里士多德主义或者托马斯主义的迈蒙尼德解释，让施特劳斯在 30 年代以前只能接受如下状况：第一，真正的理性主义必然与启示传统互不相容。第二，如果前现代哲学的根基是亚里士多德主义，那么，回归前现代哲学就是不可能的。显然，施特劳斯仍然需要发现一种真正能够超越现代思想的思想方式——幸运的是，这一发现没有让他等待太久。

二、传统与启蒙的"隐秘前提"

正如施特劳斯多年以后所言，《斯宾诺莎的宗教批判》以不可能回归前现代哲学为前提，这个说法几乎等同于如下结论：不可能在后启蒙时代重返迈蒙尼德。施特劳斯的说法并非不实之词，事实上，只要以中世纪亚里士多德主义理解迈蒙尼德的理性主义，迈蒙尼德必然无法在根本上调和自然理性与启示宗教。施特劳斯十分清醒地意识到，根本无法在后启蒙时代重返中世纪的亚里士多德主义，无论它在多大程度上隐含对启示宗教的承认。对于施特劳斯来说，托马斯主义的迈蒙尼德面临双重困难。其一，就迈蒙尼德自身的亚里士多德主义而言，迈蒙尼德最终无法证明上帝与创世的现实性，亚里士多德的知识论至多隐含启示真理的可能性；迈蒙尼德最终诉诸历史性的启示，这意味着他最终无法弥合自然理性与启示的裂缝，这也意味着，彻底以自然理性为根基的哲学生活最终无法与启示相容。其二，就迈蒙尼德的中世纪理性主义面临的挑战而言，现代哲学对启示——尤其作为启示之基础的奇迹——的批判，激化了启示之"可知性"的困难；更重要的是，17 世纪以来的启蒙传统与一种新自然学密切相关，新自然学从根本上瓦解了亚里士多德和《圣经》的世界观，从今往后，"无信仰的科学与信仰，不再像在中世纪那样，拥有共同的自然知识基础。在此基础上，信仰与不信之间才可能进行有意义的争论"。[①]

在《哲学与律法》中，施特劳斯坦言，只要一方面以亚里士多德主义理解迈蒙尼德的根基，另一方面以新自然学理解启蒙的根基，回归迈蒙尼德对启示宗教的承认就是不可能的。换言之，只要迈蒙尼德的理性主义"以无可挽回的亚里士多德宇宙论为根基"，[②]这种前现代理性主义对启示宗教的承认就不再具有可靠的知识基础。施特劳斯相信，由此造成的处境必然是"正统

[①] 施特劳斯，《哲学与律法》，前揭，页 13。

[②] 同上，页 20。

第六章 回归中世纪柏拉图传统

抑或启蒙的'真理'抉择",一个非此即彼、"没有出路"的抉择,"只有新的、未曾听闻的、超越现代的思想,才能为我们消除困惑"。①施特劳斯断言,这种"超越现代的思想"仍然是迈蒙尼德的"中世纪的启蒙",但是,对于1935年的施特劳斯而言,这次驶向迈蒙尼德的第二次起航立足于一个全新的"中世纪启蒙的主导观念":

> 现代启蒙及其后裔失去了那个主导观念,通过理解那个主导观念,很多现代的信念和疑虑都会失去力量;那个主导观念就是律法的观念。②

律法(Gesetz)的观念对于迈蒙尼德的中世纪启蒙究竟有何意义?以律法为主导观念的中世纪启蒙,何以能够应对现代启蒙挑战;如果中世纪启蒙凭借律法的观念承认启示宗教,它是否因此站立在比现代启蒙更高的立场上?无论如何,施特劳斯从30年代开始凭借律法的观念向前现代思想回归,这场回归运动使施特劳斯断言,前现代思想决定性地高于现代思想。要理解施特劳斯此后40多年的思想运动,我们必须回到施特劳斯30年代的思想探索……

正如我们已经提到,《哲学与律法》的成书多少有些偶然;从1933年秋天开始,施特劳斯尝试在耶路撒冷争取一个教犹太学问的饭碗,老友索勒姆劝他赶紧出成果。施特劳斯当时手头有两篇文章可以付印,一篇是"古特曼评论",另一篇是《迈蒙尼德的先知学说及其来源》——后来分别成为《哲学与律法》的第一章和第三章;《哲学与律法》的第二章是施特劳斯大约在1934年12月至1935年1月新写的一篇关于伊本·鲁什德(Ibn Ruschd)、迈蒙尼德和格尔桑尼德(Gersonide)的短文。施特劳斯在1935年1月12日写信告知古特曼,"如果有时间并且心境安闲",他打算写一篇"导言","说明发表这几篇如此不同的文章的理由"。1935年3月底,《哲学与律法》在德国出版,如今我们可以看到,此书"导言"凝结了施特劳斯自20年代以来的主要思考。

毫无疑问,阿维森纳最初启发了施特劳斯对这个全新地基的发现,受阿维森纳启发,施特劳斯开始抛弃以亚里士多德主义理解中世纪犹太哲学的定见,转而以柏拉图式政治哲学重新审视中世纪哲人。由此出发,施特劳斯

---

① 施特劳斯,《哲学与律法》,前揭,页20。
② 同上,页21。

迅速在"柯亨与迈蒙尼德"中迈出了回归中世纪"柏拉图主义"的步伐，施特劳斯明白，要让这一回归真正有理有据，必须真正理解传统和启蒙各自的根基。

正如我们已经提到，施特劳斯在30年代初已经形成了"第二洞穴"的概念，"导言"关于传统与启蒙的论述，当然也以"第二洞穴"概念为基本框架。施特劳斯相信，当代思想受制于层层累积的传统，已经无法将哲学提问恢复到原初问题。当今哲学提问的紧迫任务是彻底穿透层层累积的传统，上升到柏拉图的"自然洞穴"。毋庸赘言，要穿透层层累积的思想岩层，必须理解正统与启蒙"两派的隐秘前提"。① 施特劳斯在"导言"中对启蒙的前提做出的论述，与更早的论述没有差异，但是，"导言"对正统的"隐秘前提"做出的论述，施特劳斯此前从未公开表达过，"导言"包含了施特劳斯对正统之根基的大胆理解。

施特劳斯对霍布斯的深入考察，目的在于真正发现启蒙的隐秘前提。《哲学与律法》成书之前不久，施特劳斯仍然在写《霍布斯的宗教批判》，《哲学与律法》出版大约两个月以后，施特劳斯就完成了《霍布斯政治科学的形成》。正如施特劳斯所言，他的霍布斯研究是迈蒙尼德研究的前导（Prolegomena），这一说法的意思是，只有认识到启蒙的真正根基，才能真正有意义地认识启蒙与传统的争执。

传统尚有不为人知的隐秘前提？从门德尔松开始，现代犹太教不是已经致力于回归犹太传统吗，门德尔松难道不清楚传统的前提？从青年时代开始，施特劳斯已经在深入思考现代犹太思想的回归运动（Rückkehrbewegung），他相信，在应对现代启蒙的过程中，"犹太教的状况并未因此而发生翻天覆地的变化，因为在整个回归运动中，并未出现一场关于启蒙与正统之争的根本反思"。② 如果"犹太教传统的根基"是"相信创世、相信《圣经》中的奇迹的真实性、相信以西奈山（Sinai）上的启示为根据的律法的绝对约束力和本质确定性"，③那么，只要对犹太传统的回归受制于启蒙，真正的回归就是不可能的。

霍布斯开创、斯宾诺莎延续的激进启蒙"从一开始就完全有意识地"瓦解传统的根基，这个根基的最终基础是上帝与自然的关系：上帝在"外在的"（äußerlichem）意义上创造了世界。④ 尽管温和启蒙曾经努力"居间调停正

---

① 施特劳斯，《哲学与律法》，前揭，页11。
② 同上，页9。
③ 同上，页4～5。
④ 同上，页5。

统与激进启蒙",但是,这种居间调停很快"遭到鄙视",由此产生的结果是,此后的现代思想实际上接受了激进启蒙"全部真实或假定的结果"。①

> 后来的人认识到正统与启蒙之间的任何折中方案都站不住脚,他们从启蒙与正统相互斗争、温和启蒙致力于获得折中之时所立足的层面,跃上了另一个"更高"的层面,这个层面本身使启蒙和正统的一种综合成为可能。因此,在这个新获得的层面上,后来的人重新为传统建立的基础,作为一种综合,当然不可能是别的样子,而只可能采取变相的"内在化"(verinnerlichter)形式。但如今一点也不难看出,这种对譬如创世、奇迹和启示概念的"内在化",剥夺了这些概念的全部内涵。②

施特劳斯断言,作为后启蒙时代的基本精神,"内在化"实际上就是否定传统。从20年代开始,施特劳斯已经与犹太思想的各种"内在化"形式相遇,柯亨与罗森茨维格是最重要的代表,在"导言"中,施特劳斯单刀直入,直奔整个回归运动的根本缺陷:

> 这场运动最重要的代表,恰恰没有毫无保留地完成复归传统的任务。柯亨直到最后,还是以人的自由和自持的名义,针对传统提出了明确的保留态度。罗森茨维格,这位至少在某种意义上比柯亨本人走得更远的人,也丝毫不怀疑:他既不能接受传统的不死信仰,也不能接受所谓现代德国的正统派所特有的关于律法的观点。这些或许相关的保留态度,人们细究便可知晓:连柯亨和罗森茨维格也毫不犹豫地承认,它们都源于启蒙。③

施特劳斯随后谈到,柯亨与罗森茨维格对正统尤其是律法的保留态度,根源正是启蒙对正统"外在论"的批判。在《哲学与律法》第一章中,施特劳斯重申了问题的实质:柯亨"只是尚且记得,却不再相信"正统的外在论,由于这个决定性的要点——"唯一具有决定性的要点",柯亨的观念论神学甚至优于存在主义神学,后者"甚至连对创世学说的原初含义的记忆都失去了"。④

施特劳斯对存在主义神学做出上述评价之时,肯定想到了几年前离世

---

① 施特劳斯,《哲学与律法》,前揭,页5。
② 同上。
③ 同上,页9。
④ 同上,页31。

的罗森茨维格,在1929年纪念罗森茨维格的文章中,施特劳斯几乎完全用海德格尔笼罩了罗森茨维格。在施特劳斯看来,罗森茨维格的"新思想"实际上是一种经验哲学,"新思想"与海德格尔早期神学的共同源头是施莱尔马赫,[1]作为一种内在论神学,施莱尔马赫的"宗教经验"已经受制于启蒙的批判,罗森茨维格的"新思想"甚至受制于施莱尔马赫。只有将人的经验作为通向正统观点的基础,罗森茨维格才会逐渐向海德格尔的此在论靠拢,施特劳斯相信,海德格尔的此在阐释实际上是对《圣经》的一种"无神论阐释"[2]——施特劳斯用海德格尔笼罩罗森茨维格,意在揭示"新思想"与正统的深刻隔阂,罗森茨维格无力回到门德尔松以前的犹太教。

不仅如此,罗森茨维格的"新思想"也是一种历史化的哲学,海德格尔比任何人都更深刻、更彻底地实施了对哲学的历史化——海德格尔的哲学是"最高形式的现代哲学",但它的根基是历史意识。施特劳斯与海德格尔缠斗近半个世纪,根本问题正是历史意识,施特劳斯将历史意识看作当代精神的基本状况,也是当代精神的根本危机。对于施特劳斯的判断,最重要的是这样的事实:历史主义断言一切真理根本上都是历史性的,由此产生的结果是,历史主义瓦解了笛卡尔、霍布斯以来的理性主义传统。在施特劳斯看来,西方传统遭遇的根本危机,不仅仅是政治、经济危机,更重要的是"告别理性"的危险宣言——对理性自身失去信念。

既然如此,施特劳斯为何不在历史主义面前重申现代理性主义,为何不用霍布斯的现代筹划对抗海德格尔的后现代筹划? 在"导言"中,施特劳斯使用了他的霍布斯研究得出的结论。在施特劳斯看来,霍布斯科学揭示的世界本质上是意识的世界(die Welt des Bewusstseins),它的知识原则是由人创造而来,人只是据此而获得观念(Ideen)。无论狭义上的新科学如何理解自身的真理性质,至少在启蒙的奠基人霍布斯这里,现代理性主义对自然世界的理解究其根本而言是一种创造。据此,施特劳斯在"导言"中谈道:

> 新科学恰恰无法长久支持下述主张:揭示关于世界"本身"的真理;这种"观念化的"规划,从一开始就潜伏在新科学自身当中了。现代"观念论"(Idealismus),一方面,将发现"审美"作为对人的创造性地位的最纯粹的洞见,另一方面,将发现人及其世界的极端"历史性"作为对一

---

[1] 关于罗森茨维格"新思想"与存在主义的关系,参施特劳斯,《斯宾诺莎的宗教批判》,前揭,页16以下。另参 Karl Löwith, *Heidegger-Denker in Dürftiger Zeiter: Zur Stellung der Philosophie im 20 Jahrhundert*, ibid., p. 72.

[2] 施特劳斯等,《回归古典政治哲学:施特劳斯通信集》,前揭,页7。

个永恒的自然观念、一个永恒的真理观念本身的最终克服,最终,现代"观念论"将现代自然科学理解为一种在诸"世界建构"(Weltdeutung)形式中受历史制约的形式。①

海德格尔对现代理性主义的批判着眼于其真理观念的创造或建构性质,然而问题在于,海德格尔对它的"克服"不是由此回到对自然真理的理性探究,而是将启蒙的理解推向极端,以至于达到了一种极端的历史主义观念:一切真理都是人的历史性建构,人应该放弃永恒的自然观念和真理观念本身。由此看来,作为现代哲学的最新形式和最高形式,极端历史主义不是对启蒙的彻底批判,而是启蒙精神的后裔。历史主义以更极端的形式宣称真理的创造性质,实质是推进并且激化了启蒙自身已然包含的自我理解——历史主义是现代理性主义的自我瓦解。

施特劳斯在相当程度上承认海德格尔解构启蒙传统的功绩,这种解构已经深入到启蒙的"隐秘前提"之中,海德格尔将启蒙真理观念的构建性质公之于众,从而将一种超越启蒙传统的可能袒露出来:一旦认识到启蒙真理观念的根基并非纯粹理论性的根基,而是一个前科学的"现代理想",人们就能看到超越启蒙传统的一个决定性支点。施特劳斯与海德格尔的一个根本分歧在于,海德格尔并未在这个决定性支点上以柏拉图、迈蒙尼德的前现代传统与启蒙传统对峙,而是转向一种比启蒙传统更激进的超现代立场。海德格尔彻底的历史意识,一方面是对启蒙的"克服",另一方面,这种"克服"本身也受制于启蒙,在这里,启蒙的内在论或人为真理的观念走向了极端。

于是,我们必须追问,历史主义是否完全认识到了启蒙的隐秘前提,启蒙的"内在论"究竟从何而来?在"导言"第五段末尾,施特劳斯给出了至关重要的结论:

> 启蒙的标志正是:通过臆想的或只是所谓的对传统的"内在"批评和发展,启蒙把传统的极端(Extreme),变成了一种实际上与传统完全不相容的立场的基础。②

补充说明这个结论的注释是全文最长、最重要的一条注释。正文中的"传统之极端",在注释中转变为一个更全面的表达:Extreme der Tradition(oder

---

① 施特劳斯,《哲学与律法》,前揭,页 15。
② 同上,页 7。

die Polemik gegen Extreme der Tradition)——"传统之极端（或者针对传统之极端的争辩）"。① 施特劳斯相信，启蒙将此事变成了自身立场的基础。施特劳斯接下来举了四个例子，全部涉及启蒙的奠基人霍布斯，在前三个例子中，启蒙抛弃了传统"从自然、典型之事出发"（vom Natürlichen, Typischen her）对德性和自然法的理解，反而立足于传统中的诸多极端：保罗神学的爱的道德、恐惧和自我保全、作为自然状态的"紧急正当"。②施特劳斯所举的第四个例子则是，"针对奇迹之极端可能的争辩成为了哲学的'观念化'转变的基础"。③这个例子显然涉及霍布斯的宗教批判。为了与奇迹学说争辩，霍布斯只能诉诸奇迹的可知性问题，为了彻底否定奇迹的可知性，霍布斯只能否认自然理性能够认识世界本身，从而造成了哲学的观念化转变。根据施特劳斯的看法，"古代和中世纪哲学从典型之事出发理解例外"，因而，启示与奇迹——超自然事物——原初是传统之极端：传统中的"冒险说法""极端表述"或者"金字塔塔尖"。④如果与传统之极端的争辩变成了启蒙的立场之基础，启蒙就在根本上受制于传统的极端，从而偏离了传统的自我理解。

在施特劳斯看来，启蒙针对启示与奇迹的批判尤其暴露了启蒙的根基，这一根基"恰恰是一种新信仰而非新知识"。⑤ 这是一个至关重要的结论：启蒙的真正前提正是一种"新信仰"，启蒙在根本上立足于一种信仰、一种道德决断或者"文明理想"。⑥面对在理论上不可反驳的正统前提，启蒙的反传统态度源于一种前理论的信念，而非理论知识本身。因此，只有基于启蒙的前理论信念——启蒙的"隐秘前提"，才能真正理解"启蒙真正的合法根据"，只有追溯到启蒙的隐秘前提，才能"恢复或者重新理解启蒙与正统的典范之争"，"从而能够获得一个有根据的、关于论争中的正确与错误的判断"。⑦这里尤为重要的是启蒙与现代自然科学的关系，因为：

> 新的自然科学似乎成了启蒙真正的合法根据。事实上无人能够否

---

① 施特劳斯，《哲学与律法》，前揭，页7。
② 同上，页7~8。
③ 同上，页8。
④ 同上，页7。
⑤ 同上，页16。
⑥ 见《哲学与律法》页16的说法：
连现代自然科学最深信不疑的拥护者也承认：关于人类的正确生活的一种新理想、一种新设想的出现——尽管仅次于自然科学的成就——对于启蒙之于正统的胜利具有决定性意义。
⑦ 同上，页11。

认,对于启蒙的成就具有决定性意义的,首先是下述信念:伽利略、笛卡尔和牛顿的科学,已经驳倒了亚里士多德的科学以及由此科学所揭示的"自然世界观",这种"世界观"也是《圣经》的世界观。①

施特劳斯并不否认新自然学驳倒了亚里士多德的古代宇宙论,但是,施特劳斯怀疑,新自然学是否成功驳倒了亚里士多德的"自然世界观"——这个"自然世界观"不等同于亚里士多德的宇宙论。②施特劳斯对亚里士多德的宇宙论与亚里士多德的自然世界观做出区分,意图不是恢复无可挽回的亚里士多德的宇宙论,而是强调一种理解世界的自然态度,或者说,强调科学理解与前科学理解的关系。③

施特劳斯的意图受到了胡塞尔的重要影响。1940年,施特劳斯在叙拉古大学做了一次题为"德国战后哲学的现存问题"(The Living Issues of German Postwar Philosophy)的报告,在"作为回归柏拉图和亚里士多德的回归理性"这一节之中,施特劳斯这样评价胡塞尔:

---

① 施特劳斯,《哲学与律法》,前揭,页14。
② 朗佩特认为,施特劳斯在此处使用了康德和海德格尔对现代科学的看法,将现代科学看作"世界建构"的偶然形式之一。见朗佩特,《施特劳斯的持久重要性》,前揭,页245。
③ 施特劳斯对古典思想的回归立足于何种基础,这个问题引起许多争论,争论的关键焦点之一在于,这种回归是否立足于古代宇宙论。解决这一争论的关键则在于施特劳斯对古代宇宙论与自然世界观的区分,施特劳斯极少谈论这一问题,一个值得重视的段落出现在60年代的讲课稿中:
当我们说到亚里士多德的宇宙论和现代自然科学所蕴含的宇宙论之时,宇宙论有两个差别很大的含义,这是因为宇宙论与常识(common sense)的关系就这两种情况而言是不同的。我们所称的对一般而言的事物以及对特定而言的人类和政治事物的常识理解,亚里士多德的宇宙论与这种理解是协调一致的。地球处在中心,太阳运动、升起、落下,而地球不动,这是常识看待这种情况的方式。亚里士多德关于人类事物的说法与此类似。但是,如果完全仅限于讨论这一点对于政治和社会问题意味着什么,那么,亚里士多德对社会和政治问题的理解在原则上就是公民的理解。他试图做更清晰,但这种理解在原则上与公民所持的理解是一样的,然而,如果你严肃对待当今的科学的政治科学,它在根本上是与公民的理解决裂的,它试图通过一种完全不同的方式确定方向。让我用最普遍的语词来表达这一点:所有的宇宙论——亚里士多德的宇宙论、现代宇宙论或者你的宇宙论——都必须从被给予的世界开始,从太阳东升西落和地球不动的这个世界开始。它必须从被给予的世界向这个世界的诸原因上升。亚里士多德比其他宇宙论更严肃地对待这个起点,亦即这个被给予的世界,因为这个原因,相比于其他所有宇宙论,亚里士多德的宇宙论就具有某种理论优越性,不论它在细节上是否可靠。[见 Leo Strauss, Natural Right: A Course Offered in the Autumn Quarter, 1962, Department of Political Science, The University of Chicago, ed., Svetozar Minkov, unpublished, p. 24。]
同时值得一提的是,施特劳斯对古典思想的回归立足于何种基础,这个问题引起许多争论,争论的关键焦点之一在于,这种回归是否立足于古代宇宙论,上述段落有助于思考这一问题。

> 海德格尔对亚里士多德的阐释仅仅是个开端，这种阐释如果没有胡塞尔的现象学将不会成为可能。就胡塞尔的工作而言，我只能说，我认为他的重要性超过了据我所知过去50年在德国发生的一切事情。像对伽利略物理学背后蕴含的几何学转变那样的一种分析，我们能够在胡塞尔最近出版的其中一部作品中找到，是任何分析现代科学和哲学之基本假设的典范。①

胡塞尔对伽利略物理学与几何学之关系的分析，涉及"现代科学和哲学之基本假设"，本质上是对科学知识之前科学基础的分析。这种分析对于施特劳斯具有特别的意义，在施特劳斯自编的最后一部文集《柏拉图式政治哲学研究》中，讨论胡塞尔的"作为严格科学与政治哲学的哲学"赫然位于卷首，施特劳斯在文中谈到：

> 胡塞尔比其他任何人都更深刻地意识到，对世界的科学理解远非对我们的自然理解的完善，而是以如此方式从后者派生而来——它使我们遗忘了科学理解的真正基础：所有哲学理解必须始于我们对世界的通常（common）理解，始于我们对这个先于一切理论化而被感觉感知到的世界的理解。②

关于伽利略、笛卡尔奠定的现代科学，施特劳斯公开发表的论述不多，不过，可以确定的是，他对此作出了深入思考，这些思考在这一点上与胡塞尔的看法一致：科学知识应该以前科学知识为基础，但是，作为现代科学的典范，伽利略-笛卡尔式数学物理学远离了人对世界的自然理解。③

一个毋庸否认的思想史事实是，新自然学对于启蒙最终"战胜"传统

---

① 施特劳斯，《苏格拉底问题与现代性：施特劳斯讲演与论文集（卷二）》，前揭，页144。这里提到的胡塞尔"最近出版的其中一部作品"指《欧洲科学的危机与超越论的现象学》，见胡塞尔，《欧洲科学的危机与超越论的现象学》，王炳文译，北京：商务印书馆，2017年。

② Leo Strauss, *Studies in Platonic Political Philosophy*, ibid., p. 31.

③ 施特劳斯在法国期间与柯瓦雷（Alexandre Koyré）结识，作为当代最重要的科学史家和科学哲学家之一，柯瓦雷同样认为，现代科学并非实验方法的结果，它的首要前提是一种总体态度的转变：经典物理学源于一种总体上的非自然态度对自然态度的取代。见柯瓦雷，《伽利略研究》，刘胜利译，北京：北京大学出版社，2018年，页6。施特劳斯到纽约社会研究新学院以后与柯瓦雷合开过课程。施特劳斯的科学观念对于理解施特劳斯十分重要，但它受到的关注远远不及施特劳斯闹得沸沸扬扬的政治观念。一部新近著作见 Svetozar Y. Minkov, *Leo Strauss on Science: Thoughts on the Relation Between Natural Science and Political Philosophy*, Albany: State University of New York, 2016。

具有决定性意义,但是,问题的关键在于如何理解这场"胜利"。在"导言"中,施特劳斯追踪了启蒙在不同时代的前提,在他看来,新自然学并非启蒙信念的根据,相反,启蒙信念恰恰是新自然学的根据——霍布斯十分清楚,以物质和运动为原则的新自然学不能为任何道德决断提供根据,倒是一种对此世幸福及其特定条件的理解成了新自然学的"合法根据",新自然学服务于启蒙的文明理想。因此,不是启蒙从新自然学获得了理论前提,而是新自然学由于符合启蒙的原初意图而成为启蒙"战胜"传统的盟友。

这个看法指向了一个基本问题:新科学是否具有一个先于新科学自身的前提。在施特劳斯之前,德国最重要的思想者们已经盯上了这件事情。对"一战"以后的德国思想界影响深远的尼采就曾经宣称,科学的发源地是一种反狄奥尼索斯世界观,一种乐观信念。尼采在《悲剧的诞生》第十五节关于苏格拉底的比喻已经尽人皆知:

> 谁一旦弄清楚,在苏格拉底这位科学的秘教启示者(Mystagoge)之后,各种哲学流派如何接踵而来,像波浪奔腾一般不断更替,一种料想不到的普遍求知欲如何在教养世界的最广大领域里,并且作为所有才智高超者的真正任务,把科学引向汪洋大海,从此再也未能完全被驱除了,而由于这种普遍的求知欲,一张共同的思想之网如何笼罩了整个地球,甚至于带着对整个太阳系规律的展望;谁如果想起了这一切,连同惊人地崇高的当代知识金字塔,那么,他就不得不把苏格拉底看作所谓的世界历史的一个转折点和漩涡。①

苏格拉底何以成为"科学的秘教启示者"?尼采在这一节说,苏格拉底身上有一种"妄想",一种"无可动摇的信念",苏格拉底坚信:

> 以因果性为指导线索的思想能深入到最深的存在之深渊,而且思想不仅能够认识存在,而且竟也能够修正存在。这种崇高的形而上学妄想被当作本能加给科学了。②

与新康德主义和韦伯的科学观念相比,尼采对科学之发源地的看法对施特

---

① 尼采,《悲剧的诞生》,孙周兴等译,上海:上海人民出版社,2018年,页131。
② 同上,页130。

劳斯更有影响。① 尼采绕到科学背后，挖掘支撑科学知识大厦的信念，对这种信念的挖掘让尼采坚信科学知识必然立足于由信念而来的视角（Perspektiv）。一旦将作为一种特定知识形态的科学所立足的视角揭示出来，科学的绝对性——包括科学的中立性——就不再是不言自明之事。

在尼采之后，海德格尔同样认为，现代科学的根基是某种先于科学本身的筹划，有理由相信，施特劳斯能够知道海德格尔在1931~1932年冬季学期的说法：

> 在伽利略、开普勒、牛顿的著作中所出现的、开辟了新时代的自然的发现，其真正的根基何在呢？绝不是如人们通常所说的，基于实验的推广；古代的自然研究同样已经有"实验化的东西"。其根基也不在于，如人们所常听说的，现在不再去寻求、设定或规定事物隐秘的质（经院派），而是关注其数量的大小关系；在古代就已经，而且在中世纪同样有被测量和计算的东西。这同样也不在于数学化，而是这种数学化的前提条件。所发生的决定性事件是，某种筹划被实施了，通过这种筹划，先行界定了在自然和自然事件之下，通常应该得到领会的东西：质点的一种确定的时空性运动关系。纵然有无数进步和革命，但原则上对自然的筹划直到今天没有丝毫改变。所以，在这种自然概念之光中，对于以这种方式把握了的自然，我们现在首先可以就其个别的事件的合法

---

① 施特劳斯深受尼采影响，这一点是十分明确的。施特劳斯曾经说过，从22岁到30岁，尼采几乎主导他的思想。尽管施特劳斯只在晚年留下了一篇关于尼采的专论，他在许多作品中反复提到尼采，并且多次开设关于尼采的课程——1959年、1967年在芝加哥大学，1971年至1972年在圣约翰学院。关于这些课程的简要情况，见施特劳斯，《哲人的自然与道德：尼采〈善恶的彼岸〉讲疏》，曹聪译，华东师范大学出版社，2017年，页25。在1971年至1972年的这次课程中，施特劳斯称赞"尼采是至少过去六代人中最深刻、最全面的提问者"。见同上，页37。所谓"过去六代人"，当是指卢梭以来。施特劳斯在1940年作过"德国战后哲学的现存问题"的报告，报告说道：
　　尼采改变了德国的智识风气，也许改变了整个欧洲大陆的风气，其方式类似于卢梭在120年前改变这种风气的方式。而且，我认为，从卢梭到尼采这段时间，未曾出现一种能与之匹敌的思想风气的改变。［见施特劳斯，《苏格拉底问题与现代性：施特劳斯讲演与论文集（卷二）》，前揭，页144。］
施特劳斯唯一的尼采专论是《注意尼采〈善恶的彼岸〉谋篇》（"Note on the Plan of Nietzsche's Beyond Good and Evil"），见施特劳斯，《柏拉图式政治哲学研究》，前揭，页234~256。此文完成于1972年3月至1973年2月间——可见施特劳斯直到晚年仍对尼采念念不忘——朗佩特用一部著作对此文作出了细致解释，见朗佩特，《施特劳斯与尼采》，田立年、贺志刚译，上海：上海三联书店、华东师范大学出版社，2005年。朗佩特认为，这篇论文才能代表施特劳斯对尼采的最终看法。这一观点立足于一个强硬立场：施特劳斯在此前写下的作品和书信中就尼采表达的批评不是施特劳斯的最终看法。朗佩特认为，尼采正是柏拉图式的政治哲人，尼采与柏拉图的差异是历史处境的差异造成的。

性对之进行拷问,并且还可以在实验中安排试验。当然,这种"自然"的发现就其进展而言,是接近了还是远离了自然,是一个自然科学家本身根本无法决定的问题。它本身确实是一个问题,通过这些科学,是否存在者变得更具存在性,或者说,难道没有某种完全不同的东西,侵入到存在者和认识着的人之间,由此打碎了人与存在者的关系,驱除掉了人对自然之本质的直觉——对人之本质的直觉也同样被扼杀掉了。①

根据施特劳斯的理解,启蒙的根基是一种经过"根本转变"的伊壁鸠鲁主义。② 这种经过转变的伊壁鸠鲁主义与古代伊壁鸠鲁主义的共同点在于,两者都立足于人的幸福和安宁而批判宗教,两者的差异在于,由于启蒙不再将幸福理解为内在幸福,而是认为幸福依赖于外在条件,启蒙的伊壁鸠鲁主义成为了一种进取的伊壁鸠鲁主义,它致力于征服自然。③

正是出于这个原因,新自然学才成为启蒙"战胜"正统的工具,新科学改变了启蒙与正统之争的态势。启蒙从一开始就发现正统的前提在理论上难以反驳,它最初的斗争方式是嘲讽(Spott),它"企图将正统从一个位置上'笑'出去:因为,凭圣经证据和理性证据,无法将正统逐出这个位置"。④ 因此,启蒙针对正统采取了一种"拿破仑式战略",它避开正统的堡垒,力求在正统世界之外另造一个人为的"花园",只要这个"花园"获得成功,它就无需在理论上驳倒正统,人们会遗忘正统。随着新科学的力量不断壮大,启蒙的人为世界开始挤压正统的世界,从此以后,人们开始遗弃正统的世界。

然而,启蒙与新科学的关系绝非仅限于此。新科学的根基是一种现代的自然观念,这种自然观念带来的一个根本变化是:

> 现代自然科学的"目的和价值中立"的自然,不可能就"目的和价值"教给人任何东西,在现代科学的意义上所理解的"存在"(Sein),本身绝不涉及"应当"(Sollen),因此,习传的观点,即正确的生活就是符合自然的生活,在现代前提下失去了意义。⑤

---

① 海德格尔,《论真理的本质:柏拉图洞喻和〈泰阿泰德〉讲疏》,赵卫国译,北京:华夏出版社,2008年,页60~61。
② 施特劳斯,《哲学与律法》,前揭,页17。
③ 同上。施特劳斯在此提到,这种进取的伊壁鸠鲁主义还与"受一个贫瘠、敌意的自然威胁的糟糕经验"有关。参施特劳斯,《苏格拉底问题与现代性:施特劳斯讲演与论文集(卷二)》,前揭,页36~37。
④ 施特劳斯,《哲学与律法》,前揭,页12。
⑤ 同上,页16。

施特劳斯没有在此继续讨论中立化的现代自然观念与启蒙的关系,不过,在同时期关于霍布斯的思考中,施特劳斯挑明了一个极为重要的事实:霍布斯十分清楚现代自然观念对于任何生活信念的威胁,对于启蒙的生活信念,情形同样如此,霍布斯以某种方式掩盖了现代自然观念与启蒙信念的紧张关系,但是,现代自然观念最终突破了启蒙信念的约束,一种无目的的自然——实证精神——最终使正确生活的概念本身不再可能,"现代自然科学无法为现代理想(das moderne Ideal)作辩护"。①

与现代科学的中立化危机相伴的是启蒙的文明承诺遭遇的危机。施特劳斯在此表达了同时代的启蒙批判经常提到的观点:启蒙未能实现其"文明化"的承诺。如此一来,启蒙既无法以最初的现代理想也无法以自然科学为自身辩护,转而诉诸一种"新的勇敢形式",一种"理智的正直"。② 根据这种"理智的正直",人应该彻底拒斥启示宗教,即使它的"目的是摆脱任何文明进步都无法根除的生命恐惧和绝望,从而让生命变得轻松一些",这种"理智的正直"成为"反抗启示传统的最后的和最纯粹的正当根据"。③ 由此产生的"出于正直的无神论激进地颠覆了正统",最终造成了"正统或无神论的抉择",一个非此即彼、没有出路的抉择……④

无疑,施特劳斯对启蒙"隐秘前提"的追溯,为超越现代启蒙甚至解决现代"神学-政治问题"准备了可能,因为,只有理解了启蒙的真正前提,才有可能理解启蒙与正统之争的实质。如此一来,需要解决的问题就是:正统的真正前提又是什么呢?

根据施特劳斯的大胆之言,启蒙所针对的"超自然"乃是"传统的极端",如此一来,传统真正的自我理解又是什么呢?受阿维森纳启发,施特劳斯重新发现了迈蒙尼德的理性主义,施特劳斯相信,作为一种"有启示信仰的理性主义","迈蒙尼德的理性主义是真正自然的典范"。⑤ 施特劳斯此时对迈蒙尼德的理解已经摆脱了亚里士多德主义和经院主义的束缚,对于他来说,迈蒙尼德是"柏拉图的学生,而非基督的门徒"。⑥

---

① 施特劳斯,《哲学与律法》,前揭,页16。
② 同上,页18。
③ 同上。关于这种"理智的正直",值得留意施特劳斯的如下观点:这种"理智的正直"也是"以《圣经》为根据的传统的后裔"。见同上,页19。另见施特劳斯等,《回归古典政治哲学:施特劳斯通信集》,前揭,页60;施特劳斯,《斯宾诺莎的宗教批判》,前揭,页23。
④ 施特劳斯,《哲学与律法》,前揭,页20。
⑤ 同上,页3。
⑥ 同上,页54~55。

三、"柏拉图的学生"

施特劳斯在《斯宾诺莎的宗教批判》中重新审视斯宾诺莎对迈蒙尼德的批判,显然带有为迈蒙尼德申辩的意图,不过,正如施特劳斯后来所言,回归迈蒙尼德的前现代理性主义在当时仍属不可能之事。毋庸赘言,在《斯宾诺莎的宗教批判》中,施特劳斯在迈蒙尼德这里看到了一种承认启示信仰的理性主义,但是,这种理性主义的根基是亚里士多德的知识论,亦即亚里士多德关于灵魂能力的学说。在迈蒙尼德这里,对启示真理的认识属于先知学(Prophetologie)的范畴,因此,先知学在迈蒙尼德的学说中具有核心地位,迈蒙尼德正是在先知学中讨论了人认识启示真理的能力和方式。

根据迈蒙尼德的先知学,先知灵魂中的想象力使先知的认识无限优越于哲人,先知凭借它获得对"上界"的直接洞见,而哲人只拥有对上界的间接认识。① 按照这种理解,迈蒙尼德对启示的承认,最终立足点是先知的认识能力,这种能力使先知具有获得启示真理的可能,正是这个意义上的先知学,使迈蒙尼德的理性主义成为一种"具有启示信仰的理性主义"。

正如我们已经提到的,施特劳斯随后在阿维森纳这里的"意外"发现,引发了一场思想转向。他在晚年回忆道:

> 起初,我对迈蒙尼德完全无法理解,只有当我全神贯注于他的先知学(prophetology)以及那些比他早出现的伊斯兰哲人们的先知学,我才开始对他有些模糊的认识。有一天,我正在读阿维森纳(Avicenna)的《论科学诸部分》(On the Division of the Sciences),碰到以下句子(只能根据我的记忆引述):柏拉图的《法义》是关于预言和启示的典范著作。自那时候开始,我就逐渐理解迈蒙尼德的先知学,相信也最终理解了他的整本《迷途指津》(Guide of the Perplexed)。②

阿维森纳的说法意味着,中世纪哲人理解先知学的典范是柏拉图的政治学,而非亚里士多德的形而上学和灵魂学。

在《斯宾诺莎的宗教批判》中,施特劳斯已经借助迈蒙尼德的中世纪理

---

① 施特劳斯,《哲学与律法》,前揭,页87以下。
② 施特劳斯,《苏格拉底问题与现代性:施特劳斯讲演与论文集(卷二)》,前揭,页684。

性主义理解理性与启示的关系,并且相信迈蒙尼德的理性主义是一种对启示抱有兴趣的理性主义。阿维森纳没有改变施特劳斯借助中世纪哲人的眼光调和理性与启示的原初意图,但是,施特劳斯对中世纪哲人的理解由此发生了一次重大转变,施特劳斯现在发现,"伊斯兰亚里士多德派及其犹太后学本质上依赖于柏拉图",因为,中世纪哲人看待启示的视角是柏拉图的"神法观念",这是"柏拉图和中世纪思想家一致认可的最高视角"。①

根据传统的看法,中世纪哲人是亚里士多德派,他们将沉思生活或理论静观看作人的幸福和完善,将形而上学作为"第一哲学"。施特劳斯并不反对传统上对亚里士多德的理解,但是,传统看法在两个问题上存在明显缺陷。第一,柏拉图同样认为,静观生活是人的最高生活,"幸福和人的真正的完善在于沉思和理解(Betrachten und Verstehen)"。② 第二,与基督教经院哲学不同,中世纪伊斯兰和犹太哲人面临的根本处境是神圣律法,而非一套神学和形而上学教义,作为律法宗教而非信仰宗教的伊斯兰教和犹太教决定了,中世纪哲人理解启示宗教的"主导观念"(Leitidee)是律法(Gesetz)的观念。③由此出发,中世纪哲人面临的根本问题就是关于人的生活的神圣律法与作为一种生活方式的哲学之间的关系。

恰恰就此问题,中世纪哲学无法求助于亚里士多德。相反,柏拉图的神法观念为中世纪哲人提供了一个在哲学上理解启示律法的框架。正是借助柏拉图的政治学,中世纪哲学才成为"有启示信仰的理性主义",从非信仰的立场出发将启示律法理解为完善秩序,只是在此前提下,中世纪哲人才经由律法的授权和命令自由地从事哲学,亦即"亚里士多德化"(aristotelisieren)。④ 因此,中世纪哲人理解启示律法的最高视角是柏拉图,而非亚里士多德。如此一来,作为一种"有启示信仰的理性主义",迈蒙尼德和法拉比的"前现代理性主义"的根基就是"柏拉图主义"。问题因而在于,柏拉图在何种意义上提供了一个承认启示律法的框架,以静观生活为最高目的的哲学生活何以可能承认启示律法?

毋庸赘言,中世纪哲人面临一个不同于柏拉图、亚里士多德时代的根本变化,启示宗教彻底改变了哲学的处境。"一个基于启示的传统侵入了哲学的世界,这一事实为哲思的自然困难增加了*历史性的困难*",⑤因此,中世纪

---

① 施特劳斯,《哲学与律法》,前揭,页57。楷体强调为笔者所标。
② 同上,页119。
③ 同上,页21。
④ 同上,页120。
⑤ 同上,页38。

哲学的根本(das)问题是启示提出的问题。由于启示的实质是具有绝对权威的律法,因此:

> 中世纪(伊斯兰和犹太)哲学与古代哲学和现代哲学的不同特征在于,中世纪哲学知道自己受启示约束并且有启示授权,它首要并且最紧迫的关切,是通过一种哲学的律法奠基(gesetzlichen Begründung der Philosophie)为哲学奠定基础。①

所谓"哲学的律法奠基"就是在律法上为哲学奠基,亦即从律法上理解哲学的意义。由于律法及其权威的现实性(Wirklichkeit),中世纪理性主义"首要并且最紧迫的关切"必然是依据律法察看哲思生活的正当性。

> 中世纪哲学的首要任务,是哲学的律法奠基,也就是证明:适合从事哲学的人,由启示律法责成并授权从事哲学。哲学的律法奠基同时保证:有律法授权的哲学研究,享有充分的自由,这种自由完全或差不多跟没有律法时一样。②

根据中世纪哲人的理解,律法"授权"并且"责成"人从事哲学,这意味着律法既承认哲学的正当性,也将哲学作为人的义务。根据迈蒙尼德的看法,律法要求人信仰关于上帝的真理,但是,真正的信仰"不啻是嘴上承认,而是对所信对象的理解",所以,"律法召唤对其所传达的真理的理解和证明"。③ 由于人只有从上帝的作为出发才能认识上帝,所以,律法本身包含认识世界的命令,人有义务通过认识世界接近真理。如此一来,认识世界就是爱上帝和畏惧上帝的唯一(der)道路,所以,获得律法预定的真理,要求人从事数学、逻辑学和自然学。不仅如此,迈蒙尼德相信,作为神法的律法以人的完善为最高目的,而人的真正完善就是认识真理,就是对上帝的认识,因此,"律法的目的与哲学的目的是同一的"。④

根据这种理解,迈蒙尼德能够"从律法上为哲学奠基",从而在律法上证明哲学的正当性和必要性。可是,一旦在律法上授权哲人自由地从事哲学,启示自身就成了哲学研究的论题。由于中世纪哲学最终表现为"有启示信

---

① 施特劳斯,《哲学与律法》,前揭,页40。
② 同上,页41。
③ 同上,页69。
④ 同上,页70。

仰的理性主义"，因此，中世纪哲人从"非信仰的、哲学的基础"做出了"对律法的哲学奠基"(philosophische Begründung des Gesetzes)。① 同时，由于启示是借助先知为人所知的，所以，从一种非信仰的、哲学的立场为启示奠基，就是从哲学上理解预言，这种专门处理预言的科学正是先知学——中世纪哲学在先知学中考察先知的灵魂能力。这意味着，中世纪哲人从哲学上为律法奠基的实质是就先知的人性(Natur des Menschen)来理解其预言。

根据施特劳斯的看法，除非中世纪哲人真正对启示抱有兴趣，否则他们不会从哲学上为律法奠基，因此，中世纪哲人承认启示律法的根本原因必然是：在中世纪哲人眼中，哲学就其自身而言需要启示。由于启示借助先知的预言为人所知，所以，哲人对启示的需要就意味着哲人对预言的需要。如此一来，值得追问的问题就在于，哲人何以需要先知的预言，哲人究竟在何种意义上依赖于先知。这一问题的实质是，凭借理性探究真理的哲人，需要先知传达的何种真理。

在《哲学与律法》中，施特劳斯解释了阿维森纳的启发：

> 从他的论文《论科学诸部分》可以看到，他认为专门处理预言的科学是政治学(Politik)。这已经意味着，预言的目的是政治性的，先知最突出的实践功能不是预知(Mantik)，而是政治统治(politische Leitung)。②

这个段落涉及先知学在全部科学中的位置，阿维森纳让施特劳斯看到，中世纪哲人将先知学的性质理解为政治学，换言之，在中世纪哲人眼中，"预言本来的问题是政治学的研究对象"，③预言的目的和意义对于中世纪哲人而言是实践性的。先知学的政治学性质解释了中世纪哲人对预言的需要属于何种性质，由此表明，何以中世纪哲人既然认为理性有能力获得启示的真理，又依赖于先知的预言。

对于迈蒙尼德的伊斯兰先驱法拉比而言，先知对于哲人尤其不具有理性的优越性，法拉比否认先知可能获得某种关于上界的超哲学认识，从而否认了先知的理论认识对于哲人的意义。根据《哲学与律法》的看法，"迈蒙尼德先知论的决定性要点，既可以在阿尔法拉比那里找到，也可以在伊本·西拿那里找到"，关于先知学的性质，可以确认"迈蒙尼德与伊斯兰哲人的根本

---

① 施特劳斯，《哲学与律法》，前揭，页 42。
② 同上，页 107。
③ 同上，页 51。

一致":预言的目的和意义在于实践理智,哲人依赖于先知的实践理智。①

中世纪哲人之所以认为哲人依赖于先知的实践理智,是因为他们追随柏拉图对哲学与政治之关系的理解。根据这种理解,人自然是政治动物,人的共同的政治生活需要法(Gesetz),从而需要一位立法者。

> 有两种法,因而就有两种立法者:第一种法,除了使一种和平的生活成为可能,不再有更多的任务,所以仅仅针对身体的幸福;第二种法,不仅以身体的幸福为目的,而且同时以灵魂的幸福亦即完善为目的。第一种法是人法(menschliche Gesetze)。与此相对的一种法则以灵魂的完善——更确切地说是理智的完善(die Vollkommenheit des Verstandes)——为目的,而且,它只是为了这种专属于人的完善,并以此为前提,才追求身体的安康,这是一种神法(göttliches Gesetz),它的宣告者只能是一个先知(Prophet)。②

根据中世纪哲人的理解,人的完善在于理智的完善,亦即关于理智事物的静观知识。但是,立法技艺是关于特殊事物(particularia)的知识,同时,它也需要对理智事物给出感性表达,这种表达为教诲大众和改进人类社会所必需,因此,在中世纪哲人看来,立法技艺以想象力的完善为前提。

根据流行的亚里士多德的观点,中世纪哲人将认识理解为人的理智天赋借助"能动理智"(tätigen Verstand)而现实化,这个过程本质上是一种流射;如果能动理智只向灵魂中的理智流射,此人将因理智的完善而成为哲人,如果能动理智只向想象力流射,此人将因实践理智的完善而成为立法者或政治家。如此一来,根据中世纪先知学关于先知灵魂能力的观点,先知的理智和想象力同时受到能动理智的影响,因此,"先知是集哲人-政治家-预言家(-行奇迹者)于一身的人",③这意味着,即使哲人的静观理智并不比先知低,只有先知才是完善国家的创造者。

施特劳斯相信,"迈蒙尼德关于预言之目的的教诲与伊本·西拿完全一致",④在阿维森纳这里,预言的目的是创造完善国家,这种国家不仅仅针对身体的幸福,同时也着眼于理智的完善,而人真正的完善恰恰在于理智的完善。这种关于预言和国家的观点,很可能源于法拉比对柏拉图理想国家

---

① 施特劳斯,《哲学与律法》,前揭,页100、103。
② 同上,页51~52。
③ 同上,页105。
④ 同上,页110。

(der ideale Staat)观念的接受。如此一来,中世纪哲人所理解的完善国家正是柏拉图式的国家(der Platonische Staat),哲人之所以依赖先知,正是因为先知具有创造理想国家的能力,这种能力尤其依赖于灵魂中的想象力。

就此而言,施特劳斯改变了《斯宾诺莎的宗教批判》对先知学的理解,转而从实践科学理解先知及其想象力的目的和意义,这个实践科学的框架正是柏拉图式政治哲学。施特劳斯相信,中世纪理性主义者面临的根本处境是先知的启示,借助柏拉图的理想国家观念,中世纪哲人能够理解并且承认先知的启示,从而将启示理解为只有先知才能获得的、以人的真正完善为目的的律法;中世纪哲人以此实现了一种"对律法的哲学奠基",由此形成了一种迥异于现代启蒙的中世纪启蒙,根据施特劳斯的看法,中世纪的理性主义者对哲学与国家之关系的认识,实质上是对哲学自身的前提、正当性与界限的认识,这种"政治的"哲学凭借对哲学自身的充分认识超越了现代理性主义,从而是理性主义的自然典范。

这些中世纪的理性主义者,将理论沉思的生活作为人的最高幸福,不过,他们清楚地认识到,哲人自身的理论理智无法实现以此生活为目的的政治国家,此种国家的实现依赖于"神法",只有集理论理智与实践理智于一身的先知才能凭借启示获得神法:关于哲学与律法的关系,中世纪哲人的理解依据的是"柏拉图的哲人-王概念所设定的构想"。① 中世纪的柏拉图主义者与柏拉图的最重要差异在于,中世纪哲人不认为哲人与政治权力的一致足以实现真正的国家,先知或理想国家的统治者必须超越(mehr)哲人。

中世纪哲人理解完善国家的视域是柏拉图的构想,柏拉图在构想完善国家之时凭借神法的概念预见到了启示,从而在古典时代预先准备了一个理解启示律法的框架,由于启示的现实性(Wirklichkeit),中世纪哲人"被迫按照现实的启示来改变柏拉图的构想",从而以先知学改造了柏拉图的哲人-王构想,但是,"柏拉图的构想只是被改变了,也就是说,它在一定程度上被扩大了,但并未被破坏;柏拉图的构想仍然是连接哲学与政治的纽带"。②

施特劳斯由柏拉图出发对律法做出的政治理解表明,中世纪的理性主义者在根本上将哲学与启示的关系理解为哲学与政治的关系。施特劳斯将中世纪的理性主义者理解为"柏拉图派",而非传统上认为的亚里士多德派,

---

① 施特劳斯,《哲学与律法》,前揭,页114。
② 同上,页114。

根本原因在于柏拉图与亚里士多德的一个根本差异：

> 在下述问题上，柏拉图的教诲并不比亚里士多德少有确定性：幸福和人的真正的完美，在于纯粹的沉思和理解。柏拉图与亚里士多德的根本差异，仅在于他们将静观作为人的最高完美时所采取的方式。亚里士多德给予静观以完全的自由；更确切地说，他为静观保留其天然的自由。与此相对，柏拉图**不允许**哲人做"哲人如今被允许所做之事"，即将哲学生活当作在对真理的直观中打坐。他"**迫使**"哲人为他人着想并看护他人，以便使得国家成为现实的国家、真实的国家（《理想国》519d‑520c）。在对美、正义和好本身的直观中，哲人使自己超拔于感性世界之上，他生活并且愿意生活在此直观中，但建国者的命令，即首先考虑整体的秩序而非部分的幸福，将哲人召回国家，并绑回在国家上。哲人也身处在城邦之下，他必须在城邦前自辩；他绝非独立自主。柏拉图要求哲学居于一个更高的法庭之下，居于国家之下，居于**律法**之下；这个要求在启示信仰的时代实现了。①

如果说中世纪哲人将启示律法理解为柏拉图意义上的完善国家的法，那么，中世纪哲人就在根本上对律法作出了政治的理解。这种政治理解的关键在于哲人的幸福与城邦的整体幸福的关系，柏拉图的框架对于施特劳斯意味着一种"原初的、古典的、作为统一而又整全的人类生活秩序的律法观念"，②这种律法观念的核心是一种着眼于人类生活整全秩序的视角。由此，我们才能最终理解何谓"对律法的哲学奠基"，这种从哲学的立场出发对律法做出的理解，不是从某种特定的形而上学的观点看待启示的教条——遑论"传统之极端"，而是从哲学生活本身出发看待律法的意义。换言之，这种理解着眼于哲学作为一种生活方式的理由，它着眼于那个理应在哲学之前、先于所有哲学思辨而被考虑的问题：哲学生活或静观生活本身的正当性何在。正是由于这个原因，施特劳斯才说，中世纪哲人在"对律法的哲学奠基"中思考的是哲学本身的前提，这种思考凭借的是柏拉图和中世纪思想家一致认可的最高视角，这个最高视角就是整全的人类生活的最佳秩序。如此一来，施特劳斯就能够说：

---

① 施特劳斯，《哲学与律法》，前揭，页119。
② 同上，页54。

在伊斯兰亚里士多德派及其犹太后学的学说体系中,对律法的哲学奠基是他们讨论其哲学前提的地方。如果他们在为律法作哲学奠基时的确追随柏拉图,则有理由说这些哲人就是柏拉图派,这并非因为他们承认这些或那些柏拉图的原理,不管它们有多么重要——就此而言,他们更是亚里士多德派而非柏拉图派,而是因为他们在为哲学本身奠基时,受柏拉图引导,他们在柏拉图所设定的框架内,回答了一个柏拉图式的问题。①

回归中世纪哲人对启示的理解,成为施特劳斯回归原初问题的坚实地基,他从此地基向柏拉图的思考方式回归。施特劳斯在30年代初期的思考,撼动了人们对中世纪哲学的传统解释,也对20世纪后来的解释产生了深远影响。不过,施特劳斯或许没有想到,他很快就会认为,这次大胆的回归行动到目前而言仍然显得保守。

四、"彻底的理性主义"

《哲学与律法》挑战了思想界对中世纪哲学的亚里士多德主义和新柏拉图主义解释,以柏拉图的思想方式理解中世纪哲人,将中世纪哲人看作"柏拉图的门徒",如此一来,这些"中世纪的理性主义者"就是"真正的柏拉图主义者"。正如施特劳斯所言,《哲学与律法》立足于一种"新的、未曾听闻的、超越现代的思想",施特劳斯对中世纪启蒙与现代启蒙作出的思想史解释,力求从根本上重新理解理性与启示的关系。

由于时代原因,《哲学与律法》1935年3月在德国印行以后只在很小范围内流传,值得注意的是,这本几乎不为公众所知的书让一些极为重要的思想者留下了深刻印象。同样值得注意的是,施特劳斯的朋友和熟人圈子对这部大胆之作的看法差别很大,换言之,所谓"中世纪的、有启示信仰的理性主义"究竟意味着什么,此时还不够明朗。索勒姆以"信仰之眼"将《哲学与律法》的基本主张看作不加掩饰的、大胆的无神论。② 克莱因则在1935年5

---

① 施特劳斯,《哲学与律法》,前揭,页56。
② 索勒姆在给本雅明的信中表达了上述评价,见 Steven B. Smith, "Gershom Scholem and Leo Strauss: Notes toward a German-Jewish Dialogue," in *Modern Judaism*, Vol. 13, No. 3, 1993, pp. 226~227。索勒姆十分钦佩施特劳斯的勇气,但他预感施特劳斯将因此失去希伯来大学的教授席位,事情的结果确如索勒姆所料。

月6日给施特劳斯的信中问道:"迈蒙尼德的启蒙会将我们引向何方?我完全清楚,在这里不可能立即作出回答。"①这封信随后说道:

> 但人们毕竟还可以根据你的论说得出结论:究竟为什么不是正统派呢?!我觉得,当你没有将"坦诚"(Redlichkeit)跟"真理之爱"(Wahrheitsliebe)等同的时候,你自己告诉人的可是非常、非常重要的东西。所以,所有的东西都保持未决状态。对这一点我自己毫无异议。但情况表明,有人会为此向你提出反对意见的。②

克莱因的疑问源于施特劳斯自己此时思想中某种至关重要的犹疑。《哲学与律法》力求呈现中世纪哲人对启示的政治学理解,根据这种理解,律法对于哲人只有实践意义,因此,哲人仅仅在实践真理方面依赖先知,就理论真理而言,哲人不需要先知。正是在这个至关重要的问题上,施特劳斯显得不够坚决。

我们可以看到,迈蒙尼德关于先知与亮光的比喻在《哲学与律法》中显得十分刺眼,根据这个比喻的涵义,人只能认识"下界"(niedere Welt),无法认识"上界"(oberen Welt)、天、超自然事物,无法真正认识"上帝和天使":

> 最高的认识对于我们人而言就是奥秘;真理只是偶尔向我们发出亮光,以至于我们认为这就是白昼,殊不知由于物质和我们与物质密切关联的生命,真理旋即就从我们眼前消失了。我们生活在漆黑的夜里,这黑夜只是偶尔为闪电所照亮。因此,由于人的理智具有一种必然出于人的天性的界限,人不可能跨越此界限,所以,人为了荣耀其主宰,有义务在此界限前停住脚步,听命于启示的教诲,人无法看透和证明此教诲。然而,将启示传达给人,唯有通过先知,也就是拥有一种关于"上界"的知识的人,哲人从根本上无法直接获得这种知识。因此:哲人也恰恰需要启示来引导。③

如果认为先知拥有哲人及其理性不可企及的真理,迈蒙尼德的先知学就与

---

① 施特劳斯等,《回归古典政治哲学:施特劳斯通信集》,前揭,页229。
② 同上,页229。正如克莱因所言,洛维特说施特劳斯袒护正统,施特劳斯则在1935年6月23日给克莱因的回信中回答说:"我并不是正统犹太教徒!"见同上,页246。
③ 施特劳斯,《哲学与律法》,前揭,页45~46。

伊斯兰哲人存在一个重要差异：在法拉比和阿维森纳那里，哲人能够凭借理性获得先知的所有理论知识，先知对于哲人仅仅具有实践意义，所以，与迈蒙尼德相比，伊斯兰哲人是更彻底的柏拉图派。

施特劳斯十分清楚迈蒙尼德与伊斯兰哲人的上述差异。对于此时的施特劳斯而言，迈蒙尼德的核心教诲仍然是上帝的创世，同时，创世的教诲是一种只有借助先知才能为人所知的启示知识，因此，要使迈蒙尼德同样彻底成为柏拉图派，必然意味着使其放弃启示信仰的核心教诲。施特劳斯此时面临的重要问题在于，迈蒙尼德的理性主义究竟达到了何种彻底性……

阐释迈蒙尼德是施特劳斯思想中最重要的线索之一，从 1935 年下半年开始，施特劳斯对迈蒙尼德的理解再次发生重要变化，从此时开始直到 1938 年完成《〈迷途指津〉的文学性质》，①构成了施特劳斯思想的一个重要阶段。如果说 30 年代初期的思想转向与阿维森纳的启发有关，那么，这个思想阶段的关键则是对法拉比的更深刻的理解。在 1935 年底的一封原本打算寄给克吕格的书信草稿中，施特劳斯说道：

> 为了先弄清柏拉图主义（Platonismus）在伊斯兰和犹太中世纪的历史，我暂时搁置了霍布斯。这种哲学的创始人（ὁ ἀρχηγός τῆς τοιαύτης φιλοσοφίας）法拉比太让人惊叹了（ganz erstaunlich）。我也许怀着最早发现他的欣喜而对他估计过高；但他确实有充分令人惊叹的东西。②

在施特劳斯这里，法拉比的中世纪柏拉图主义既是理解苏格拉底-柏拉图思想方式的重要门径，也是以苏格拉底-柏拉图的思想方式理解和应对启示宗教的关键，③从 1935 年下半年开始，法拉比的"柏拉图"迅速在施特劳斯思想中占据中心位置，成为施特劳斯继续思考柏拉图和迈蒙尼德的真正导引：

---

① Leo Strauss, "The Literary Character of the *Guide for the Perplexed*," in *Persecution and the Art of Writing*, ibid., pp. 38~94.
② 施特劳斯等，《回归古典政治哲学：施特劳斯通信集》，前揭，页 258。
③ 正如唐格维所言：
　　施特劳斯尝试回归古代时，他内心所记取的传统乃是苏格拉底-柏拉图的传统。施特劳斯真正的特别之处在于，在重新发掘此一传统的过程中，他的最初向导是"伊斯兰亚里士多德主义者"，尤其是法拉比。[见《列奥·施特劳斯：思想传记》，前揭，页 80~81，译文据 Daniel Tanguay, *Leo Strauss: An Intellectual Biography*, translated from the French by Christopher Nadon, New Haven: Yale University Press, 2007 略有改动。]

可以认为,施特劳斯的思想发生了一次"法拉比转向"。①

"法拉比转向"的实质在于,法拉比的"柏拉图"让施特劳斯更清楚地看到了柏拉图对哲学生活自身及其神学-政治问题的"理性主义"理解,凭借法拉比对启示宗教的政治化理解,施特劳斯更彻底地表明了迈蒙尼德对启示宗教的政治理解,从而表明迈蒙尼德思想真正的理性主义品质。1936年,施特劳斯在《关于迈蒙尼德与法拉比政治科学的几点评论》中第一次提到迈蒙尼德给伊本·提本(Samuel Ibn-Tibbon)的信,信中说道:

> 除了智慧的法拉比所写的逻辑学著作,你不要为其他逻辑学著作费心;因为,他写的所有东西,特别是他的《存在者之原理》这本书——全都是最纯粹的滋养。②

《关于迈蒙尼德与法拉比政治科学的几点评论》表明,施特劳斯对1930年以来的迈蒙尼德阐释做出了重要修改,这里具有根本重要性的变化是,施特劳斯不再认为迈蒙尼德相信先知在理智上高于哲人,如此一来,施特劳斯几乎彻底消除了先知及其启示对于迈蒙尼德的理论意义,从而将迈蒙尼德呈现为柏拉图-法拉比意义上的"政治哲人"。1937年,在关于中世纪最后的迈蒙尼德主义者阿布拉法内尔(Abravanel)的文章中,③施特劳斯更为坦率地勾勒了迈蒙尼德对启示的政治化理解:启示作为律法仅仅具有政治意义。

沿着法拉比的"柏拉图主义",施特劳斯在两年间将针对启示的政治化理解推向了激进,正如施特劳斯后来所言,1937年的立场已经近乎"彻底的理性主义"。不过,当施特劳斯踏上离开欧洲的旅程之时,他很可能已经达到了比上述理解更为激进的理解。1938年初,施特劳斯在一封写给克莱因的信中说,"只有法拉比和迈蒙尼德是天才",在接下来一个段落中,施特劳

---

① 唐格维提出了"法拉比转向"(Farabian turn)的概念。见唐格维,《列奥·施特劳斯:思想传记》,前揭,页101及以下。事实上,法拉比对于施特劳斯的意义是学界共识,正如迈尔所言:"施特劳斯将法拉比的角色称为第一次重建哲学这一伟大活动的创始人"。见施特劳斯,《施特劳斯与古典政治哲学》,前揭,页157。所谓"法拉比转向"的核心问题是法拉比对于施特劳斯理解柏拉图和迈蒙尼德的意义。格林、延森斯等大部分学者都同意唐格维的提法,见 Leo Strauss, *Leo Strauss on Maimonides*: *The Complete Writings*, ibid., p. 80; Janssens, *Between Athens and Jerusalem*: *Philosophy, Prophecy, and Politics in Leo Strauss's Early Thought*, ibid., p. 222.

② Leo Strauss, *Leo Strauss on Maimonides*: *The Complete Writings*, ibid., p. 280.

③ Leo Strauss, "On Abravanel's Philosophical Tendency and Political Teaching," in Leo Strauss, *Leo Strauss on Maimonides*: *The Complete Writings*, ibid., pp. 579~613.

斯说道：

> 迈蒙尼德越来越令我兴奋。他是一个真正自由的人物。他自然并不相信关于哲学源于犹太教的传说。那么，摩西对他而言是什么呢？这确实很难说。他认为，关键问题并非创世或世界永恒说（因为他确信世界永恒说），而在于理想的立法者是否必然是先知。对此一问题他是否定的，正如在他之前的法拉比和与他同时的阿威洛伊所做的那样。①

迈蒙尼德否定理想的立法者必然是先知！如此一来，施特劳斯不仅取消了启示对于迈蒙尼德的理论意义，也取消了它对于迈蒙尼德的实践意义——启示律法不再被看作柏拉图意义上的神法。过了不到一个月，施特劳斯对克莱因说"我的迈蒙尼德研究进展很大"：

> 你无法想象，迈蒙尼德是以怎样一种达于极致的细腻笔触和嘲讽口吻论说"宗教"的：对圣殿中因众所牺牲而产生的臭味的描写，在整个伏尔泰的著作中也找不到可与之比拟者，更有对其他千百种事物的描写。人们之所以读不懂迈氏的作品，只是因为没有考虑到他是阿威洛伊派这种可能性：如果考虑到这一点，一切难题原则上便会立即迎刃而解。如果我在几年以后（倘若我还能活到那时的话）让这枚炸弹起爆，便会产生一场巨大斗争。②

这一年夏天，还是在写给克莱因的信中，施特劳斯说，迈蒙尼德以更高的标准实现了尼采在《扎拉图斯特拉如是说》中对《圣经》的戏仿，这种戏仿事实上包含"对托拉的彻底批判"，③这是一种天才的嘲讽。施特劳斯随后动情地说，这位12世纪的魔法师为他酿制的苦酒，他只能一勺勺喝下，"正如异教徒所说，fata nolentem trahunt［命运总是拖着那些不情愿的人走］，Esto［甘愿如此］！"④

正是在1938年，施特劳斯以极为精审的笔法写下了《〈迷途指津〉的文学性质》，1952年，施特劳斯将此文收入了《迫害与写作艺术》——在《迫害

---

① 施特劳斯等，《回归古典政治哲学：施特劳斯通信集》，前揭，页255。
② 同上，页270。
③ 同上，页274。
④ 同上，页275。

与写作艺术》中,哲学与神法的关系已经变成了哲学与社会的关系,用柏拉图的话说,它已经变成了哲学生活与洞穴中的"意见"的张力,而《〈迷途指津〉的文学性质》正是施特劳斯运用"隐微写作技艺"的开端……

第七章　苏格拉底问题与古典政治哲学

尽管不是唯一的原因，随着现象学在德国的崛起，马堡学派陷入四分五裂。1922年，刚念完博士的施特劳斯从马堡跑到弗莱堡听胡塞尔讲课。在晚年与克莱因在圣约翰学院的一次对谈中，施特劳斯说："我从胡塞尔那儿获益不算太大，也许是我自己不够成熟吧！"①对于施特劳斯来说，弗莱堡之行最大的收获是海德格尔，据他说：

> 在胡塞尔的追随者中，海德格尔是不为人知的年轻人之一。我不时去听他的讲座课程，虽然连一个字也听不懂，却感觉到他所处理的问题，对于人作为人来说至关重要。有一次，我确实听懂了某些东西：在海德格尔阐释《形而上学》开端部分的时候。如此细致、透彻地剖解一份哲学文本，对我来说真是闻所未闻、见所未见。在回家的路上，我拜访了罗森茨维格，并告诉他：尽管韦伯到那时为止被我视为科学与学术的精神之化身，若与海德格尔相比，韦伯只不过是一名孤儿。②

施特劳斯见到海德格尔之时，海德格尔刚刚30出头，施特劳斯在美茵河畔的法兰克福对罗森茨维格所说的话，无疑源于海德格尔耀眼的智识光芒。年轻的海德格尔在20年代对亚里士多德的解释是现代思想史上的大事，由此出发，海德格尔逐渐改变了德国哲学和整个现代哲学的走向。在50年代的《海德格尔式存在主义导言》中，施特劳斯谈到了海德格尔掀起的思想风暴：

> 渐渐地，海德格尔发动的思想革命攻势唤醒了我和我们这一代。

---

① 施特劳斯，《苏格拉底问题与现代性：施特劳斯讲演与论文集（卷二）》，前揭，页681。
② 同上，页682。

第七章　苏格拉底问题与古典政治哲学

我们目睹，自黑格尔以来，世界上还不曾有过这样的现象。他在极短的时间内就成功地废黜了德国那些根深蒂固的（established）哲学派别。①

刚到美国不久，施特劳斯在叙拉古大学作了一场学术报告，题为"德国战后哲学的现存问题"。在报告中，施特劳斯这样描述"一战"以后德国思想界的状况：

> 这也许是德国上述时代的年轻人经验中最为刻骨铭心的事：在海德格尔的指导下，人们开始看到，亚里士多德和柏拉图未曾得到理解。海德格尔阐释亚里士多德所取得的成就，我简直无法拿来与战后德国出现的任何其他智识现象做比较。海德格尔清楚地表明，现代哲人未曾理解柏拉图和亚里士多德，他不是通过断言，而是通过具体的分析来做到这一点——这是一项极为劳神费心的工作；因为人们把他们自己的意见读进柏拉图和亚里士多德的著作；他们没有带着必要的热情阅读，以弄清柏拉图和亚里士多德的真正意图，弄清当柏拉图和亚里士多德在谈论任何事情时，他们脑海的**现象**（phenomena）究竟是什么。②

施特劳斯在海德格尔对古代哲学的解释中看到了非凡的成就，海德格尔打破了现代哲学对古代哲学的僵化解释，他让人们有可能看到柏拉图和亚里士多德的真实意图。正是着眼于这一点，施特劳斯将海德格尔的解释成就看作战后德国最重要的智识现象。尽管如此，一个显而易见的重要事实摆在施特劳斯这一代人面前，海德格尔解释柏拉图和亚里士多德的目的是连根拔除柏拉图和亚里士多德，海德格尔凭借其耀眼的解释技艺向柏拉图发动了强大攻势，力求彻底扫清柏拉图对西方思想的束缚，使西方思想回归前苏格拉底哲人的思想世界。③ 可以肯定的是，海德格尔对柏拉图文本的非凡解释对于施特劳斯理解柏拉图具有重要意义，但是，施特劳斯最终没有追随海德格尔回到前苏格拉底哲人的思想世界，而是回到了苏格拉底的哲思，

---

① 施特劳斯，《古典政治理性主义的重生：施特劳斯思想入门》，前揭，页73。
② 施特劳斯，《苏格拉底问题与现代性：施特劳斯讲演与论文集（卷二）》，前揭，页141～142。
③ 施特劳斯在与克莱因的那场对谈中说：
　　海德格尔有意将希腊哲学特别是亚里士多德的哲学连根拔除；然而，这样做的先决条件是，要揭示希腊哲学的根源，要揭示希腊哲学本来的样子，而非揭示希腊哲学在传统和现代哲学的视野下所呈现出来的那个样子。与海德格尔本人的哲学相比，由海德格尔所揭示并予以复活的亚里士多德哲学，更能吸引克莱因。［见同上，页683。］
克莱因对海德格尔的态度颇为耐人寻味。

凭借苏格拉底的哲思与海德格尔对峙,这一对峙构成了20世纪西方思想史上意义非凡的重大争执。①

一、苏格拉底转向的意义

一种从古代世界流传下来的看法认为,苏格拉底将哲学从天上拉回城邦,追问人类事物,这是因为苏格拉底主要关心道德政治问题。根据这种看法,作为西方思想史的转折点,苏格拉底转向对人类事物的研究,原因在于对行动生活或者说实践生活的关切。我们此前已经提到,在《关于马基雅维里的思考》中,施特劳斯这样谈论苏格拉底:"我们从苏格拉底那里认识到,政治事物或者人类事物是理解所有事物的关键。"②在《自然正确与历史》中,施特劳斯说道:

> 与表面情况相反,苏格拉底转向对人类事物的研究,并非基于对神圣事物和自然事物的放弃,而是基于一种理解所有事物的新方式。③

因此,在施特劳斯看来,苏格拉底转向人类事物的目的仍然是"理解所有事物",也就是说,苏格拉底哲学转向的动因是理论性的,这次哲学转向仍然源于苏格拉底对理论认识的关切,所谓转向,实质上是一种理论认识的新方式。

这种"理解所有事物的新方式"是什么呢?在柏拉图的《斐多》中,苏格拉底讲述了著名的"第二次航行",根据苏格拉底的讲述,所谓"第二次航行"是指从探究自然的传统方式转向言辞或者逻各斯(logoi)。施特劳斯在《自然正确与历史》中解释了这一转向,根据他的解释,苏格拉底标志性的提问方式"某物是什么"指向这个事物的形相(eidos),就此而言,苏格拉底认识

---

① 注意施特劳斯在1935年对洛维特所说的话:
我们是在非自然的条件下生活着和思维着的自然的生物,我们必须意识到我们自然的本质,以便通过思维消除非自然的条件。我们不可能成为"前苏格拉底时代的人",因为基于容易理解的理由,这是不可能的;您本人对此也表示承认,因为您要"以完美的古代晚期的方式(斯多亚-伊壁鸠鲁-怀疑论-犬儒派的方式)"进行哲思。但是,这些古代晚期的哲学家们——甚至怀疑论者——太教条主义了,您恰恰不可能滞留在他们那里,您必然回到所有这些人的祖师爷苏格拉底那里去,后者并非教条主义者。所谓柏拉图主义只是从柏拉图的问题之前逃遁。[见施特劳斯等,《回归古典政治哲学:施特劳斯通信集》,前揭,页246。]
② 施特劳斯,《关于马基雅维里的思考》,前揭,页15。
③ 施特劳斯,《自然权利与历史》,前揭,页123。

这个事物的出发点不是世界的本原，而是人们所知的"现象"（phenomena），苏格拉底通过人们的言辞认识这个事物的现象，也就是说，苏格拉底从人们关于这个事物的"意见"（doxa）出发。前苏格拉底哲人从绝对的本原（arche）开始理解事物，这种观看事物的方式从一开始就舍弃了可见的现象，抛弃了意见。在苏格拉底看来，抛弃意见"等于抛弃我们所拥有的通向实在的最为重要的渠道，或者是抛弃我们力所能及的最为重要的真理的印记"。① 苏格拉底没有将"普遍怀疑"（the universal doubt）作为哲学的起点，在他看来，从普遍怀疑开始，意味着从一开始就放弃了真理，普遍怀疑"引领我们到达的，不是真理的核心，而是一片虚空"。② 苏格拉底转向逻各斯意味着转向现象和意见，以现象和意见作为哲学的出发点——对于苏格拉底来说，哲学是从意见向知识上升。

所谓以现象和意见作为哲学的出发点，意味着以自然的观点（the natural view）作为哲学的基础。施特劳斯在《德国战后哲学的现存问题》中说：

> 辨别科学的世界观（现代科学精心描述的世界观）与自然的世界观已经成为现象学的一种隐含意义，其观念是，自然观先于科学观，而且是科学观的基础：凭借一种独特的进路上的更改，科学的世界观从自然观中产生出来。现在已经很清楚，那个基本的世界观是现代科学所精心描绘的那种世界观的起点，更准确地说：呈现在自然的观点面前，并被自然的观点所经验到的世界，才是柏拉图和亚里士多德分析的主题。似乎柏拉图和亚里士多德已恰切谈论的东西，现代哲学的创始人并没有谈论过，他们的后继者也未曾谈论过。因为，黑格尔确实曾试图理解"具体"（the concrete），即理解现象本身，但是，他已经尝试以"抽象"为起点去"构建"它们。而这恰恰是苏格拉底转向的意义所在：科学必须从已知的东西**开始**，从"我们所知"的东西开始，起始于日常经验所知的东西，而且科学由**理解**确实已知，却尚未得到恰切理解的东西**构**成。③

施特劳斯在这个段落中明确表示，"苏格拉底转向的意义"（the meaning of the Socratic turning）就在于从前科学的、自然的观点开始。

在施特劳斯看来，现代哲人未能理解"柏拉图和亚里士多德分析的主题"，未能理解"苏格拉底转向的意义"，因此未能理解柏拉图和亚里士多德

---

① 施特劳斯，《自然权利与历史》，前揭，页125。
② 同上。
③ 施特劳斯，《苏格拉底问题与现代性：施特劳斯讲演与论文集（卷二）》，前揭，页143。

的"真正意图"。施特劳斯随后谈到,"如果我们要恰切地理解'自然的'世界,人们绝对必须向柏拉图和亚里士多德学习",①就这种学习而言,首要的事情是把握他们的意图,然后才是讨论他们的结论。因此,"必须更新古今之争"(La querelledes anciens et des modernes),②但是,要真正更新这场争论,人们必须摆脱现代传统对柏拉图、亚里士多德的教条化解释,人们必须比17、18世纪的现代人掌握更多知识,必须比他们更公正。

海德格尔向现代哲人对古典哲学的解释发起了强劲挑战,施特劳斯相信,海德格尔恢复古典文本活力的工作值得高度评价。在这个语境下,施特劳斯提到了胡塞尔,在他看来,海德格尔的阐释立足于胡塞尔的工作,后者的"重要性超过了据我所知过去50年在德国发生的一切事情"。③ 在评价海德格尔之时,施特劳斯将海德格尔的阐释成就称为"战后"最重要的智识现象,在评价胡塞尔的工作之时,施特劳斯则称之为过去50年最重要的事情。倘若施特劳斯的措辞并非随意为之,那么,他看起来更重视胡塞尔的思想史价值。无论如何,施特劳斯此时必然已经从胡塞尔这里获益良多。

事实上,早在《霍布斯政治科学的形成》中,施特劳斯已经清楚地表达了他对"苏格拉底转向"的理解。在"历史"这一章中,施特劳斯谈到柏拉图何以看重人类事物:

> 但是,如果人们回看一下柏拉图,与对于亚里士多德相比,道德-政治问题对于柏拉图无可比拟地更为重要,而且,柏拉图的确不比亚里士多德更少地从人这里抬头看向永恒秩序,因此,人们必须确定:哲学探究始于[伦理和]政治问题,始于正确的生活和正确的共同生活问题,原因不是对人高于一切存在者的优越性(Überlegenheit)的信念,而是对善(Guten)相对于存在的超越性的信念。④

这个高于存在的超越的"善"显然指向苏格拉底在《政制》和《斐多》中谈论的理论哲学,因此,施特劳斯在此表达了"苏格拉底转向"的一个关键性质:苏格拉底转向人类事物仍然是出于理论目的。

在第八章"新政治科学"中,施特劳斯则清楚地表达了苏格拉底认识所有事物的新方式。值得注意的是,在谈论苏格拉底的认识方式之前,施特劳

---

① 施特劳斯,《苏格拉底问题与现代性:施特劳斯讲演与论文集(卷二)》,前揭,页144。
② 同上。
③ 同上。
④ GS-3,108~109。

斯先凭借胡塞尔的观点批评霍布斯的科学观念。这一批评的要点在于,霍布斯力求使科学的观点脱离前科学的观点,胡塞尔则认为,科学的观点不应反对前科学的观点。从其科学观念出发,霍布斯相信,科学的政治学应该脱离一切前科学的道德观念。这种看法造成了霍布斯思想的一个重要变化:在人文主义时期,霍布斯始终将亚里士多德看作最重要的哲人,然而,他后来却将柏拉图视为最杰出的古代哲人。具体地说,霍布斯之所以从亚里士多德转向柏拉图,原因在于,霍布斯认为柏拉图的哲思"从形相出发"(von den Ideen aus),柏拉图摆脱了"语言的魔力",亚里士多德则受制于"语言的魔力"。①

施特劳斯认为,霍布斯对柏拉图的上述判断是错误的,柏拉图探究事物的方式恰恰不是摆脱语言,而是从语言出发。为了表明霍布斯的错误,施特劳斯对苏格拉底的转向进行了解释:

> 柏拉图离开事物,"躲避"于人们关于事物的言说(Rede)之中,以此言说作为通向事物的真正原因的唯一向人敞开的通道。阿那克萨戈拉(Anaxagoras)和其他人则试图从其原因出发理解世界上的事物和过程,通过将它们追溯到世界上的其他事物和过程来理解它们;但是,这种做法不可能产生真正的理解。②

这里的论述显然源于《斐多》关于苏格拉底"第二次航行"的段落。施特劳斯意在表明,前苏格拉底哲人的做法无法真正理解一个事物之所是(ousia),因为,追溯动力因或者质料性本原的做法最终达到的只是对其他事物的理解,这个做法从一开始就将这一事物的所是作为派生之物甚至虚假之物消解掉了。施特劳斯后来在许多场合重复了这一观点,在《自然正确与历史》中,施特劳斯将前苏格拉底哲人的做法称为"疯狂",并且声称苏格拉底将"节制"引入了哲学。③

所谓将节制引入哲学,含义正是将意见作为哲思的出发点,亦即"从人们关于事物的言说"出发。所以,施特劳斯强调,柏拉图绝对没有立即用"唯灵论-目的论的自然学"(spiritualistisch-teleologische Physik)反对上述"物质论-机械论的自然学",而是从"人们所说"出发。④ 这就意味着,柏拉图从

---

① GS-3, 161.
② GS-3, 162.
③ 施特劳斯,《自然权利与历史》,前揭,页124。
④ GS-3, 163.

人们关于现象的"意见"(ἔνδοξα)出发。毫无疑问，人们关于现象的意见当然可能是矛盾的，因此，苏格拉底必须借助辩证术（Dialektik）达到一致（Einigkeit），所谓 eidos［形相］就是由此一致所揭示的东西。现在我们清楚地看到，施特劳斯在 30 年代中期已经表达了他关于柏拉图的真实意图的看法：苏格拉底-柏拉图式思想的根本特征是从自然的理解开始，以自然的理解作为知识的根基。①

二、返回自然的哲思

与尼采一样，海德格尔对柏拉图可谓爱恨交织。海德格尔在 20 年代初期对亚里士多德的解释有明确的目的：将亚里士多德连根拔起。之所以要将亚里士多德连根拔起，根本原因在于，亚里士多德的形而上学破坏了原初意义上的真理，或者说，亚里士多德破坏了作为"无蔽"的真理。可是，亚里士多德的形而上学难道不是源于柏拉图，难道不是柏拉图首先破坏了作为"无蔽"的真理，柏拉图的 eidos 难道不是形而上学的渊薮？倘若如此，要将亚里士多德连根拔起，就必须将柏拉图连根拔起。②

然而，海德格尔不是发现了柏拉图的真实意图吗？海德格尔不是发现了柏拉图与"自然的观点"的深刻关联吗？在 1931～1932 年冬季学期《论真理的本质》讲座中，海德格尔仍然没有最终将柏拉图哲学定性为形而上学，何以到了 40 年代，海德格尔已经将柏拉图确定为形而上学的源头？这件事情颇为蹊跷……③施特劳斯为何没有追随海德格尔的脚步，而是坚定地迈步走向苏格拉底-柏拉图的思想方式？④正如我们此前已经提到，施特劳斯

---

① 在施特劳斯生前没有出版的授课稿中，施特劳斯对这一问题的论述更为细致，较为重要的文本有施特劳斯 1962 年授课稿 Leo Strauss, *Natural Right: A Course Offered in the Autumn Quarter*, ibid.；1957 年授课稿 Leo Strauss, *Seminar in Political Philosophy: Plato's Republic*, ibid.。

② 关于海德格尔对亚里士多德、柏拉图哲学以及西方哲学根基问题的理解，参韩潮，《海德格尔与伦理学问题》，上海：同济大学出版社，2007 年。

③ 参 Georgios Petropoulos, "Heidegger's Reading of Plato: On Truth and Ideas," in *Journal of the British Society for Phenomenology*, Vol. 52, No. 2, 2020, pp. 118～136。对海德格尔 40 年代以后柏拉图解释的批评，参罗森，《诗与哲学之争：从柏拉图到尼采、海德格尔》，张辉译，北京：华夏出版社，2004 年；罗森，《存在之问：颠转海德格尔》，李昀译，上海：华东师范大学出版社，2019 年。

④ 对海德格尔的思想根基及其回归前苏格拉底哲学的学问路向的阐述和批判，参刘小枫，《海德格尔与中国：与韩潮的〈海德格尔与伦理学问题〉一同思考》，上海：华东师范大学出版社，2017 年。

第七章 苏格拉底问题与古典政治哲学

1932年12月27日从巴黎寄给克吕格的信有些特别，我们在现存文稿中可以看到这封信的"第一稿""草稿残篇"和"第二稿"。在最终寄给克吕格的信与"第一稿"中，我们看到了两个紧密关联的段落：

> 我们分歧的原因在于，我不能信仰，因而我在寻求一种在没有信仰的情况下*生活*的可能性，而您却认定，这样的一种可能性不——不再？——存在。但是，既然您并非从教义上做出这个认定，而是觉得有必要指出，我所寻求的可能性不存在，那么，您就必须同样允许我进行我的尝试，让它明明白白地失败。①

> 我们产生分歧的原因在于，我不可能信仰，我必须寻求一个在无信仰的情况下*生活*的可能性。这类可能性有两个：古代的，即苏格拉底-柏拉图式的；现代的，即启蒙的（霍布斯和康德提供的可能性，别的不说）。因而必须问：谁正确，古代人还是现代人？必须恢复古今之争。②

施特劳斯始终确信，人的有根据的生活面临的基本选择是哲学与启示。施特劳斯整个思考的根基是哲学而非启示，西方哲学传统给他提供的可能有两个：苏格拉底-柏拉图式古典哲学与启蒙式现代哲学。十分清楚的是，施特劳斯选择了苏格拉底-柏拉图式古典哲学。

古典思想何以可能决定性地优于现代思想？柏拉图、亚里士多德的形而上学难道不是有欠考虑，笛卡尔、康德的现代知识论难道不是比柏拉图、亚里士多德更深刻？现代自然科学难道不是决定性地驳倒了亚里士多德的自然科学，难道不是比古代科学更正确？倘若古典的宇宙论已经被驳倒，古典的伦理学、政治学难道不是已经失去根基？在12月17日这封信的"第一稿"尾声，施特劳斯总结道：

> 总之，我觉得，被推到其*终点*的现代哲学似乎达到的是苏格拉底*开始*的起点。所以，现代哲学证明自己是巨大的"对传统的破坏"，而非"进步"。它当然曾自称是进步的，由此产生"第二洞穴"这个词所要指出的不可救药的错综复杂性、暧昧性和不彻底性（unradikalität）。③

---

① 施特劳斯等，《回归古典政治哲学：施特劳斯通信集》，前揭，页57。
② 同上，页60。
③ 同上，页61。

正如施特劳斯在许多场合强调的那样,现代哲学不是真正的进步,它是对传统的巨大破坏,却并未达到真正的彻底性。对于理解施特劳斯思想而言,现代哲学的"不彻底性"是关键所在——哲学之为哲学,端赖于运思之彻底性。

恢复哲学的彻底性是施特劳斯哲学运思的核心取向,这一取向支配了施特劳斯的整个学术思考。对于施特劳斯来说,恢复哲学的彻底性意味着将哲学恢复到苏格拉底的思考地基上:从苏格拉底的提问方式开始,从"苏格拉底问题"开始。施特劳斯启动了一场从现代性的顶点返回苏格拉底的思想运动。

现代思想"不可救药的错综复杂性、暧昧性和不彻底性"——施特劳斯关于现代思想的这一判断所要表明的是,现代思想以纷繁复杂的方式丧失了哲学的自然性。施特劳斯之所以将苏格拉底作为哲人的典范,正是因为苏格拉底的哲思是真正自然的哲思。在1932年11月17日给克吕格的信中,施特劳斯所言十分清楚:

> 古代——精确地讲:苏格拉底-柏拉图之所以堪为准则,正是因为他们自然地作哲学思辨,这就是说,从原初探究对于人纯属自然的秩序。这一可能途径是在希腊开辟的,而且仅仅在希腊。但这并不重要,如果苏格拉底-柏拉图的问题和回答是自然的问题和自然的回答这一情况始终不变的话:因为,苏格拉底在哲学思辨,这时他已经不是希腊人,而是人。①

这个直抒胸臆的段落清楚地表明了两点。第一,苏格拉底之所以堪为哲人的典范,是因为他真正自然地进行哲学思考。第二,施特劳斯没有将亚里士多德列入堪为准则的哲人,在严格意义上,施特劳斯心目中的"古典哲人"唯苏格拉底一人而已。

完全可以理解的是,施特劳斯的说法必然引起这样的困惑:苏格拉底的哲思为什么是自然的哲思,且不论现代哲学在知识论上取代的各种成就,仅仅是笛卡尔的"普遍怀疑",难道不是比苏格拉底的哲思更彻底?在同一封信中,施特劳斯寸土不让,直接与现代哲学针锋相对:

> 自17世纪以来的反传统的斗争,本来目的是恢复希腊的哲学思辨自由;这本来是一场复兴运动;可见,在所有这些"奠基行动"中,在所有

---

① 施特劳斯等,《回归古典政治哲学:施特劳斯通信集》,前揭,页42。

心理学和历史主义中所孜孜以求的都是：发现、重新发现一个原初的自然的基础。但是，现代哲学从一开始直到海德格尔并包括他本人，便自以为是一个进步，自以为正在阔步前进（您会如此说，且有某些道理，因为它拥有希腊人不曾以这种方式占有过的认知，即基督教的认知）。由此而产生现代哲学之非彻底性（unradikalität）：它自以为可以假定，基本问题已经得到回答，并因此而能够"阔步前进"，这就是后来尼采痛斥的延误，即对苏格拉底问题的延误；这就是海德格尔所揭示的对本体论的延误。

施特劳斯相信，现代哲学抱有发现——或者说，在启示传统之后重新发现——自然基础的原初意图，但是，自笛卡尔、霍布斯奠定现代传统以来，现代思想因种种原因未能站立在自然基础之上。

在海德格尔之前，胡塞尔已经尝试重建哲学的自然基础，海德格尔的工作以胡塞尔的工作为前提，但是，海德格尔认为胡塞尔的工作仍然不够彻底。施特劳斯在《海德格尔式存在主义导言》中写下了一个凝练的段落：

> 在海德格尔崭露头角之前，当时最杰出的德国哲人——我得说，唯一的德国哲人——是胡塞尔。海德格尔对胡塞尔现象学的批判变得相当紧要；其之所以如此，正因为这个批判在于把胡塞尔自己的问题和提问进行一种极端化。要而言之，胡塞尔曾对我说（当时我已经受过马堡新康德主义学派的训练），新康德主义诸学派比所有其他德国哲学流派都要高明些，但其错误在于[他们造房子]从屋顶开始。他的意思如下。马堡新康德主义的首要论题是科学分析。但胡塞尔教导说，科学源于我们关于实事世界（the world of things）的原初知识：科学并不是人对世界之理解的完美典型，而是对那种前科学理解的一种特定改造。科学如何充满意义地起源于前科学理解，这是个问题：首要论题是对前科学世界进行哲学理解，于是首先便是分析被明显感知（sensibly perceived）的事物。在海德格尔看来，胡塞尔自己也从屋顶开始[造房子]：就连被明显感知的事物本身也具有派生性；并非首先有了被明显感知的事物，然后这些事物再处于被评价的状态或对我们发生影响的状态。我们对世界的原初理解并非把事物理解为客体，而是理解为希腊人所谓的处境（pragmata）。胡塞尔分析前科学理解的世界时所处的视域，是作为绝对存在者的纯粹意识。海德格尔指出如下事实来质疑

> 此路向：属于纯粹意识的内在时间必定有限度，甚至由人的有死性所构成，如果抽离于这一点，便无法理解这种时间。①

胡塞尔对新康德主义的批评极富洞见，施特劳斯同意胡塞尔的看法："科学并不是人对世界之理解的完美典型，而是对那种前科学理解的一种特定改造"，自然的哲思应该始于作为科学理解意义之源的前科学理解。海德格尔力求将胡塞尔的批评推进到底，在海德格尔看来，真正源头性的事实是pragmata［处境或事情］，而非"纯粹意识"，内时间意识的限度指向了一个比纯粹意识更原初的视域。

海德格尔力求凭借对亚里士多德的阐释表明，对 pragmata 的原初认识乃是一种交道（Umgehen）之中的"知如何"（Auskennen），这种认识的地基乃是人的实际生活。海德格尔力求证明，理论生活（βίος θεωρέτικος）的前理论根基是生活的运动，如此一来，理论生活就不再是超然的纯粹认识，而是生活的一种特定的运动方式，更确切地说，理论生活是实践生活（βίος πρακτικός）的特定方式和取向。在海德格尔看来，亚里士多德深刻地理解了人的实际生活，然而，在分析理论哲学之时，亚里士多德抛弃了实际生活，亚里士多德的理论哲学成为了形而上学，亚里士多德的形而上学应该被连根拔起。

施特劳斯同意海德格尔彻底推进前科学理解的做法，也几乎同意海德格尔在亚里士多德哲学中觉察到的分裂。在海德格尔看来，存在不是一个在场之物，作为否定词的"真理"（a-letheia）的含义是去除遮蔽，真理就是无蔽，此无蔽乃是一个存在者变得光亮的过程，或者说，此无蔽乃是一个存在者的本真状态的显现过程。但是，在亚里士多德这里，存在不是去蔽，存在（einai）意味着具有一个本质以及附加于此本质的诸多属性，此本质乃是这个存在者的存在（ousia），进一步说，这个本质或存在就是 eidos。这种关于"作为存在的存在"的科学就是形而上学，在亚里士多德的形而上学中，存在成为了作为固定的在场之物的本质或 eidos，如此一来，亚里士多德就破坏了作为显现过程的去蔽意义上的真理。这种形而上学造成了西方存在论的衰落和作为技术的哲学。

三、生存的真理

海德格尔对亚里士多德的批评并非绝对不公允，亚里士多德的确需要

---

① 施特劳斯，《古典政治理性主义的重生：施特劳斯思想入门》，前揭，页 73~74。

为形而上学和因之而来的哲学的技术化负责。然而，施特劳斯相信，亚里士多德的存在论还有另一个层面：亚里士多德在《论灵魂》431b21 以下还说到，灵魂以某种方式直接看到 eidos，更确切地说，灵魂以某种方式凭借"理智"(noesis)直接看见 eidos。在这种观看中被看到的 eidos，事实上是形而上学分析之所以可能的基础，换言之，亚里士多德的存在论具有前科学的基础，这个基础就是施特劳斯所说的自然的观点或者常识的观点，也是施特劳斯所说的亚里士多德的真实意图。在这个层面上，亚里士多德与柏拉图的真实意图是一致的。

可以说，海德格尔公允地指出了一个事实：尽管亚里士多德并非不理解存在论的前科学基础，但是，亚里士多德的形而上学在很大程度上遮盖了这一基础，甚至抹去了这一基础。施特劳斯也提醒人们务必注意苏格拉底与亚里士多德之间的关键差异：苏格拉底凭借辩证术从意见向 eidos 上升，苏格拉底的哲思具有上升性质，亚里士多德则直接讨论存在的形而上学结构，根据这种结构，存在（sein）就是本质加属性，亚里士多德又将这种结构转化为范畴框架。形而上学即使不是亚里士多德所创，也确实源于亚里士多德的形而上学结构和范畴框架，在柏拉图这里没有形而上学。

尽管如此，海德格尔认为，比上述差异更重要的事情是亚里士多德与柏拉图的一致性。海德格尔相信，在亚里士多德这里，真理不再是作为显现的去蔽，eidos 乃是作为本质的固定之物，这一形而上学正是源于柏拉图——柏拉图是形而上学的源头。正如海德格尔在《形而上学导论》中所说：

> φύσις 变成了 ιδέα（παράδειγμα[超级标准]），真理变为正确性。逻各斯变为命题陈述，变为作为正确性的真理的处所，变为范畴之起源，变为关于存在之可能性的基本法则。"理念"与"范畴"就是后来的两个名称，西方的思想、行动与估值，全部的亲在，都在其名下安身。从 φύσις 到 λόγος 的转变以及随此而来的两者间相互关系的转变就是一种从开启中的开端的脱落。希腊人的哲学达到西方的统治地位，并不源于其原始性的开端，而是源于那开端性的终结。①

在海德格尔看来，柏拉图将原初的、生发着的 φύσις[自然、涌现]变成了固定的 ιδέα[理念]，从而破坏西方哲学的原初开端，柏拉图成为了形而上学的

---

① 海德格尔，《形而上学导论》，王庆节译，北京：商务印书馆，2015 年，页 217。

源头。

海德格尔在 20 年代将此在（Dasein）的生活作为真理在前科学世界的活生生的源泉，施特劳斯是海德格尔思想风暴的亲历者，但是，施特劳斯最终并未追随海德格尔的脚步回到前苏格拉底哲学，而是回到了苏格拉底-柏拉图的哲思，最重要的原因是，施特劳斯相信苏格拉底的哲思是自然的哲思，正如我们在 1932 年 11 月 17 日给克吕格的信中所见，在施特劳斯看来，"苏格拉底-柏拉图之所以堪为准则，正是因为他们自然地作哲学思辨"，苏格拉底不是作为希腊人，而是作为人在哲思，苏格拉底的哲思是非历史的哲思，真正自然的哲思必须是非历史的哲思——苏格拉底的哲思面向永恒真理的可能性，即使哲学迄今为止未能达到永恒真理，即使哲学迄今为止或许具有历史性，这并不能证明永恒真理必然不可能。

施特劳斯在 1946 年曾经对洛维特说，应该"坚持哲学与历史之间的基本区别"，哲学应该是立足于"自然理智"的思考，但是，现代人已经丧失了"自然理智的思维手段"，现代人需要通过"向古人学习"来重获自然理智。施特劳斯随后谈论海德格尔的措辞非常严厉：

> 如果不能使人在前人的学说面前摈弃自以为知之更多的沉思态度，采取学习、讨教、实际的态度，"生存上的"历史研究的高谈阔论又有什么意思？
>
> 我概略提出的观点与海德格尔毫无关系，因为海德格尔只是给予现代历史主义一种狡黠的诠释，使它"落脚"在"本体论"上。在海德格尔那里，"历史性"可谓使自然全然消失，这固然具有前后一贯的优点，迫使人进行思考。可惜，您没有沿着您在黑格尔与歌德的对峙中所开辟的道路走到底。当然，为此也许不得不借助莱辛的辩证法去理解歌德的自然科学。①

海德格尔在 20 年代以历史性的此在重构西方存在论，以此批判胡塞尔的现象学，毋庸否认，海德格尔重新解释亚里士多德和柏拉图的行动对于恢复亚里士多德、柏拉图思想的本意具有极为重要的意义，对于施特劳斯理解柏拉图思想也具有重要启发，但是，施特劳斯仍然坚定地以苏格拉底的自然哲思对抗海德格尔的历史主义，在施特劳斯看来，海德格尔的生存论是彻底的历

---

① 施特劳斯等，《回归古典政治哲学：施特劳斯通信集》，前揭，页 325～326。

史主义,它彻底取消了自然。①

施特劳斯的对抗立足于哲思的自然性,要理解这一点,还必须理解海德格尔与启示宗教的关系。在1932年12月17日这封信的草稿残篇中,施特劳斯有这样的说法:历史主义的实质的和历史的内核是"基督对后古代的人类的统治"。② 难道海德格尔也受到基督的统治? ……1922年,听过海德格尔讲课的施特劳斯专门去法兰克福见了罗森茨维格,此时罗森茨维格的《救赎之星》已经在学界产生重要影响,正如前文所说,罗森茨维格的"新思想"在一个根本层面受制于施莱尔马赫的经验神学传统,海德格尔早期思想中躁动不安的神学思想为理解这个传统带来了某种光亮。1919年,早就与天主教貌合神离的海德格尔对天主教作出了"粗暴的叛教",成了"非教条的新教教徒"。③不过,此时仍然值得提出的问题是:新教徒海德格尔如何面对他曾经推崇的施莱尔马赫的"宗教经验",海德格尔如今还会大声朗诵《论宗教》吗?

在1921～1922年冬季学期,海德格尔已经将"实际生活"作为概念揭示出来,至关重要的是,海德格尔迫使"实际生活"面对世界的"世界性",作为自然之运动(kinesis)的"世界性"似乎已经完全脱离上帝和形而上学。海德格尔力求借助希腊人重新赢回对世界之"世界性"的经验,对于施特劳斯来说,这种经验几乎关闭了上帝进入"实际生活"的可能。倘若如此,施特劳斯当然可以说,海德格尔的新思想绊倒了罗森茨维格的"新思想",在海德格尔这里,"经验"概念不再通往超越的上帝。不过,这里值得提出的一个重要问题是:应该如何理解施特劳斯对海德格尔的无神论理解?如果说海德格尔的"宗教现象学"放弃了形而上学的上帝概念,海德格尔是否放弃了新教神学的"宗教经验",从而在生活概念中彻底取消了上帝存在的可能?

在《救赎之星》最后,罗森茨维格号召人进入生活(Ins Leben),虽然现

---

① 人们已经熟悉施特劳斯对海德格尔的历史主义判断:

当代哲学的至高形式或当代哲学的海德格尔形式与古典哲学的区别,是由当代哲学的历史特性塑造出来的;当代哲学以所谓的历史意识(historical consciousness)为先决条件。[见施特劳斯,《苏格拉底问题与现代性:施特劳斯讲演与论文集(卷二)》,前揭,页685。]

在写给科耶夫的信中,施特劳斯称海德格尔哲学是"极端历史主义",见 V. Gourevich and M. S. Roth ed., On Tyranny, revised and expanded edition including the Strauss-Kojeve Correspondence, Chicago: The University of Chicago Press, 2000, p.244。对海德格尔历史主义的批判,见刘小枫,《海德格尔与中国:与韩潮的〈海德格尔与伦理学问题〉一同思考》,前揭,页83～212。对西方现代历史主义的梳理与批判,见刘小枫,《以美为鉴:注意美国立国原则的是非未定之争》,北京:华夏出版社,2017年,页397～425。

② 施特劳斯等,《回归古典政治哲学:施特劳斯通信集》,前揭,页61～62。

③ 萨弗兰斯基,《海德格尔传》,靳希平译,北京:商务印书馆,1999年,页148～149。

代人的生活世界与经文的世界相互隔绝,但是,只要摆脱旧思想,直面此在的"实际生活",从生活的"实际性"出发,人就能达到与神的联系。因此,这里的问题涉及一种可能性:海德格尔对"实际生活"的阐释是否承认作为"实际生活"而发生的宗教经验,海德格尔对生活之"实际性"的阐释,是为了在新的地基上重新获得上帝吗?同样是在1922年,海德格尔在为《亚里士多德的现象学解释》所写的导言中说道:

> 每一种在其存在过程中对自身有所领会的哲学,作为一种生活解说的实际手法,假如它对于上帝还有一点"感觉"的话,都会知道,它自己实施的生活在向自身回撤,用宗教的语言来说,就是高举双手祈祷上帝。这样,只有它自己是真诚的——也就是说依据它自己的可能性而单独地面对上帝。用无神论的语言来讲就是,同具有诱惑性的、只忠诚宗教性的恐慌保持距离。①

在同时代的神学家中,海德格尔对此时强势占领新教神学思想的巴特另眼相看,新教神学以某种方式存在于海德格尔哲学之中。我们有理由从施特劳斯与海德格尔"圈子"的交往推断,他知晓海德格尔在20年代早期的宗教现象学课程,从而知晓海德格尔的神学。尽管施特劳斯在20年代早期没有发表关于海德格尔神学的评论,但是,从施特劳斯对奥托的评论中,我们不难明白施特劳斯如何看待海德格尔神学,尤其是海德格尔神学的问题性质。

一旦海德格尔取消了形而上学,"高举双手祈祷上帝"就不再可能获得实质性的上帝概念,用传统的语言来说,这里不再可能有任何关于上帝的"属性论"。"高举双手祈祷上帝"表达了一种深刻的深渊体验,上帝是对世界的否定,是无限性自身的奥秘。施特劳斯后来关于存在主义神学的判断,重复了在评论奥托著作时表达的观点:存在主义神学已经放弃了上帝之客观方面。由此出发,施特劳斯通过将海德格尔与罗森茨维格对峙达到了对罗森茨维格的重要认识:

> 他被认为是德国犹太人所产生的最伟大的犹太思想家。这种新思想遭到了另一形式的新思想即由海德格尔创始的新思想的对抗。很明显,海德格尔的新思想导向对任何慈爱以及任何人道的远离。②

---

① 转引自萨弗兰斯基,《海德格尔传》,前揭,页152。
② 施特劳斯,《斯宾诺莎的宗教批判》,前揭,页17。

在海德格尔看来,根本没有安全、没有幸福的结局,也没有神圣牧者,对永恒的渴望或对任何永恒事物的信仰都源于尼采所说的"复仇精神",来源于逃避一切终将消逝的事物并躲进某种永远不会消逝的事物中去的欲望。① 在海德格尔这里,思取代了希望,关于上帝的形而上学被取消了,随之消失的必然是上帝对人的回应。在人的"呼唤"中若隐若现的上帝,诚然必然不再是经院神学的上帝,但它同样不再是罗森茨维格的"爱的上帝"。罗森茨维格相信,上帝将在爱的呼喊中现身,与之相应,上帝将在爱中完成人的世界,同时完成上帝自身。施特劳斯相信,海德格尔实质上已经否定了罗森茨维格的"爱的辩证法"——在海德格尔这里,上帝的爱与完成已属形而上学往事,真正的历史性将在形而上学终结之后彻底展开,人需要面对世界的"世界性",面对"世界性"的历史性。因此,在海德格尔的"神学"中,施特劳斯看到,真正彻底的"实际生活"既不会迎回形而上学的上帝及其属性,也不会赢得对安全、永恒和救赎的回应。

在1930年1月7日致克吕格的信中,施特劳斯说:

> 只有从海德格尔的此在诠释出发,才可能对《圣经》做出一种得体的无神论的诠释(如果人们比较一下海德格尔关于 θεωρεῖν[观]和"听"的关系的看法与费尔巴哈论宗教本质的某些命题,宗教批判赖海德格尔之力而取得的进步就再明显不过了)。只有能够从无神论角度得体地诠释宗教的时候,宗教才被克服了。②

施特劳斯在信中将海德格尔的解释称为对"良知的呼唤"和"谁在呼唤"的解释,③并且在这里将海德格尔的此在解释称为无神论解释。然而,至关重要的事情在于,海德格尔的无神论却并非与启示宗教无关:海德格尔的此在解释深受基督教生存经验的影响,事实上,海德格尔有意将基督教的生存经验纳入了此在论建构之中。在1932年12月17日那封信的草稿残篇中,施特劳斯说得很清楚:

> 海德格尔的结论——基督教虽然是"错"的,却揭示了古代人性知道的不充分的关于人的事实;基督教至少比古人对这些事实理解得更深刻,比古代哲学"更加深刻";所以,通过基督教率先得以实现的历史

---

① 施特劳斯,《斯宾诺莎的宗教批判》,前揭,页20。
② 施特劳斯,《回归古典政治哲学:施特劳斯通信集》,前揭,页7。
③ 同上。

性观念是"比较彻底的"观念(所以您说"偏见的问题恰恰比 δόξα[意见]的问题更彻底")。从根本上看:在基督教瓦解之后,尚有可能存在和恰恰因此而可能存在的哲学保存着基督教"真实的东西";正因如此,基督教比希腊哲学更深刻、更彻底。①

在海德格尔这里,基督教之所以比希腊哲学更深刻,不是由于创世、启示或经院神学,而是由于它比古人更深刻地理解了人性,用海德格尔的概念来说,基督教比古人更深刻地理解了此在的生存经验。因此,在基督教瓦解之后,仍然应该保存基督教所揭示的此在的生存经验,这种生存论是基督教包含的真理。对于海德格尔来说,基督教揭示了古典传统未能发现的人性深度——柏拉图未能领会操心(Sorge)的生存经验具有何种重要意义。

四、苏格拉底问题

施特劳斯相信,海德格尔解构(Destruktion)西方思想传统的锋刃极其锐利,海德格尔力求拆除西方思想层层累积的岩层,敞开其至深根基。施特劳斯在20年代亲历了海德格尔的解构风暴,在这个时期,另一位德国大哲尼采的解构风暴也在施特劳斯心中激荡。海德格尔和尼采共同将解构锋刃指向了柏拉图,力求通过连根拔除柏拉图来重启西方思想,尽管海德格尔和尼采的解构行动对施特劳斯具有深刻影响,施特劳斯仍然选择背靠苏格拉底顶撞这两位大哲,这种顶撞以苏格拉底的自然哲思为尺度丈量尼采和海德格尔之哲思的彻底性。② 施特劳斯相信,"即便在尼采身上,也遗存有基督教的东西",尽管尼采坚决地追求一种"超基督教的(transchristlich)理想",但是,引导尼采批判基督教的恰恰是一种从基督教传统而来的信念(Gesinnung)——理智的正直(Redlichkeit)。③施特劳斯由此可以说:

---

① 施特劳斯,《回归古典政治哲学:施特劳斯通信集》,前揭,页62。
② 法肯海姆(Emil Fackenheim)甚至说:
   也许将来会有一个时候,海德格尔之所以被人们记住,只是因为没有他,施特劳斯就不会成为施特劳斯,也不会是这样的施特劳斯。[见 Emil Fackenheim, *Fackenheim: German Philosophy and Jewish Thought*, edited by Louis Greenspan and Graeme Nicholson, Toronto: University of Toronto Press, 1992, p. 298。]
③ 施特劳斯等,《回归古典政治哲学:施特劳斯通信集》,前揭,页60。关于尼采的"理智的正直",另见施特劳斯,《斯宾诺莎的宗教批判》,前揭,页56;施特劳斯,《哲学与律法》,前揭,页18。

第七章 苏格拉底问题与古典政治哲学

对于现代哲学适用的说法是:如果没有圣经信仰,过去和现在都走不进这个现代哲学,尤其走不进其"无神论",但带着信仰却又不可能待在现代哲学中;现代哲学原则上靠其所瓦解的事实的恩典而维生;所以,只有当圣经信仰没有从根本上被动摇时,"现代哲学"方才可能存在。这是自从尼采以来和通过尼采而存在的情况。①

针对海德格尔和尼采的情况,施特劳斯的看法是,基督教和后基督教的现代哲学的深刻性以牺牲彻底性为前提,深刻性不等于彻底性:"难道没有绝对非基督教的哲学?柏拉图、亚里士多德的哲学难道不是这种哲学?"②

正如我们已经提到的,迈蒙尼德让施特劳斯看到,启示传统突进哲学的世界,在根本上扩大了哲思的困难,限制了哲思的自由。对启蒙以来的现代哲学的思想史考察让施特劳斯相信,现代哲学陷入了与启示传统的纠缠,现代哲学受制于启示传统,无论在尼采和海德格尔这里,还是在霍布斯这里,情形都是如此——即使现代哲学的激进无神论也并未摆脱启示传统。施特劳斯相信,必须从尼采和海德格尔走到尽头的现代思想掉过头来,回到苏格拉底的起点,从苏格拉底重新开始……

根据传统上的权威看法,"苏格拉底将哲学从天上拉回地上"这一哲学史重大事件的含义是:苏格拉底的首要兴趣在于伦理事物,苏格拉底将伦理事物的重要性置于理论事物之上。亚里士多德对苏格拉底的看法正是如此。施特劳斯对苏格拉底的重新发现基于如下新见:苏格拉底的首要兴趣在于理论事物,在于天上的事物——自然事物和神圣事物,苏格拉底哲学的前提是天上事物相对于伦理政治事物的绝对优先性。施特劳斯断言,关于理论生活相对于行动生活的优先性,苏格拉底与亚里士多德的观点完全一致。问题因而在于,苏格拉底何以可能从此前提出发"将哲学从天上拉回地上",究竟如何理解苏格拉底如此热衷于谈论德性和政治事物。

正是上述问题引导施特劳斯发现并阐发了一种"柏拉图式政治哲学"。关于这种独特的"政治哲学"的全部含义,施特劳斯无疑在定居美国以后才完成充分阐述,不过,我们在施特劳斯早期思想中已经可以看到这种"政治哲学"的基本形式。在1935年出版的《哲学与律法》中,施特劳斯就哲学与启示宗教的关系写下了这样的段落:

---

① 施特劳斯等,《回归古典政治哲学:施特劳斯通信集》,前揭,页60。
② 同上,页62。

> 在下述问题上,柏拉图的教诲并不比亚里士多德少有确定性:幸福和人的真正的完美,在于纯粹的沉思和理解。柏拉图与亚里士多德的根本差异,仅在于他们将静观作为人的最高完美时所采取的方式。亚里士多德给予静观以完全的自由;更确切地说,他为静观保留其天然的自由。与此相对,柏拉图**不允许**哲人做"哲人如今被允许所做之事",即将哲学生活当作在对真理的直观中打坐。他"**迫使**"哲人为他人着想并看护他人,以便使得国家成为现实的国家、真实的国家(《理想国》519d–520c)。在对美、正义和好本身的直观中,哲人使自己超拔于感性世界之上,他生活并且愿意生活在此直观中,但建国者的命令,即首先考虑整体的秩序而非部分的幸福,将哲人召回国家,并绑回在国家上。哲人也身处在城邦之下,他必须在城邦前自辩;他绝非独立自主。柏拉图要求哲学居于一个更高的法庭之下,居于国家之下,居于律法之下:这个要求在启示信仰的时代实现了。①

这个段落包含施特劳斯对柏拉图与亚里士多德做出的最关键的区分之一:亚里士多德仅仅是直接接受哲思的自由,柏拉图则要思考哲思的"存在理由"。

在《哲学与律法》中,施特劳斯将哲思置于启示律法的法庭面前,对于施特劳斯来说,此事所指向的实质问题是,哲思必须在整全的人类生活秩序面前证明自身的正当性。用施特劳斯的另一种表达来说,就个人来说,理智的完善是首要原则,就"城邦"来说,正义是首要原则。在施特劳斯看来,哲学必须充分思考哲思自身的存在理由,这种思考乃是哲思之彻底性的要求。

施特劳斯坦言,在哲学与启示之间,他选择凭借自然理性的哲学生活,而非依据启示的权威生活。因此,对哲学的存在理由的思考,同时成为施特劳斯对自身生活方式之彻底性的思考。施特劳斯认为,柏拉图的苏格拉底对哲学的存在理由做出了西方思想史上最深彻的思考。

根据施特劳斯对苏格拉底的解释,哲学的根基是爱欲(ἔρος),是人对关于整全的知识的爱欲。可是,作为哲学之根基的爱欲仅仅表明了哲学在人的自然之中的根源,不能证明从爱欲出发的这种生活方式的正当性。关于哲学的正确性,施特劳斯似乎至少给出了两个不同的说法。第一种说法是,作为整全的一个极为渺小的部分,人绝对低于整全自身,因此,哲学的正当性以整全自身绝对高于人为前提。第二种说法是,"人应该如何生活"的问

---

① 施特劳斯,《哲学与律法》,前揭,页119。

题是根本问题，可是，对这一问题的思考依赖于对"自然事物和神圣事物"的思考，这意味着，人必须提出如下问题：存在是什么，存在者是什么，存在者的秩序是什么，什么是真正的好。这种提问意味着对超出属人事物的整全事物进行提问和思考，正是这种思考奠定了哲学的正当性。

施特劳斯是否同时赞同这两种说法，这两种说法是否在根本上并不相容？无论施特劳斯的真实想法如何，施特劳斯相信，哲学一经出现，以关于整全的知识取代意见的活动一经出现，必然引起哲学与政治的紧张关系。柏拉图就此给出的教诲是，这种紧张是一种不可能消除的永恒的张力，"洞穴"内外的世界永远不可能完全融合。正是在这里，我们看到了施特劳斯或者柏拉图式政治哲学的含义之一：这种"政治哲学"不是关于政治的哲学理论，它不从超出政治的关于事物的观点——启示的或者形而上学的观点——对政治事物做出理解甚至修改，这种"政治哲学"是一种"承认"政治意见的哲学，它无疑始终将哲学看作人的最高生活，但是，它力求通过理解政治意见及其所珍视的事物，使哲学避免陷入与政治的激烈冲突——它不是哲学的政治，而是政治的哲学。可以说，柏拉图转变了苏格拉底的历史形象，柏拉图笔下的苏格拉底成为了审慎的政治哲人，在《理想国》中，柏拉图也借苏格拉底之口反思了自己的叙拉古之梦。与柏拉图笔下的苏格拉底相反，海德格尔在1933年投入了历史的运动，海德格尔力求让形而上学"真理"在政治上得到实现，海德格尔要求人们做出决断，这种决断首先要求一种哲学上的决断，在《论真理的本质》中，海德格尔仍然在柏拉图哲学中保留了无蔽的位置。此后，海德格尔迅速取消了柏拉图的这种模棱两可——海德格尔迅速作出了决断，根据这种决断，柏拉图成为了无蔽思想清楚明白的破坏者，这种破坏造成了西方思想开端的毁坏。这让人们想到施特劳斯在回忆海德格尔之时的说法："尽管海德格尔不承认，他还是有其道德说教，这种道德说教让我受不了。"①

因此，施特劳斯相信，柏拉图笔下的苏格拉底成为了审慎的哲人，苏格拉底将哲学从天上拉回地上，苏格拉底关切伦理政治事物，乃是为了熟悉和理解在洞穴内生活的人们对事物的看法，以便获得在洞穴内生活必需的"知识"——缺乏这种"知识"将给哲人带来危险。在这个意义上，哲人必须成为政治哲人，哲人的言说必须成为隐微言说，倘若他认为有必要写作，这种写作必须是隐微写作。在施特劳斯远渡美利坚之时，他对苏格拉底的上述理解已经形成，在美国时期，施特劳斯扩展了对苏格拉底转向的理解，至少有

---

① 施特劳斯，《苏格拉底问题与现代性：施特劳斯讲演与论文集（卷二）》，前揭，页682。

两点值得我们在此勾勒。

1957年,施特劳斯在芝加哥大学开设了关于柏拉图《政制》的课程,施特劳斯在讲课时讲道:

> 对于柏拉图来说,道德的首要主题是勇敢与节制的这种结合,而不是正义。在其他对话——《智术师》和《政治家》——中,柏拉图使用了同样的区分。他在这两部对话中都对数学家说话,但是,《智术师》中的年轻数学家是节制的;《政治家》中的年轻数学家是勇敢的。《政治家》揭示的主题是,整个政治问题在于勇敢与节制的配对。①

何以道德的首要主题不是正义,而是勇敢(courage)与节制(moderation)的结合,何以整个政治问题竟然在于勇敢与节制的配对?倘若仔细阅读施特劳斯在《政治哲学史》中关于《政治家》的解释,我们就会看到,施特劳斯在此处所说的是《政治家》中提到的一种特殊的政治或者最高的政治。这里所谓"对于柏拉图来说"实际上指的是对于哲学来说,对于柏拉图来说,生活的真正的、最高的目的是哲学,最高的行动生活是为了哲思而生活,最高意义上的政治是为了哲思之可能的政治。为了哲学的政治何以在于勇敢与节制的配对?施特劳斯的解释是:"勇敢与节制对于作为哲学的哲学是本质性的(essential to philosophy as philosophy)",因为,有些道德德性对于哲学是必需的。② 成为哲人与道德德性并非无关,苏格拉底要谈论道德事物,他要理解道德德性与哲思的关系。

在《论古典政治哲学》中,施特劳斯提醒人们重视古典政治哲学的特征:古典政治哲学与政治生活直接相关。所谓古典政治哲学与政治生活直接相关,指的是古典政治哲学从政治的视角出发,亦即从公民和政治人的视角出发,而非从远离政治视角的超政治的观点出发。施特劳斯所认定的这一特征看起来令人费解——既然苏格拉底相信理论生活绝对高于政治生活,既然洞穴外的世界与洞穴内的世界在根本上不能融通,苏格拉底何以要从政治的视角出发?与哲学的视角相比,政治的视角难道不是高度局限或者说明显有缺陷的视角?正如对美的关切在《会饮》中成为了第俄提玛($\Delta\iota o\tau\iota\mu\alpha$)引领苏格拉底向真理上升的阶梯,在《政制》中,对正义的关切成为了苏格拉底引领格劳孔向真理上升的阶梯,对于苏格拉底来说,哲学是灵魂的上升之

---

① Leo Strauss, *Seminar in Political Philosophy: Plato's Republic*, ibid., p. 57.
② Ibid., p. 162.

旅，灵魂对正义的关切是推动灵魂踏上哲学之旅的重要推力，即使这不是唯一的推力。从公民或政治人的常识观点出发，哲人将以某种方式让人认识到超越常识观点的必要，当灵魂迈出了超越常识观点的脚步，它将有可能从漫无边际的黑暗走向真正的光明……

参考文献

一、施特劳斯作品

Leo Strauss, *Gesammelte Schriften*, Ⅰ: *Die Religionskritik Spinozas und zugehörige Schriften*, Dritte Auflage, Hrsg. von Heinrich Meier, Stuttgart&Weimar: Metzler, 2008.

Leo Strauss, *Gesammelte Schriften*, Ⅱ: *Philosophie und Gesetz - Frühe Schriften*, Zweite Auflage, Hrsg. von Heinrich Meier, Stuttgart&Weimar: Metzler, 2013.

Leo Strauss, *Gesammelte Schriften*, Ⅲ: *Hobbes' politische Wissenschaft und zugehörige Schriften-Briefe*, Zweite Auflage, Hrsg. von Heinrich Meier, Stuttgart&Weimar: Metzler, 2008.

Leo Strauss, *Hobbes's Critique of Religion and Related Writings*, translated by Gabriel Bartlett and Svetozar Minkov, Chicago: The University of Chicago Press, 2011.

Leo Strauss, *Leo Strauss on Maimonides: The Complete Writings*, edited with an introduction by Kenneth Hart Green, Chicago and London: The University of Chicago Press, 2013.

Leo Strauss, *Leo Strauss on Moses Mendelssohn*, translated and edited with an interpretive essay by Martin D. Yaffe, Chicago: The University of Chicago Press, 2012.

Leo Strauss, *Jewish Philosophy and the Crisis of Modernity: Essays and Lectures in Modern Jewish Thought*, edited by Kenneth H. Green, New York: State University of New York Press, 1997.

Leo Strauss, Natural Right: A Course Offered in the Autumn Quarter, 1962, Department of Political Science, The University of Chicago, edited by Svetozar Minkov, unpublished.

Leo Strauss, *Natural Right and History*, Chicago: The University of Chicago Press, 1953.

Leo Strauss, *On Tyranny*, revised and expanded edition including the Strauss-Kojève Correspondence, edited by Victor Gourevitch and Michael S. Roth, Chicago: The University of Chicago Press, 2000.

Leo Strauss, *Persecution and the Art of Writing*, Chicago: The University of Chicago Press, 1952.

Leo Strauss, *Philosophy and Law: Contributions to the Understanding of Maimonides and His Predecessors*, New York: State University of New York Press, 1995.

Leo Strauss, *Spinoza's Critique of Religion*, translated by E. M. Sinclair, New York: Schocken Books, 1965.

Leo Strauss, *Studies in Platonic Political Philosophy*, Chicago & London: The University of Chicago Press, 1983.

Leo Strauss, *The City and Man*, Chicago: University of Chicago Press, 1978.

Leo Strauss, *The Early Writings（1921~1932）*, translated and edited by Michael Zank, Albany: State University of New York Press, 2002.

Leo Strauss, *The Political Philosophy of Hobbes: Its Basis and Its Genesis*, translated by E. M. Sinclair, Oxford: Oxford University Press, 1936.

施特劳斯,《柏拉图式政治哲学研究》,李世祥等译,北京:华夏出版社,2012年。

施特劳斯,《古典政治理性主义的重生:施特劳斯思想入门》,潘戈编,郭振华等译,北京:华夏出版社,2017年。

施特劳斯,《关于马基雅维里的思考》,申彤译,南京:译林出版社,2016年。

施特劳斯,《霍布斯的政治哲学:起源与基础》,申彤译,南京:译林出版社,2001年。

施特劳斯,《霍布斯的宗教批判:论理解启蒙》,杨丽等译,北京:华夏出版社,2012年。

施特劳斯,《门德尔松与莱辛》,卢白羽译,北京:华夏出版社,2012年。

施特劳斯,《迫害与写作艺术》,刘锋译,北京:华夏出版社,2012年。

施特劳斯,《什么是政治哲学》,李世祥等译,北京:华夏出版社,2011年。

施特劳斯,《斯宾诺莎的宗教批判》,李永晶译,北京:华夏出版社,2013年。

施特劳斯,《犹太哲人与启蒙:施特劳斯讲演与论文集（卷一）》,增订本,刘小枫编,张缨译,北京:华夏出版社,2019年。

施特劳斯,《苏格拉底问题与现代性:施特劳斯讲演与论文集（卷二）》（第三版）,刘小枫编,刘振、叶然等译,北京:华夏出版社,2022年。

施特劳斯,《哲学与律法:论迈蒙尼德及其先驱》,黄瑞成译,北京:华夏出版社,2012年。

施特劳斯,《哲人的自然与道德:尼采〈善恶的彼岸〉讲疏》,曹聪译,华东师范大学出版社,2017年。

施特劳斯,《自然权利与历史》,彭刚译,北京:生活·读书·新知三联书店,2006年。

施特劳斯等,《回归古典政治哲学:施特劳斯通信集》,迈尔夫妇编,朱雁冰、何鸿藻译,北京:华夏出版社,2017年。

施特劳斯、科耶夫著,《论僭政——色诺芬〈希耶罗〉义疏》,何地译,北京:华夏出版社,2006年。

二、其他文献

Adorisio, C., "Philosophy of Religion or Political Philosophy? : The Debate between Leo Strauss and Julius Guttmann,"in *European Journal of Jewish Studies*, Vol. 1, No. 1, 2007, pp. 135~155.

Altman, W. H. F., "Exotericism after Lessing: The Enduring Influence of F. H. Jacobi on Leo Strauss," in *Journal of Jewish Thought and Philosophy*, Vol. 15, No. 1, 2007, pp. 59~83.

Bambach, C., "Athens and Jerusalem: Rosenzweig, Heidegger, and the Search for an Origin," in *History and Theory*, Vol. 44, No. 2, 2005, pp. 271~288.

Batnitzky, L., "On the Truth of History or the History of Truth: Rethinking Rosenzweig via Strauss," in *Jewish Studies Quarterly*, Vol. 7, No. 3, 2000, pp. 223~251.

Beiser, F. C., *The Fate of Reason: German Philosophy from Kant to Fichte*, Cambridge: Harvard University Press, 1989.

Beiser, F. C., "Normativity in Neo-Kantianism: Its Rise and Fall," in *International Journal of Philosophical Studies*, Vol. 17, No. 1, 2009, pp. 9~27.

Bloom, A., "Leo Strauss: September 20, 1899~October 18, 1973," in *Political Theory*, Vol. 2, No. 4, 1974, pp. 372~392.

Brandt, F., *Thomas Hobbes' Mechanical Conception of Nature*, Copenhagen: Levin & Munksgaard, 1928.

Burns, T.,"Leo Strauss on the Origins of Hobbes's Natural Science," in *The Review of Metaphysics*, Vol. 64, No. 4, 2011, pp. 844~848.

Chacón, R., "Expanding the Space of Reasons? Strauss, Jacobi, and the Sources of Normativity," paper prepared for the annual meeting of the American Political Science Association, New Orleans, August 31, 2012.

Chacón, R., "On a Forgotten Kind of Grounding: Strauss, Jacobi, and the Phenomenological Critique of Modern Rationalism," in *The Review of Politics*, Vol. 76, No. 4, 2014, pp. 589~617.

Colen, J. A. and Minkov, Svetozar ed., *Toward Natural Right and History: Lectures and Essays by Leo Strauss, 1937~1946*, Chicago and London: The University of Chicago Press, 2018.

Crowell, S., *Husserl, Heidegger, and the Space of Meaning: Paths Toward Transcendental Phenomenology*, Evanston: Northwestern University Press, 2001.

Cohen, H.,*Ethics of Maimonides*, translated by A. S. Bruckstein, Madison: University of Wisconsin Press, 2003.

Fackenheim, E., *Fackenheim: German Philosophy and Jewish Thought*, edited by Louis Greenspan and Graeme Nicholson, Toronto: University of Toronto Press, 1992.

Glatzer, N. N., *Franz Rosenzweig: His Life and Thought*, 2nd edition, New York: Schocken, 1965.

Gourevitch, V., "Philosophy and Politics, I~II," in *The Review of Metaphysics*, Vol. 22, No. 1, 1968, pp. 58~84.

Green, K. H., *Jew and Philosopher: The Return to Maimonides in the Jewish Thought of Leo Strauss*, Albany: State University of New York Press, 1993.

Green, K. H., *Leo Strauss and the Rediscovery of Maimonides*, Chicago and London: University of Chicago Press, 2013.

Guttmann, J., *Die Philosophie des Judentums*, Munich: E. Reinhardt, 1933.

Guttmann, J., *Philosophies of Judaism*, translated by David W. Silverman, New York: Anchor Books, 1966.

Janssens, D., *Between Athens and Jerusalem: Philosophy, Prophecy, and Politics in Leo Strauss's Early Thought*, Albany: State University of New York Press, 2008.

Kennington, R., "Strauss's Natural Right and History", in *Review of Metaphysics*, Vol. 35, No. 1, 1981, pp. 57~86.

Kisiel, T., *The Genesis of Heidegger's Being and Time*, California: University of California Press, 1993.

Krüger, G., "Review of Leo Strauss' *Die Religionskritik Spinozas als Grundlage seiner Bibelwissenscheft*," translated by Donald Maletz, in *Independent Journal of Philosophy*, Vol. 5/6, 1988, pp. 173~175.

Laqueur, W., *A History of Zionism: From the French Revolution to the Establishment of the State of Israel*, New York: Schocken, 2003.

Laurence, L., *The Enduring Importance of Leo Strauss*, Chicago: The University of Chicago Press, 2013.

Lessing, G. E., *Philosophical and Theological Writings*, translated and edited by H. B. Nisbet, Cambridge: Cambridge University Press, 2005.

Lilla, M., "Kant's Theological-Political Revolution," in *The Review of Metaphysics*, Vol. 52, No. 2, 1998, pp. 397~434.

Löwith, K., *Heidegger-Denker in Dürftiger Zeiter: Zur Stellung der Philosophie im 20 Jahrhundert*, Stuttgart: Metzler, 1990.

McCormack, B., *Karl Barth's Critically Realistic Dialectical Theology: Its Genesis and Development*, 1909~1936, Oxford: Oxford University Press, 1995.

McDowell, J., *Mind and World*, Cambridge: Harvard University Press, 1996.

Meier H., *Die Denkbewegung von Leo Strauss: Die Geschichte der Philosophie und die Intention des Philosophen*, Stuttgart and Weimar: Metzler, 1996.

Minkov, S. Y., *Leo Strauss on Science: Thoughts on the Relation between Natural Science and Political Philosophy*, Albany: State University of New York Press, 2016.

Kiesel, T., *The Genesis of Heidegger's Being and Time*, Oakland: University of California Press, 1995.

Moyn, S., "From Experience to Law: Leo Strauss and the Weimar Crisis of the Philosophy of Religion," in *History of European Ideas*, Vol. 33, No. 2, 2007, pp. 174~194.

Moyn, S., *Origins of the Other: Emmanuel Levinas between Religion and Ethics*, Ithaca and London: Cornell University Press, 2005.

Myers, D. N., "The Fall and Rise of Jewish Historicism: The Evolution of the Akademie für die Wissenschaft des Judentums (1919~1934)," in *Hebrew Union College Annual*, Vol. 63, 1992, pp. 107~144.

Pelluchon, C., *Leo Strauss and the Crisis of Rationalism: Another Reason, Another Enlightenment*, translated by Robert Howse, New York: State University of New York Press, 2014.

Petropoulos, G., "Heidegger's Reading of Plato: On Truth and Ideas," in *Journal of the British Society for Phenomenology*, Vol. 52, No. 2, 2020, pp. 118~136.

Poma, A., "Hermann Cohen: Judaism and Critical Idealism," in *The Cambridge Companion to Modern Jewish Philosophy*, edited by Michael L. Morgan and Peter E. Gordon, Cambridge: Cambridge University Press, 2007.

Pippin, R., *Idealism as Modernism: Hegelian Variations*, Cambridge: Cambridge University Press, 1997.

Rogers, G. A. J. and Ryan A. ed., *Perspectives on Thomas Hobbes*, Oxford: Clarendon Press, 1988.

Rosen, S., *Hermeneutics as Politics*, New York: Oxford University Press, 1987.

Schleiermacher, F., *Schleiermacher Werke*, Bd. 4, Leipzig: Felix Meiner, 1928.

Sirat, C., *A History of Jewish Philosophy in Middle Ages*, Cambridge: Cambridge University Press, 1985.

Smith, S. B., "Gershom Scholem and Leo Strauss: Notes toward a German-Jewish Dialogue," in *Modern Judaism*, Vol. 13, No. 3, 1993, pp. 209~229.

Smith, S. B., ed., *The Cambridge Companion to Leo Strauss*, New York: Cambridge University Press, 2009.

Sorell, T., *Hobbes*, London: Routledge and Kegan Paul, 1986.

Stauffer, D., "Strauss's Discussion of Hobbes in What Is Political Philosophy?," in *Perspectives on Political Science*, Vol. 39, No. 2, 2010, pp. 87~91.

Tanguay, D., *Leo Strauss: An Intellectual Biography*, translated from the French by Christopher Nadon, New Haven: Yale University Press, 2007.

Ulmer, R., "Franz Rosenzweig's *Jüdisches Lehrhaus* in Frankfurt: A Model of Jewish Adult Education," in *Judaism*, Vol. 39, 1990, pp. 202~214.

von Balthasar H. U., *The Theology of Karl Barth: Exposition and Interpretation*, translated by E. T. Oakes, San Francisco: Ignatius Press, 1992.

Watkins, J. W. N., *Hobbes's System of Ideas: A Study in the Political Significance of Philosophical Theories*, London: Hutchinson University Library, 1965.

Wussow, P. von., "Leo Strauss and Julius Guttmann: Some Remarks on the Understanding of Philosophy and Law," in *Idealistic Studies*, Vol. 44, 2014, pp. 297~312.

Yaffe, M. D. and Ruderman R. S., ed., *Reorientation: Leo Strauss in the 1930s*, Palgrave Macmillan, 2014.

巴特,《罗马书释义》,魏育青译,上海:华东师范大学出版社,2005年。

贝纳加,《施特劳斯、韦伯与科学的政治研究》,陆月宏译,上海:华东师范大学出版社,2010年。

柏拉图,《苏格拉底的申辩》,第三版,吴飞译疏,北京:华夏出版社,2023年。

陈建洪,《论施特劳斯》,上海:华东师范大学出版社,2015年。

陈建洪,《耶路撒冷抑或雅典:施特劳斯四论》,北京:华夏出版社,2006年。

陈建洪、赵柯,《论施特劳斯视野中的霍布斯》,《云南大学学报》,2015(5),页62~69。

德鲁里,《亚历山大·科耶夫——后现代政治哲学的根源》,赵琦译,北京:新星出版社,2007年。

费舍尔,《德国反犹史》,钱坤译,南京:江苏人民出版社,2007年。

海德格尔,《论真理的本质:柏拉图洞喻和〈泰阿泰德〉讲疏》,赵卫国译,北京:华夏出版社,2008年。

胡塞尔,《欧洲科学的危机与超越论的现象学》,王炳文译,北京:商务印书馆,2017年。

柯恩,《源于犹太教的理性宗教》,孙增霖译,北京:商务印书馆,2023年。

柯瓦雷,《伽利略研究》,刘胜利译,北京:北京大学出版社,2018年。

科耶夫等,《驯服欲望——施特劳斯笔下的色诺芬撰述》,刘小枫编,贺志刚、程志敏译,北京:华夏出版社,2002年。

朗佩特,《施特劳斯的持久重要性》,刘研译,北京:华夏出版社,2019年。

朗佩特,《施特劳斯与尼采》,田立年、贺志刚译,上海:上海三联书店、华东师范大学出版社,2005年。

李明坤,《施特劳斯与胡塞尔的共识与分歧》,《世界哲学》,2019(6),页112~122。

刘小枫,《拣尽寒枝》,北京:华夏出版社,2007年。

刘小枫,《海德格尔与中国:与韩潮的〈海德格尔与伦理学问题〉一同思考》,上海:华东师范大学出版社,2017年。

刘小枫,《施特劳斯的路标》,北京:华夏出版社,2011年。

刘小枫,《西学断章》,北京:华夏出版社,2014年。

刘小枫,《以美为鉴:注意美国立国原则的是非未定之争》,北京:华夏出版社,2017年。

刘小枫编,《施特劳斯与古典政治哲学》,张新樟、游斌、贺志刚、宗成河等译,上海:上海三联书店,2002年。

刘小枫编,《经典与解释:阅读的德性》,北京:华夏出版社,2006年。

罗森茨维格,《救赎之星》,孙增霖、傅有德译,济南:山东大学出版社,2013年。

罗森,《存在之问:颠转海德格尔》,李昀译,上海:华东师范大学出版社,2019年。

罗森,《诗与哲学之争:从柏拉图到尼采、海德格尔》,张辉译,北京:华夏出版社,2004年。

迈尔,《古今之争中的核心问题:施米特的学说与施特劳斯的论题》,林国基等译,北京:华夏出版社,2004年。

迈尔,《隐匿的对话:施米特与施特劳斯》,朱雁冰、汪庆华等译,北京:华夏出版社,2002年。

摩西,《历史的天使:罗森茨维格、本雅明、索勒姆》,梁展译,上海:华东师范大学出版社,2017年。

尼采,《悲剧的诞生》,孙周兴等译,上海:上海人民出版社,2018年。

萨弗兰斯基,《海德格尔传》,靳希平译,北京:商务印书馆,1999年。

施莱尔马赫,《论宗教:对蔑视宗教的有教养者的讲话》,邓安庆译,北京:人民出版社,2011年。

斯宾诺莎,《神学政治论》,温锡增译,北京:商务印书馆,1996年。

斯密什,《阅读施特劳斯》,高艳芳、高翔译,北京:华夏出版社,2012年。

唐格维,《列奥·施特劳斯:思想传记》,林国荣译,长春:吉林出版集团有限公司,2011年。

维克利,《论源初遗忘:海德格尔、施特劳斯与哲学的前提》,谢亚洲、杨永强译,北京:华夏出版社,2016年。

吴增定,《斯宾诺莎的理性启蒙》,上海:上海人民出版社,2012年。

谢帕德,《施特劳斯与流亡政治学:一个政治哲人的锻成》,高山奎译,北京:华夏出版社,2013年。

张旭,《卡尔·巴特神学研究》,上海:上海人民出版社,2005年。

中国比较古典学学会编,《施特劳斯与古典研究》,北京:生活·读书·新知三联书店,2014年。

后　记

晚近的施特劳斯研究表明，施特劳斯在欧洲时期的作品对于理解其思想根底具有特殊的重要意义。最直接的原因在于，与后期作品相比，施特劳斯在欧洲时期的作品要显白得多。更重要的原因则在于，只有借助其欧洲时期的作品，人们才能更准确地理解施特劳斯后来提出的许多广为人知但难以索解的论断——在欧洲时期的作品中，人们可以更清楚地看到施特劳斯如何形成与解释这些论断，更容易探明施特劳斯学术思考的根底和来龙去脉。故此，笔者将本书的探讨范围集中于施特劳斯在欧洲时期的作品，力求尽可能紧扣施特劳斯的文本，以细致剖析文本的方式揭示施特劳斯学术思考的核心关切和动力机制，从而揭示施特劳斯如何成为施特劳斯。

本书能与读者见面，最应感谢业师刘小枫教授，刘小枫教授是汉语学界施特劳斯学术最重要的引介者和研究者，若无业师的工作，本书绝无可能成书。感谢张志扬教授、张旭教授、韩潮教授阅读本书初稿并提出宝贵建议。本书第五章"犹太哲学的古今之争"原以《回归中世纪理性主义——施特劳斯的"古特曼评论"与神学—政治问题》为题刊于《汉语基督教学术论评》(Sino-Christian Studies)，收入本书时有所改动，在此特向《汉语基督教学术论评》致谢。感谢华东师范大学出版社倪为国先生支持本书出版。感谢彭文曼女士严谨优秀的编辑工作。本书的研究受益于学界师友甚多，在此一并致以诚挚谢忱！

曹聪是笔者研读施特劳斯的同行者，感谢她为我们的生活和研究付出的辛劳和智性。

对于笔者来说，阅读施特劳斯不仅仅是学术研究，此事的意义还在于，学习施特劳斯面对思想世界和生活世界的那种既沉静从容又直面根本的态度。阅读施特劳斯是智性的享受和心性的磨练，笔者借此书出版之机向这位渊博、锐利、心性高贵的思想大师致敬。

刘　振
2024 年初夏

图书在版编目(CIP)数据

现代思想与古典哲学:列奥·施特劳斯欧洲时期思想研究/刘振著.--上海:华东师范大学出版社,2024.--ISBN 978-7-5760-5382-1

Ⅰ.B712.59

中国国家版本馆 CIP 数据核字第 2024VT8287 号

华东师范大学出版社六点分社
企划人 倪为国

本书著作权、版式和装帧设计受世界版权公约和中华人民共和国著作权法保护

现代思想与古典哲学:列奥·施特劳斯欧洲时期思想研究

著　　者　刘　振
责任编辑　彭文曼
责任校对　王　旭
封面设计　吴元瑛

出版发行　华东师范大学出版社
社　　址　上海市中山北路 3663 号 邮编　200062
网　　址　www.ecnupress.com.cn
电　　话　021-60821666　行政传真　021-62572105
客服电话　021-62865537　门市(邮购)电话　021-62869887
地　　址　上海市中山北路 3663 号华东师范大学校内先锋路口
网　　店　http://hdsdcbs.tmall.com

印　刷　者　上海景条印刷有限公司
开　　本　787×1092　1/16
插　　页　2
印　　张　12.75
字　　数　210 千字
版　　次　2024 年 10 月第 1 版
印　　次　2024 年 10 月第 1 次
书　　号　ISBN 978-7-5760-5382-1
定　　价　79.00 元

出 版 人　王　焰

(如发现本版图书有印订质量问题,请寄回本社客服中心调换或电话 021-62865537 联系)